CongLing KaiShi DuDong
KoucaiXue

口才是一种资本，
会说话得天下

从零开始读懂
口才学

| 盛安之◎编著 |

立信会计 出版社
LIXIN ACCOUNTING PUBLISHING HOUSE

图书在版编目（CIP）数据

从零开始读懂口才学 / 盛安之编著. —上海：立信会计出版社，2014.6
（去梯言）
ISBN 978-7-5429-4224-1

Ⅰ.①从… Ⅱ.①盛… Ⅲ.①口才学-通俗读物 Ⅳ.①H019-49

中国版本图书馆CIP数据核字（2014）第073961号

策划编辑　蔡伟莉
责任编辑　蔡伟莉
封面设计　久品轩

从零开始读懂口才学

出版发行	立信会计出版社			
地　　址	上海市中山西路2230号	邮政编码	200235	
电　　话	(021) 64411389	传　　真	(021) 64411325	
网　　址	www.lixinaph.com	电子邮箱	lxaph@sh163.net	
网上书店	www.shlx.net	电　　话	(021) 64411071	
经　　销	各地新华书店			
印　　刷	固安县保利达印务有限公司			
开　　本	720毫米×1000毫米	1/16		
印　　张	20.25	插　　页	1	
字　　数	265千字			
版　　次	2014年6月第1版			
印　　次	2017年9月第5次			
书　　号	ISBN 978-7-5429-4224-1/H			
定　　价	36.00元			

如有印订差错，请与本社联系调换

前言

口才，作为个人综合素质的主要体现，在这个高速发展的信息时代显示出比以往任何时期都更为重要的意义。

孔子曾把口才视为交流思想，发表见解的主要工具。美国口才教育专家戴尔·卡耐基说："一个人的成功，15％取决于知识和技术，85％取决于沟通——发表自己意见的能力和激发他人热忱的能力。"大文豪蒙田也说过："语言是一种工具，通过它，我们的意愿和思想才能得到交流，它是我们灵魂的解释者。"

口才，即"说话的能力"。说话是日常生活中的"必修课"，我们靠说话维系亲情、建立友情、追求爱情，生活因此变得丰富精彩，人生也由此而更加意味无穷；在事业上，我们用说话强化和维护各种关系，扩大自己的工作领域，提升自己的工作能力和办事效率，使工作变得轻松愉快，并有广阔的发展空间；在个人成长中，我们以说话获取知识、增加个人魅力，不断壮大自己，不断追寻或提升自己的人生目标，塑造个体的理想形象。但也正因为如此，人和人之间的不同才会存在，并随着时间的推移而趋于千差万别。相类同的人，不同的说话能力，自然会产生不同的效果，久而久之，这种效果由量变到达质变，人生的命运也就随之改变。因此，有位口才专家曾经大胆断言道："语言是人生命运的纽带。"西方有位哲人也认为："世间有一种成就可以使人很快完成伟业，并获得世人的认识，那就是说话，这是令人喜悦的能力。"

古代人讲究口才，现代人更需要口才。古代人由于封建保守，交通、通讯不发达，"鸡犬之声相闻，老死不相往来"：男人是"两耳不闻窗外事，闭门只读圣贤书"，"秀才不出屋，能知天下事"；女子则长年待在"闺中"。如此，交往少，口头语言的交流机会也少。而现代，祖祖辈辈的庄稼汉进了城，终身捧着"铁饭碗"的干部、知识分子下了海，还有那些有知识的、有技能的、有钱的、有胆量的、有门路的出了国。所以口才成了现代人的第三个交际工具（第一是交通工具、第二是通讯工具）。有好的口才，方算得整体形象的完美。

语言从它产生之时起就是用来使用的，而好的口才，更是在实践中积累和锤炼出来的。所以，古代人对口才作了种种比喻和形容，如："能说会道""口若悬河""三寸不烂之舌""王婆卖瓜，自卖自夸"……这些都是"口才"在实用中的谚语、俗语。

我们不难发现：在社交场所，在谈判桌上，在销售圈中，在演讲台上……只要有人的地方就需要交流，就需要对话，就需要高超的讲话能力和卓越的口才。毋庸置疑，口才就是生产力。任何人都可以通过有效的表达来实现一定的目的。在当今中国，我们可以从马云、李开复、俞敏洪等各界成功人士身上看到口才与演说所创造的巨大价值和独特魅力。

但很显然的是，学会说话容易，要说好话，说让别人爱听、真正表达自己并帮助自己的话却并不是一件简单的事。在生活中有一些人讲起话来喋喋不休，听来像是伶牙俐齿，但仔细琢磨后你就会发现原来此人言之无物；有的人说话看似高深，但言语晦涩，听得人一头雾水；有的人口若悬河，滔滔不绝，但实际上是强词夺理的诡辩；有的人辞藻华丽、巧言谄媚，实际是哗众取宠。而生活中有的人语言简练，但却深入浅出，听来入耳；有的人语言平实，但却言之有据，言之成理。可见堆砌辞藻、文白混杂、空话连篇、套话连篇都不是真正的口才。

真正的口才是和一个人的精神气质、思想品格、学识素养分不开的。它是一种综合能力，包括表达、聆听、应变等多项能力；是一种心理技能，离不开知觉、观察、记忆、思维、想象等心理活动的共同运作。性格、能力、气质等个性特征又决定着认识能力和表达能力的高低和口语表达的风格。

口才是一个人智慧的反映，是思维的花朵。

然而，口才并不是一种天赋的才能，它是靠刻苦训练得来的。古今中外一切口若悬河、能言善辩的演讲家、雄辩家。他们无一不是靠刻苦训练而获得成功的。

美国前总统林肯为了练口才，徒步30英里（约48千米），到一个法院去听律师们的辩护词，看他们如何论辩，如何做手势，他一边倾听，一边模仿。他曾对着树、树桩、成行的玉米练习口才。

日本前首相田中角荣，少年时曾患有口吃病，但他不被困难所吓倒，为了克服口吃，练就口才，他常常朗诵、慢读课文。他曾为了能够准确发音，对着镜子反复检查、纠正发音部位。对待练习口才严肃认真、一丝不苟的态度让他最终取得了成功。

我国早期无产阶级革命家、演讲家萧楚女，更是靠平时的艰苦训练，练就了非凡的口才。萧楚女在教书时，每天清晨都会在学校后面的山上找一处僻静的地方，把一面镜子挂在树枝上，对着镜子开始练演讲，从镜子中观察自己的表情和动作。经过这样的刻苦训练，他的教学水平快速提高，同时也练就了高超的口才技能和演讲艺术。1926年，年仅30岁的萧楚女，就在毛泽东主办的广州农民运动讲习所工作，他的演讲至今受到世人的推崇。

前总理周恩来在万隆会议上慷慨陈词，掷地有声地讲出了中国人自己的声音，口才的威力让中国人昂首挺胸、扬眉吐气；前国务委员吴仪在中国加入世贸组织的谈判桌前，妙语连珠、语出惊人，口才体现了"说得出的能力，做得到的成就"。

2008年11月4日，美国诞生的历史上第一位黑人总统——奥巴马凭借极具魅力的口才、灿烂的笑容俘获了许多美国民众的心。他出色的口才甚至被认为与美国前总统林肯和黑人民权领袖马丁·路德·金的口才相媲美。奥巴马的就任更是在全球范围内掀起一场学习口才的"奥巴马热"。

　　从许多口才出众的各界精英、领袖人物身上我们可以看出，真正有口才的人能够在较为复杂的情况下敏锐地作出判断并机智地适应情况；能够在适当的时机游刃有余地用精妙的语言准确表达情境；能够根据具体情境作出精练的概括总结；能最大限度地感染听众，使自己的思想和意图得到有效传播……真正的口才应该是清晰明了、言简意赅又不失风趣的；充满智慧又让人乐于聆听的。口才是一种技巧，更是一种实力。

　　鉴于此，本书鉴贤纳优，博采众长，从口才的各个方面为读者出谋划策，详尽地介绍锻炼、提高口才的知识经验和经典案例，内容丰富，方法科学，以飨读者，企望读者能从中有所受益。

目录

第一篇 口才资本——把话说到对方的心坎里

第1章 话说对了事就成了 /2

口才一词的来源 /2

怎样称得上有口才 /4

你 会 说 话 吗 /6

改掉不良的说话习惯 /9

培养自己说话的风格 /12

话语中肯，言之有物 /14

第2章 摆脱当众讲话的恐惧 /17

了解说话时的心理类型 /17

沉着处理冷场的情况 /20

让自信推动你的说话能力 /23

时刻保持你的热情之火 /26

乐观轻松的态度很重要 /27

第3章　把握说话的主动权　/ 28

　　主动引发一场谈话　/ 28
　　打开一个话题　/ 29
　　你想说点什么　/ 32
　　激起对方的说话欲望　/ 33
　　怎样选择话题　/ 34
　　掌握说话的节奏　/ 36
　　掌握交谈中的细节　/ 38
　　说话要有力度　/ 41
　　如何提高说话水平　/ 43

第二篇　社交口才——会说话让你左右逢源

第1章　真诚：最佳的社交说话方式　/ 48

　　真诚能得到别人的信任　/ 48
　　寥寥数语，打动人心　/ 49
　　做人与做生意　/ 50
　　实话实说让你找到好工作　/ 51

第2章　赞美：要有创意和尺度　/ 53

　　赞美如煲汤，火候很重要　/ 53
　　赞美对方不易人知的优点　/ 55
　　赞美的话无须刻意修饰　/ 57

赞美别人不是贬低自己　/59

即使奉承也要坦诚得体　/61

赞美要有一定的高度　/62

赞美最微小的进步　/64

不要给赞赏打折扣　/65

第3章　倾听：做一个耐心的听众　/68

乱插嘴的人令人讨厌　/68

打断别人易引起抵触情绪　/70

耐心听别人谈他自己　/71

倾听者的良好素质　/72

每个人都有倾诉的欲望　/73

做一个耐心的倾听者　/75

倾听中的插话技巧　/78

第4章　拒绝：恰到好处地说"不"　/80

在生活中学会拒绝　/80

别不好意思说"不"　/82

说"不"能赢得尊重　/83

拒绝，但不使人难堪　/85

拒绝常用语　/86

拒绝的七大妙招　/87

第5章 提问:让对方说得更多 /91

提问的四大作用 /91

提问的技巧 /93

提问的方法 /96

看清对方,问得适宜 /98

问得太多惹人烦 /99

让对方说"是" /100

相同的问题不同的问法 /103

问句类型举例 /104

第6章 批评:逆耳的话也令人愉悦 /107

切莫轻易指责别人 /107

纠正他人错误的方法 /109

批评的五个前提 /111

批评的十三种方式 /113

批评的四大内容 /118

第三篇 领导口才——成为万众瞩目的焦点

第1章 沟通艺术:沟通是领导口才的精髓 /124

沟通力是一种关键能力 /124

提高沟通能力的技巧 /126

沟通是领导工作的浓缩 /127

沟通让上下精诚合作 / 129

沟通要"真诚" / 131

沟通要听"心" / 132

第2章 激励艺术："高帽子"真的好使 / 134

对失败者给予肯定 / 134

员工都渴望被认可 / 136

把谢意送进员工的心坎 / 140

利用好胜，激发潜能 / 141

第3章 协调艺术：有误解和矛盾就要解决 / 143

领导要敢于直面冲突和矛盾 / 143

化解三种心理矛盾的技巧 / 145

六种协调方式 / 146

第4章 下达任务时的口才：多建议，多协商 / 152

少命令，多商量 / 152

避免下达强制性命令 / 154

怎样让员工接受命令 / 156

第5章 主持会议时的口才：体现领导者的素质和能力 / 158

成功主持会议的八大准则 / 158

处理会议意外情况三大准则 / 161

如何主持好政策性会议 /163

如何主持好总结性工作会议 /164

第四篇　销售口才——帮助你提升销售业绩

第1章　开发客户：客户就在你身边 /168

把握好客户的购买心理 /168

寻找准客户的三个基本方法 /171

请人介绍来拓展客户 /172

先了解客户再去"攻城" /174

从客户身边的人入手 /175

第2章　拜访客户：与客户面对面交谈 /177

每次拜访都是一场盛宴 /177

容易忽略的五个拜访细节 /182

二十种借口让你再见到客户 /183

第3章　应对借口：把拒绝变成销售机会 /187

应对"我很忙"的借口 /187

应对"改天再来"的借口 /188

应对"再考虑考虑"的借口 /189

应对"我要向朋友买"的借口 /191

应对"我想到别家再看看"的借口 /192

应对"我得和领导商量商量"的借口 /194

应对"先把资料放在这儿吧"的借口 /196

第4章 催收货款：回款才是硬道理 / 198

催收货款的口才基础 / 198
把握催收货款的制胜因素 / 200
机智应对欠款人的借口 / 202

第五篇 辩论口才——三寸之舌强于百万之师

第1章 辩论中的心理术 / 208

辩论者的类型 / 208
辩论的控制能力 / 210
辩论要克服紧张 / 212
攻心术的运用 / 214
保持良好的竞技心理 / 217

第2章 辩论中的谋略术 / 220

怎样了解辩论对手 / 220
收集充分的材料 / 221
辩论谋略制订的基础 / 223
制定己方的战术预案 / 225
灵活机动的战术方案 / 226
捕捉辩论的信息 / 228
抢占制高点，争取主动 / 229
随机应变，灵活发挥 / 230

第3章 辩论中的应变术 / 232

见风使舵,随机应变 / 232
塑造环境,借景抒情 / 235
就地取证,适时出击 / 238
合理想象,借题发挥 / 239
假借他物,消除窘况 / 243

第六篇 演讲口才——演讲的力量助你一飞冲天

第1章 素质:演讲的无形资本 / 248

演讲口才的要求 / 248
加强心理训练 / 249
演讲的禁忌 / 251

第2章 材料:演讲的骨和肉 / 253

收集材料的原则 / 253
准备属于自己的素材 / 258
选择精练的演讲材料 / 259
筛选材料要点的步骤 / 261

第3章 演讲稿:现场演讲的主要参考 / 265

演讲稿的作用 / 265
演讲稿力求有新意 / 267

演讲稿的写作要求 / 272

演讲稿的修改 / 278

演讲词句的锤炼 / 280

第4章 演讲分类：具体类型具体对待 / 284

演讲的分类 / 284

政治演讲 / 286

经济演讲 / 290

军事演讲 / 293

学术演讲 / 295

竞选演讲 / 301

即兴演讲 / 306

第一篇 口才资本——把话说到对方的心坎里

在生活中，我们靠口才维系亲情、建立友情、追求爱情，生活因此变得丰富精彩，人生也由此而更加意味无穷；在事业上，我们用口才强化和维护各种关系，扩大自己的工作领域，提升自己的工作能力和办事效率，使工作变得轻松愉快，并有广阔的发展空间；在个人成长中，我们以口才获取知识、增加个人魅力，不断壮大自己，不断追寻或提升自己的人生目标，塑造个体的理想形象。

美国口才教育专家戴尔·卡耐基说："一个人的成功，15%取决于知识和技术，85%取决于沟通——发表自己意见的能力和激发他人热忱的能力。"大文豪蒙田也说过："语言是一种工具，通过它，我们的意愿和思想才能得到交流，它是我们灵魂的解释者。"因此，在现代生活中，人们越来越重视口才方面的知识和修养，并提出"知识就是财富，口才就是资本"的新理念。

第1章 话说对了事就成了

 口才一词的来源

"口才"一词,远在两千多年前的周朝已有所见。据孔丘门人所撰《孔子家语·七十二弟子解》称:"宰予,字子我,鲁人,有口才著称。"正如古时也有将"人才"写为"口材","口才"抑或写为"人材"。如宋王明清《挥尘后录〈十〉》有载:"周望,字仲弼,蔡州人,有口材,好谈兵。"我国自古以来,就有重视语言表达能力的传统,并已充分认识到口头表达在安邦定国、社会交际中的作用。如我们常说的"一人之辩,重于九鼎之宝;三寸不烂之舌,强于百万之师"便典出刘勰的《文心雕龙·论说》。

清朝著名的文艺批评家叶燮曾提出,"才、胆、识、力"是人才成长的重要因素。这里的"才",其一就是"口才";这里的"胆",更是在强调人在社会交往中敢于说话、在大庭广众前敢于演讲的"胆"。

今天,人们对口才的重视达到了前所未有的高度。有没有良好的口才,已作为衡量一个人素质的基本标准之一。从一个人的口才上往往能看出一个人的综合实力,口才几乎在每一个人的命运里都扮演着十分重要的角色。口

第一篇 口才资本——把话说到对方的心坎里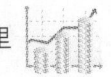

才好，有可能改变你的命运。我们拿面试来说，现在国内外大小公司，已把面试作为人才招聘的必要途径，其中有太多的行业尤其看重口试。在这种情况下，"口才"这门课程在许多高校已经属于必修课，即使设为选修课，选修的人也很多。因为，现在高校一般不包毕业分配，绝大多数学生根据人才市场需要来寻找职业，在最后一学年，也就是说在学习尚未完成、毕业论文尚未启动或刚启动的时候，他们已首先通过口才叩击着求职的大门，学生们越来越感到口才的重要性。

随着人们越来越认识并热衷于口才的修炼和培养，口才学作为一门新兴学科一跃成为当今世界十分走俏的一门学问，而它的前身，或者另外一种形式或分支——演讲学，则是一门更古老的学问。中世纪前的中国、古埃及、古希腊、古罗马、古巴比伦、印度等具有悠久历史文明的古国，演讲已成为普遍的社会现象。在中国，演讲这一形式在先秦的古代社会已广泛盛行。中国传世最早的一部政治文献汇编《尚书》里面就记载了盘庚"动员民众迁都"的演说。这是中国至今发现的最早的一篇有文字记载的演说，也是世界演讲史上有文字可考的最早的演说稿。此演说稿分上、中、下三篇。中篇为迁都前的演说，上篇、下篇为迁都后的演说。其中以中篇最为精彩，它无论在构思立意、遣词造句上，还是逻辑思维的演绎、归纳和情感的发挥上，都相当成熟，真切感人。《尚书》中还有《甘誓》《汤誓》《牧誓》等好几篇演讲辞。其中《甘誓》是公元前21世纪夏启与有扈氏战于"甘"这个地方的战前动员，文字虽简短，却义正词严、气势恢弘。

春秋战国时期是我国历史上经济制度和政治制度的大变动时期，各诸侯国之间及其内部的阶级斗争和政治斗争错综复杂，加上生产力的发展和经济的繁荣，促进了"士"这种阶层的出现。再加上王权发生动摇，人们对"天"产生了怀疑，私学悄然兴起，促进了各种学术思想的发展。而其传播的主要途径无一不是通过学者的辩论和对学生的口授。儒家的孔子、孟子和荀子，墨家的墨子，道家的庄子，法家的韩非子，名家的惠施、公孙龙等，都纷纷表述自己对治理天下的政治见解和思想,对社会大众进行游说,形成了"百家争鸣"、游说风气极盛的时代。这也是我国古代演讲学、口才学的第一个鼎盛时期。

怎样称得上有口才

口语表达是人们运用声音和势态语言对一个人思维活动的扫描和表达。也就是说,说话是人思维的物质外化,人们常说想得清才能说得好,说得好才算会说。因此,我们可以简明扼要地说,说话是一个人素养、能力和智慧的一种综合体现。具体地说,说话是在交谈、演讲和论辩等口语交际活动中,表达者根据特定的交际目的和任务,切合特定的言语交际环境,准确、得体、生动地运用连贯、标准的有声语言,并辅之以适当的体态语表情达意以取得圆满交际效果的口头表达能力。

根据口语交际的构成要素和口才的含义,说一个人有口才应当具备以下几个条件。

1. 具有较强的口头表达能力

具有较强的口头表达能力即能根据交际意图和目的熟练地运用语言技巧来展开话语,同时应具有灵活机智的应变能力,即对应情况而说话。《论语·选进篇》中讲了这样一个故事:子路和冉有都问"闻斯行诸",听到的事就马上做吗?孔子在回答子路时说:"有父亲、哥哥在,应听听他们的,怎能听到了就做呢?"在回答冉有时又说:"听到了就干起来。"这两个截然不同的回答,使在座的公西华大惑不解。孔子解释说:"冉有胆量小,平时做事退缩,所以我说一听到了就干起来,是鼓励他,给他壮胆;子路胆量大得超过一般人,勇于作为,所以我说,有父亲、哥哥在,要压一压,使他有所退让。"这件事一向被用做孔子"因材施教"的例证,其实也是说话看对象、针对不同实际情况而选择不同说话内容的范例。

2. 具有明确的对象意识和语境意识

如果不顾场合，不看对象，夸夸其谈，滔滔不绝，这种"能说会道"的行为只会引起反感甚至厌恶，不能称为有口才。荀子在《劝学》中曾明确指出："未可与言而言，谓之傲，可与言而不言，谓之隐，不观气色而言，谓之瞽。""瞽"，就是瞎子。这说明讲话应随境而发，相机行事。

3. 具有较高的领悟能力和反馈能力

具有较高的领悟能力和反馈能力即既能准确地接受和理解，又能作出恰当、必要的应付。这是与人交谈很关键的一条。在口语交际时，说话者不仅要表达，而且还要接受，即领悟对方话语或表情动作等体态语所蕴涵的意思，同时还要作出有针对性的反馈。1969年9月，基辛格就越战问题与前苏联驻美国大使多勃雷宁举行会谈。正当发言时，尼克松总统打来电话，谈了几分钟之后，基辛格对多勃雷宁说："总统刚才在电话里对我说，关于越南问题，'列车刚刚开出车站'，现在正在轨道上行驶。"老练的多勃雷宁试图缓和一下气氛，接过话头说："我希望是架飞机而不是火车，因为飞机中途还能改变航向。"基辛格立即回答说："总统是非常注意措辞的，我相信他说一不二，他说的是火车。"在这段对话中基辛格从坚持自己的立场的原则出发，不仅明确地理解多勃雷宁变"火车"为"飞机"的用意，而且采取"借言"的方式维护了自己的观点，显示出机智的外交家风采。

4. 说话内容的深浅要与对方的接受能力相宜

《论语·雍也篇》说："中人以上，可以语上也；中人以下，不可以语上也。"对中等水平的人可以讲说高深的道理，对中等以下水平的人就不可以讲说高深的道理，说话的内容超过或低于对方的接受能力都不会收到好的效果。

5. 不说过头话

不说过头话，就是人们说的"慎言"。慎言，是针对言与行的关系提出的。"君子食无求饱居无求安,敏于事而慎于言,就有道而正焉","古者言之不出,耻躬之不逮也","多闻疑,慎言其余,则寡尤"。这就是说,做事情要勤劳敏捷,说话要谨慎讲究分寸,做不到的事情,压根儿就不说,如果在言与行实在无法一致的情况下,宁可多做事,少说话,也绝不能说多做少,言过其行。

你会说话吗

在日常生活中大多数人或许都有这样一种感受:与朋友在一起,兴高采烈、高谈阔论,回来后猛然想起自己还有一句关键的话没有说出来,或者有一句话说得不合时宜,心中不免顿生遗憾。于是便问自己一句:我会说话吗?

"我会说话吗?"这是一个看似十分简单实则常常困扰我们的问题。

"会说话",即善于说话,就是指说话者能够准确自如、恰到好处地表达出自己的思想、感情和意图;能够把道理讲得清楚明白、形象生动;能够轻松自然、简洁明了地使他人听清和理解自己的话语。同时,还要能够从与他人的交谈之中,测定他人说话的意图,增多自己对他人的了解,跟他人建立良好、和谐的友情。善于说话的人,一定也要敢于说话,并有巧妙的言辞和精彩的语句,如果不敢于向他人表述,不敢直言,便很难得到别人的认可。

在工作及事业上,会说话的人,可以充分利用自己的语言交际能力来说服他人,使工作顺利进行,左右逢源。可以说,会说话的人,必定拥有良好的人际关系,也能为他的事业成功打下基础。为此,我们不妨从以下几点测试一下自己。

1. 会不会听话

说话是一种艺术,需要一定的技能去表现,我们必须认识和掌握这种技

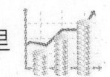

能,然后才能获得想要拥有的成功。一个人会说话,首先得会听话。在说话的时候要认清对方,考虑对方的反应,坦白直率,细心谨慎,说话时间不宜太长,更不要一人说到底。说话的时候不可唯我独尊,把大家排除在外面,因为说话的目的是要说明一些事情,使人发生兴趣。所以,说话要清晰、要明白、要坦率、要易懂,而且要给对方有足够说话的时间。

2. 有没有用情

曾经打败过拿破仑的库图佐夫,在给卡捷琳娜公主的信中说:"您问我靠什么魅力凝集着社交界如云的朋友,我的回答是:真实、真情和真诚。"可以毫无疑问地说,真实、真情和真诚的态度是成功的说话者的法宝。用真的情感、竭诚的态度去呼吁人们的心灵,对真善美热情讴歌,对假丑恶无情鞭挞。用诚挚的心去弹拨他人的心弦,用虔善的灵魂去感化他人的胸怀。让听者闻其言,知其意,见其心,达到情感上的共鸣,就会令讲话如春风化雨,润物无声,潜移默化,以发生磁铁般的影响,唤起群众的热情,这样就能以震撼人心的巨大力量,发生"共振效应"。

唐代大诗人白居易说:"动人之心者莫先于情。"一个说话者如果感情不真切,是逃不过成百上千听众的眼睛的,是不能打动听众的心的。1858年,美国著名政治家林肯在一次竞选辩论中说:"你能在所有的时候欺骗某些人,也能在某些时候欺骗所有的人,但不能在所有的时候欺骗所有的人。"这句著名的政治格言成了林肯的座右铭。第二次世界大战期间,年近70岁的英国首相丘吉尔在对秘书口授反击法西斯战争动员的讲稿时,激动得像小孩一样,哭得涕泪横流。他的这一次演讲,动人心魄,极大地鼓舞了英国人民的反法西斯斗志。

一个人如果讲话华而不实,缺乏真挚而热烈的情感,虽然能欺骗听众的耳朵,却永远得不到听众的心,只有讲话时袒露情怀,敞开心扉,才会达到语调亲切、说理虔诚、激情迸发、内容充实的效果,也就会字字吐深情,句句动心魄。

3. 有没有让别人感到不安

我们在日常交往中,不要企图揭露他人的隐私,更不要去"攻击"别人,这是与人谈话的最基本准则。

谈话时首先要尊重对方,其次要诚恳,要设身处地为别人着想,也就是谈话时要掌握分寸,避免任何可能伤害别人的成分。即使对方确有缺点也不可抓住不放,喋喋不休,礼貌的做法只能是委婉批评,适可而止。总之,不论谈话内容如何,只要你对别人尊敬,就能得到相应的回报。

4. 有没有"我"字满天飞

亨利·福特曾说:"无聊的人是把拳头往自己嘴里塞的人,也是'我'字的专卖者。"的确,很多人在说话中总是"我"字挂帅。比如在一个鸡尾酒会上,主人10分钟内用几十个"我"字:我的车子、我的别墅、我的花园、我的小狗,我想……令听众十分反感。

如果你在说话中,不管听者的情绪或反应如何,只是一个劲儿地提到我如何如何,那么必然会引起对方的厌烦与反感。谈话如同驾驶汽车,应该随时注意交通标志,就是说,要随时注意听者的态度与反应,总以自我为中心,必然招致别人反感。

5. 有没有冷落人

谈话时排除他人,就如同宴会时赶走客人一样荒唐和不可思议。千万记住,不要遗漏任何人,让你的双眼环视着周围每一个人,留心他们的面部表情和对你谈话的反应。在众多人的聚会中,常有少数人被无情地冷落,假如被你冷落的恰巧是来日对你事业前途至关重要的人物,那将是怎样的后果呢?

不要冷落任何人,即使他的言行举止是多么令人生厌。"己所不欲,勿施于人",应该想想自己被人冷落的滋味。要想使别人觉得你的谈话洋溢着饱满的热情,因而对你有好感、感兴趣,就不要让人"冷"在那里。

6. 有没有打断别人

别人谈话时有打岔习惯的人最容易惹人厌烦,这是缺乏礼貌的表现。没有比打断别人说话更让人难以忍受的了。比如在别人讲话时不要用他人的话来打岔,也不要提出不相干的意见来打岔,更不要用鸡毛蒜皮的小事来打岔。

总而言之,尽量不要打断别人的讲话。除非讲话成了"懒婆娘的裹脚布又臭又长",把时间拖得太久,或讲话受到众人起哄,或者讲话者口出狂言而旁若无人时,打岔才会显得必要。

改掉不良的说话习惯

如果一个人的脸上长有疤痕,可以从镜中窥见,可以使用化妆品或药品加以治疗弥补。同样,谈吐方面的缺陷也可以改变,只要治疗之前,自己能够清醒地认识到自己的这些缺陷。如果不清楚自己说话的缺陷,也可以试着拿一面镜子对照自己说话的姿态:是否手势过多,是否翘起嘴角,是否表情难看,是否过于冷漠、紧张、僵硬,是否强抑声调……

以下几点是我们说话中常有的缺陷,我们可以对照检查,并加以改正。

1. 说话用鼻音

用鼻音说话是一种常见且影响极坏的缺点,当你使用鼻腔说话时,就会发出鼻音。如果你用大拇指和食指捏住鼻子,你所发出的声音就是一种鼻音。如果你说话时嘴巴张得不够,声音也会从鼻腔而出。在电影里,鼻音是一种表演技巧,如果演员扮演的是一种喜欢抱怨、脾气不好的角色,他们往往爱用鼻音说话。鼻音对女人的影响比对男人更大,你不可能见到一位不断发出鼻音,却显得迷人的女子。如果你期望自己在他人面前具有极大的说服力,或者令人心旷神怡,那么你最好不要使用鼻音,而应使用胸腔发音。正确的方法是,平时说话时,上下齿之间最好保持半寸的距离。

2. 声音过尖

一个人受到惊吓或大发脾气时,往往会提高嗓门,发出刺耳的尖叫。

一般女性犯此错误居多，要多加注意。因为尖锐的声音比沉重的鼻音更加难听。你可以用镜子检查自己有无这一缺点：脖子是否感到紧张？血管和肌肉是否像绳索一样凸出？下颚附近的肌肉是否看起来明显紧张？如果出现上述情形，你可能会发出刺耳的尖声。这时你就要当机立断，尽快让自己松弛下来，同时压低自己的嗓门。

3. 说话忽快忽慢

一般来讲，说话的速度很难掌握，即使是一些职业演说家或政治家，有时也不容易把握好自己说话的速度。说话太快，别人就听不懂你在说些什么，而且听得喘不过气来。说话太慢，人们就会根本不听你说，因为他们缺乏耐心。据专家研究，适当的说话速度应在每分钟120～160个字之间，当我们朗读时，速度要比说话快，而且说话的速度不宜固定，你的思想、情绪和说话的内容会影响你表达的快慢。说话中把握适度的停顿和速度变化，会给你的讲话增添丰富的效果。

为了测量自己说话的速度，你可以按照正常说话的速度念上一段演讲词，然后用秒表测出自己朗读的时间。如果你说话的速度每分钟不到上面那个标准，就可以试着调整说话速度，看是否会收到良好的效果。

4. 口头禅过多

日常生活中，人们听到这样的口头禅，如"那个""你知道不""是不是""对不对""嗯"等。如果一个人在说话中反复不断地使用这些词语，一定有损自己说话的形象。口头禅的种类繁多，即使是一些伟大的政治家在电视访谈中也会出现这种毛病。

当然谈话中"啊""呃"等声音过多，也是一种口头禅的表现，著名演说家奥利佛·霍姆斯说："切勿在谈话中散布那些可怕的'呃'音。"如果你有录音机，不妨将自己打电话时的声音录下来，听听自己是否有这一毛病。一旦弄清了自己的毛病，那么以后在与人讲话的过程中就要时时提醒自己注意这一点。

下面介绍几种克服口头禅的方法以供参考。

默讲。出现口头禅的原因之一，是对所讲的内容不熟悉，讲了上句，忘了下句，此时就要用口头禅来获得一点思考的时间，以便想起下句话。事前默讲几遍，对内容、措辞十分熟悉，正式讲话时就能减少或不出现口头禅了。

朗读。克服口头禅的朗读法，就是将自己的口语，从不清楚变为清楚、流利的语言。如果内部语言流畅贯通，就不会出现口头禅。出声朗读老舍、叶圣陶等语言大师的作品，有助于用规范的语言来改善自己不规范的语言。

耳听。广播员、演员的语言，一般都较为规范，没有口头禅。平时听广播、看电影时，可边听边轻声地跟着说。久而久之，你会惊喜地发现：自己的口语精练了，口头禅少了，连普通话水平也提高了。

练习。听听自己的讲话录音，会对自己讲话中的口头禅深恶痛绝。这样，往往能使自己在讲话时十分警惕，口头禅也会随之变少。

慢语。在一段时间内，尽量讲慢些，养成从容不迫的思维和说话的习惯，一句句想，一句句说，对克服口头禅有很好的效果。

5. 讲粗话

讲粗话是说话的恶习。俗话说，习惯成自然。随便什么事情，只要成了习惯，就会自然地发生。讲粗话也是如此，一个人一旦养成了讲粗话的习惯，往往是出口不雅，自己还意识不到。讲粗话是一种坏习惯，是极不文明的表现，但要克服这种习惯也并不是一件易事。比较有效的办法是，找出自己出现频率最高的粗话，集中力量改掉它。首先是改变讲话频率，每句话末停顿一下；其次讲话前提醒自己，改变原有的条件反射。出现频率最高的粗话改掉了，其他粗话的克服也就不难了。

请别人督促自己也很重要。当然，这里的"别人"最好是了解自己的人，这样督促起来可以直截了当。由于有时自己讲了粗话还不知道，请别人督促就能起到提醒、检查的作用。督促还有另一层心理意义，那就是造成一种不利于原有条件反射自然发生的外界环境，以促进旧习惯的终止。

6. 结巴

"结巴"是口吃的通称。

"结巴"对于极个别的人来说是一种习惯性的语言缺陷，是一种病态反应，他们也被称为口吃患者。口吃就是说话时字音重复或词句中断的现象，要想治愈说话"结巴"的毛病，除药物治疗外，更重要的是去除心理障碍。日本前首相田中角荣少年时代就是口吃患者，为了克服这个缺陷，他常常朗诵课文，为了发音准确，就对着镜子纠正嘴形，后来他成了一个著名的政治家、演说家。有口吃的人不妨试一试这个方法，坚持朗读文章，只要坚持不懈并保持良好的心态，相信一定会产生好的效果。

7. 毛手毛脚

毛手毛脚，意即说话时动作过于频繁。可以检查一下自己，是否在说话时不断出现以下动作：坐立不安、蹙眉、扬眉、歪嘴、拉耳朵、摸下巴、搔头皮、转动铅笔、拉领带、弄手指头、摇腿等。这都是一些影响你说话效果的不良因素。当你说话时，动作过于频繁，听者就会被你的这些动作所吸引，根本不可能认真听你讲话。

培养自己说话的风格

培养自己讲话的风格，使其独树一帜，对你的讲话将起到意想不到的效果。

一个人说话有自己的风格，说话才容易吸引别人，并产生应有的魅力。同样，如果你想成为说话高手，那么，你的说话风格必须有某种独特的地方，以便引起人们的注意，或者使人们容易记住你。你可以利用自己的长相或身材，来引起别人注意，但这只是暂时的，也是远远不够的，它只能帮助你引起人们的注意,而不能真正吸引人们。除非你有伟大人物的那种超凡的魅力,否则你必须培养自己说话的风格,这才是使你让别人信服和不忘的最好方法。

美国的依阿华州锡格尼市的凯欧库克旅馆是方圆几十里的流动推销员最爱去的地方,他们不管远近都想到那里去投宿。为什么呢?因为那里的店老板,人称"快乐的韦勒",是一位笑口常开的人。他对谁都能说上几句好听的话,自从人们认识他这么多年以来,从来没有听到他对谁说过一句不顺耳的话。韦勒有他与众不同的地方,说话有他自己独特的风格。后来他成功了,成为了当地有名的富翁。

记住你谈话的风格,你与别人交谈的方式,都能为你的名声和你的成功作出重大的贡献。如果你对下级讲话趾高气扬,甚至有鄙视的口吻,那下级就会怨恨你。如果你对上级讲话过于谦恭,他们就可能认为你缺乏能力或者没有骨气,不敢委你以重任。你讲话的风格,仅仅是你使用词汇的问题,而且是你使用词汇的方式方法的问题,从中也能反映出你的态度和修养。因此要想树立自己的讲话风格,说话就不能忽左忽右变化无常,更不要试图去模仿别人,表现出不属于自己风格或不适合自己风格的东西。虽然学习别人是件好事,但不要故意去模仿别人的风格或者说话的口吻。这种道理很简单,不用多解释谁都会明白,谁都不想遇到一个装腔作势的谈话者。学别人说话,就像那种喝了大量酒的人,他隐瞒不了自己喝了酒的事实,因为人们一闻就明白了。

在谈话的时候,表现出自己自然的风格是上策,但要努力发展你自己的独特风格,而不是去发展别人的独特风格。有些人,当他们与别人谈话时,认为自己有必要装腔作势,或者戴上一副假面具;有些人试图表现得很友善,有的时候甚至表现出媚态;有些人急功近利,就像做电视商业广告一样。这些人的失误在于他们表现的都不是他们自己的本色,自然得不到别人的信服。要有自己的个性,你看到的我是什么样,我就是什么样,不管你喜欢不喜欢,但你总会相信同你谈话的那个人是真实的,不是假冒的。无论对也好,错也好,都要真诚地对待每一个人。因此,只要把握好说话的分寸、原则,总会受到别人的喜欢,从而慢慢地形成自己说话的风格,因为你用真诚的自我与别人交流,你用自己的风格和别人说话。

话语中肯,言之有物

古语讲"至诚足以感人",如果一个人所说的话语中肯,怎么会不受听众的欢迎呢?

科罗拉多州煤铁公司的矿工为了要求改善待遇,进行了罢工,因为公司方面处置不善,这次罢工又演变成了流血的惨剧,劳资双方都各自走了极端。这次罢工,持续了两年之久,成为美国工业史上一次有名的大罢工。那时管理矿务的人,就是美国石油大王洛克菲勒的儿子。这位小洛克菲勒,最初使用高压手段,请出军队来镇压,闹成了流血惨剧,不仅没有解决问题,反而使罢工的时间更延长下去,使他的财产受到了更大的损失。后来,他改变方法,用了柔和的手段,把罢工的事情暂时置之不谈,特地去和工人为友,到各个工人的家中去慰问,使两方面的情感慢慢地转好起来。以后,他叫工人们组织代表团,以便和资方洽商和解。他看出了工人们已经对他稍稍减轻了敌意,于是,便对罢工运动的代表们作了一次十分中肯的演说。这一次演说,竟把两年来的罢工风潮完全解决了。

他在那次演讲中说:"在我有生之年,今天恐怕要算是一个最值得纪念的日子。我十分荣幸,因为我能够和诸位认识,如果我们今天的聚会是在两个星期之前,那么,我站在这里就会是一个陌生人了,因为我对诸位面孔的认识还只是极少数。我有机会到南煤区的各个帐篷里去看了一遍,和诸位代表都作了一次私人的个别谈话;我看过了诸位的家庭,会见了诸位的妻儿老幼，大家对我都十分的客气，完全把我看作自己人一般。所以，今天我们在这里相见，我们已经不是陌生人而是朋友了。现在，我们不妨本着相互的友谊，共同来讨论一下我们大家的利益，这是使人感到十分高兴的。参加这个会的是厂方的职员和工人的代表，现在蒙诸位的厚爱，我才能在这里和诸位相见并努力化除一切矛盾，彼此成为好友，这种伟大的友谊，我是终身不会忘掉的。我们大家的事业和前途，从此更是展开了无限的光明。在我个人，今天虽然是代表着公司方面的董事会，可是，我和诸位并不是站在对立的地位，我觉得我们大家都是有着密切的关系和友谊的。我们彼此有关的生活问题，现在我很愿意提出来和大家讨论一下，让我们一起从长计议，获得一个双方都能兼顾到的圆满的解决办法，因为，这是对大家有利的事……"

小洛克菲勒的讲话，虽没有华丽的词藻，但话语中肯，引起了矿工们广泛的共鸣，一下子使自己脱离了困境。

说话除了话语中肯之外，还要言之有物，两者相辅相成，才能达到预期的效果。

《周易·家人》："君子以言有物，而行有恒。"人们在日常生活中都会遇到这样的情况，不管是听别人做讲座，领导做报告，还是和周围的人聊天，都会碰到言之无物、空洞乏味的时候，上面讲得很热闹，下面听众却觉得困顿乏味，嫌内容假大空，虚无缥缈，不知所云。听众最怕听到的演讲是言之无物，不知所云。

为什么会出现言之无物的情况呢？究其根本，问题在于谈话者、演讲者没有很好地理解自己的演讲内容。自己都不明白为什么要说话，怎么能期待给听众一个内容充实、言之有物的演讲呢？要解决这个问题其实并不困难，简单地说，就是要充分地精心准备自己的演讲内容，在演讲、讲话之前比较透彻地理解问题。

有一天，林肯律师事务所来了一位行走蹒跚的年老寡妇，她是一位阵亡士兵的妻室。她向林肯泣诉，说她应该领取的四百美元的抚恤金，被一位发放抚恤金的官吏强索去二百美元的手续费。林肯听了勃然大怒，立刻为她向法庭对那位官吏提起了诉讼。

开庭的时候，林肯用愤怒的目光看着被告，他所说的话，差不多每个字都是十分的中肯且言之有物，那种严正的态度、热烈的情感，几乎使他跳起来剥掉那位被告的皮："时间一直向前迈进，在1776年的英雄，已经成为过去了，他们是被安置在另一个世界中了。但是，那位英雄已经长眠地下，他的年老衰颓而且又跛的遗孀，此刻来到我们的前面，请求替她申冤。在过去，她也是体态轻盈、声音曼妙的美丽少女，现在她贫无所依了，没有办法，只好来向享受革命先烈所争取到的自由的我们，请求给予同情的帮助和人道的保护。我现在所要问的是，我们是不是应该援助她？"

当林肯这样一段中肯的话说完后，居然有人感慨得流下眼泪，大家一致认为那老妇人的抚恤金是分文不能少给的。法庭最后分文不少地追回了士兵遗孀的抚恤金，严肃审判了那个官吏。

第2章 摆脱当众讲话的恐惧

 了解说话时的心理类型

人们当众说话水平的高低与心理状态不同的类型，在说话时便有不同的表现。心理类型主要有以下几种。

1.冲动型

冲动是指不顾后果，率性而为，情感强烈，缺乏理性的心理状态。这种类型的人，情绪往往处于高度兴奋状态，好似打开的煤气灶，一遇火星就会燃烧起来，其表现是遇事不够冷静，易动肝火，急于表态，喜说好讲，轻易决策。所发言辞大都脱口而出，不求周密，不讲策略，不计后果。要么噎得听者受窘而无法与其沟通交流；要么将自己全都暴露给听者；要么惹恼甚至激怒听者，使听者奋起反击。

但是，这种人心底坦荡，没遮没拦。就像竹筒里的豆子，噼里啪啦一下倒出，倒完了，他就没事一般，转趋平静，往往也不存在怯场现象，兴致所至，常常滔滔不绝。

梁山好汉中多有此类，如鲁智深、李逵、阮小七等。李逵与燕青外出，投宿一庄院,听庄主太公说宋江抢了他女儿,当即对燕青大叫道:"小乙哥,你来听这老儿说的话,俺哥哥原来口是心非,不是好人了也!"燕青劝他:"大哥莫要造次,定没这事!"李逵说:"他在东京兀自去李师师家里,到这里怕不做出来。"然后不顾劝阻,一口气奔回梁山,砍倒"替天行道"的杏黄旗,指着宋江大骂:"我平常把你当做好汉,你原来却是畜生!你做出这等好事!"待后来事实弄清,原来是一个强盗假冒宋江之名,他才醒悟认错。他的这种心理素质不仅不影响他在读者心中的地位,反而使人们更加认识了他的憨厚、坦荡,愈发可爱。但在当众讲话时,此类型的人需控制自己的情绪,三思而后行,以免不仅达不到表达的效果,还惹来不必要的麻烦。

2.理智型

理性是一种从理智上控制行为的能力表现。这种人情感内敛,不轻易表达,并善于控制情感。遇事不急不躁,冷静处理;不轻易作出肯定或否定的表态;言辞常常深思熟虑之后才出口,较为周密、策略。这种言辞听者易于接受;即使不能接受,也不致产生很大抵触。但是,这种人在需要当机立断的紧急关头,有时也会误事。有些机会是稍纵即逝的,机不可失,失不再来,等你深思熟虑下来,为时晚矣。并且,过于理性,会让人觉得虚伪、城府很深,没法获得听众心理上的认同。

对说话者来说,理性型心理是优于冲动型心理的。只要在紧急关头能够显出果断的气魄,恰当表达自己的内心情感,便会受听者欢迎,于当众讲话是很有利的。

3.优势型

优势型是指讲话者凭借其在职位、能力等方面的优势条件在当众讲话过程中居于高位。如自己是领导、专家、教授、名人,而听众只是普普通通的人;或者自己是大国、强大集团的代表,而对方代表的是小国、弱小组织。

这种人当众讲话时往往会发表一些非同寻常的居高性言辞,或有意,或

无意。如果是有意,他会高标自置,旁若无人;如果是无意,但由于其身份特殊,在听者听来,也会产生一种由上而下的压力。这在单向交流中,听者无从与之理会,只得任你去说。如系双向交谈,对方虽有应答之责,但会显得拘谨。在一定程度上会影响双方沟通交流的效果。

居高型的人有两种不同表现:一种是唯我独尊、自负固执,我怎么说,你就怎么听。另一种是敷衍塞责、不痛不痒,你听也可,不听也可。

沈剑虹在他的《使美八年纪要》中记述了这样一件事:沈剑虹在担任蒋介石的英文秘书兼翻译时,蒋介石在一次宴请来访的外宾,请其中学时的英语老师董显光作陪。席间,外宾问蒋介石是否曾学过英文,蒋介石说:"学过,但老师不好,所以没学到多少。"外宾问:"谁是您的老师呢?"蒋介石扬手指着坐在旁边的董显光说:"这就是我的老师。"董显光窘极,在整个宴会中都显得神色不安,如坐针毡。蒋介石凭其总统高位,盛气凌人,全然不顾中国尊师的传统美德,这是优势型的典型表现。

对当众讲话者来说,优势型的心理类型是要不得的,如不将自己摆在与听众平等的位置,或提高个人素质,加强自我修养,于当众讲话是有百害而无一利的。

4.综合型

这是一种既没有无谓冲动,又不着意抑制,居高而不自傲,位低而不自卑的综合性心理状态。其言辞不卑不亢,不偏不倚,让人听来如沐春风,如饮甘霖。

这种心理状态的人当众讲话时是必然受听众欢迎的。即使在某种场合,某个时间会让人不快,暂时影响交际效果,但时间一久,那不快的人大多会醒悟,自然会觉得还是这种人好。

为我国科学事业献身的中科院沈阳自动化所所长、"中国机器人之父"蒋新松院士,就是这种心理状态的典型。他逝世后,《人民日报》和《中国科学报》记者作了这样的报道:作为上级,他会与你平等相待,友好合作。

他的老同事说:"新松作风民主,绝不独断专行。有不同意见争论时,你甚至可以跟他拍桌子,摔帽子,外人这时搞不清谁是领导;但雨过天晴,他从不记恨别人。如果你坚持你的正确意见,他倒很欣赏你的坚持。"

作为下级,他敢讲真话,敢作敢为。一个863项目要调整,但领导同志犹豫不决。蒋新松会上批评说:"在这个问题上,你朱主任应该负责。"时任国家科委常务副主任的朱丽兰教授,今日谈及此事仍十分感叹:"蒋新松是科技帅才,有时我和他也争论。我觉得他这个人很有人格魅力,坦诚直言。一定程度上他帮我下了决心,我非常感谢他。我觉得每次跟他相谈都很有启发,在争的过程中,就得出结论了。"

身为前中共中央总书记、共和国主席的江泽民,在这方面为世人树立了一个很好的典范。他虽位尊权重,但与人交际时毫无居高临下的架势,说话非常平易近人。1991年12月25日,他视察贵州民族学院时,亲切询问一个苗族女学生是哪里人。女学生回答他后,他和蔼地告诉女学生:"我是扬州人。扬州你去过吗?"女学生回答没去过。他微笑道:"啊,有机会请到我家乡扬州看看,三月最好,李白不是说'烟花三月下扬州'吗?"本来颇有些拘谨的女学生,一下子轻松了。在当众讲话时应努力保持这种平正的心态,在平时讲话也要努力培养这种心理,以达到最佳的讲话效果。

沉着处理冷场的情况

冷场分为两种情况:一种是单向交流中,听的人毫无兴趣,注意力分散;另一种是双向交流中,听者毫无反应,或者仅以"嗯""噢"之类应付。

冷场的根本原因在于发言者的话没有吸引力。听者仅仅出于纪律的约束或处世的礼貌而扮演一个"接受"的角色。因此冷场完全应由说话人负责。

冷场的出现,是发言者的失败,因为它不能达到彼此沟通交流的目的。

发言者既要发言，就必须实施控制，避免冷场的发生。控制的办法有如下几种：

1. 发言简短

单向交流中那种应景式讲话，越短越好。如华达商场举行开业仪式，邀请了市内各方面的人士参加。总经理只说了两句话："女士们，先生们：热忱欢迎各位光临！现在我宣布：华达商场正式开业！"

双向交流中，任何一方都不要滔滔不绝地包场，要有意识地给对方留下发言的时间和机会。自己一轮讲不完，应待对方有所反应后再讲，不要一轮就讲得很长。

2. 变换话题

当众讲话时遭遇冷场可通过暂时变换话题的办法吸引听众的注意力。目的达到后，仍要回到原有话题的轨道。比如教师在讲课过程中发现学生精力分散、东张西望、打瞌睡、窃窃私语、在桌上乱画，可以暂停讲授，穿插几句应景、时髦、诙谐的话；或者简短地讲个与教学多少相关的典故、趣闻，学生的精力便会一下子集中起来。之后，再继续教学。

双向交流的话题变换是不定的，根据现场情况随时进行。比如你与别人谈今日凌晨看的一场世界杯足球赛电视直播，可别人并不喜欢足球，也没有在半夜里爬起来观看，对你所议显得毫无兴趣，出现冷场。这时，你就应及时转移话题。

3. 中止交谈

任何发言者都不愿碰到冷场。但若这种情况出现后，自己又采取了诸如简短发言、变换话题、加强语气等控制手段，仍然不能扭转冷场的局面，那就应中止交谈。长时间的冷场对交流双方都是残忍且浪费时间的。比如你同他谈足球他无兴趣后，变换话题他仍无兴趣，就不可再谈下去。这叫作"话不投机半句多"。

另外还有一种在说话时常出现的情况就是搅场。搅场就是恶意破坏现场秩序，使发言者不停地被打断，甚至被迫终止。这种情况主要出现在单向交流中。如上课、做报告、大会发言、演讲等场合，听众开小会、串座位、随意进出、喧哗、嘲笑、喝倒彩、吹口哨、瞎鼓掌。

搅场出现的原因有三种：一是听者本就对发言者有成见，是反对派。之所以来听，就是想来钻空子、找岔子，不管你怎么说，他都要搅。二是发言者思想、学术、业务等水平不高，听者觉得言之无物，听下去纯粹是浪费时间。三是听者对讲话内容不感兴趣。

作为发言人，对搅场的出现只能自己去控制。那种依靠与听者有利害关系的他人出面干预、压制，或者自己愤而退场之举，都不是最终解决问题的办法。那样做，产生的负面效果可能会更差。因此，发言者必须正视搅场，主动实施控制。

控制搅场的办法要区分不同原因。

对第一种原因的搅场：坚定信心、置若罔闻。

林肯第一次竞选美国总统，在纽约库钥学会作演讲。他到纽约时，当地报纸已发表了许多攻击他的文章。在他登台时，还未开口，台下便掀起一片嘲笑起哄声浪。演讲开始不久，台下已十分混乱，一些共和党人高声叫嚷要他滚下台去。但林肯全然不为所动，十分镇静地按事先准备的讲下去。渐渐地，会场安静下来，除了林肯的声音，只有煤气灯的燃烧声，听众都听得入迷了。第二天，报纸又纷纷发表了赞扬林肯演讲异常成功的文章。

对第二种原因的搅场：谦虚谨慎，自剖自责。

有一年菲律宾大选，竞选者科·阿基诺夫人曾被人指责为啥也不懂的家庭主妇。她上台发表竞选演说，不少人以这种眼光看待她。反对派则公开叫嚷说她只配围着锅台转，要她回去烧饭菜。她一开口便说："我只是一个家庭主妇，对政治和经济都不甚了解，也没有经验。"这诚恳、真挚的大实话使听众一下子静了下来。接着她又说："对于政治，我虽然外行，但作为围着锅台转的家庭主妇，我精通日常经济！"听众旋即爆发出热烈的欢呼。

对第三种原因的搅场：幽默风趣，生动活泼。

某厂宣传部长按厂的宣传工作计划,到一分厂宣传时事政策。分厂一些工人正为下岗问题忧虑,但在这节骨眼儿上又不敢不来听。当分厂厂长讲了部长要宣讲的时事政策内容后,台下一下炸开了锅,吵吵嚷嚷,不可开交。部长扯开喉咙大喊道:"报告大家一个好消息。"台下顿时静了下来。部长故意停了一下才说:"我爱人下——岗——了!"台下先是一愣,随即响起一片热烈的掌声。接着部长就从自己爱人如何主动要求下岗讲起,将夫妻的对话、儿女反对的言辞惟妙惟肖地描述了一番。待听众情绪完全调动起来后,才简要讲了讲为什么要下岗、当前下岗的形势等问题。事后,大家都说部长真会讲话。

让自信推动你的说话能力

有人曾做过调查,想搞清楚人们进行口才训练的原因和内心愿望是什么,调查的结果惊人的一致。大多数人的内心愿望与原因基本是一样的,他们是这样回答的:"当人们要我站起来讲话时,我觉得很不自在,很害怕,我不能清晰地思考,不能集中精力,不知道自己要说的是什么。所以我的最大愿望就是可以在公众面前自信、泰然地发表自己的观点,且逻辑清晰,内涵丰富,让人折服。

有强烈自信心的人,一般来说是能言善辩的人;能言善辩的人,一般来说又是具有强烈自信心的人。

自信可以促进说话能力的提高;说话能力的提高又可以进一步增强自信,两者是互为作用的。

自信,是提高说话能力的推动力,是事业成功最重要的力量;说话是自信能力的外在表现,是提高自信最有效的方法之一。

林肯说:"不论人们如何仇视我,只要他们肯给我一个略说几句的机会,我就可以把他们说服。"这是何等自信!

我们不妨从别人的经验开始我们的信心训练。

卡耐基是一位享誉全球的当众讲话训练大师,在他的一生中所收到的感谢信可以堆积如山。他的学生各行各业、三教九流都有。所有这些人都感到需要自信,需要在公开场合中表达自己的能力,好让别人接纳自己的意见。他们在达到目的之后,就满怀感激地抽空给卡耐基写信,以表示谢意。

看一下这一个个成功的范例,或许可以让我们从感性上认识到获得出色的当众讲话能力并非什么很难的事情,他们的经验可以让我们"从战略上藐视敌人"。

有一位叫彼得森的医生,是位热心的棒球迷,经常去看球员们练球。不久,他就和球员成为好朋友,并被邀请参加一次为球队举行的宴会。

在侍者送上咖啡与糖果之后,有几位著名的宾客被请上台"说几句话"。突然之间,在事先没有通知的情况下,宴会主持人突然宣布说:"今晚有一位医学界的朋友在座,我特别请彼得森大夫上来跟我们谈谈棒球队员的健康问题。"

作为一位已从医30余年,有丰富卫生保健知识的人,按说对这类问题是小菜一碟。他可以坐在椅子里向坐在两旁的人侃侃谈论这个问题一整晚。但是,要他当众,即使面对很少的人讲这个问题,那却是另一回事了。他不知所措,心跳加速,他一生中从未做过演讲,而他脑海中的记忆,现在全飞到爪哇国去了。

结果呢?宴会上的人全在鼓掌,大家都望着他,他摇摇头,表示谢绝。但他这样做反而引来了更热烈的掌声,纷纷要求他上台演讲。"彼得森大夫!请讲!请讲!"的呼声愈来愈大,也更坚决。

他的心情非常矛盾,他知道,如果他站起来演讲一定会失败,他将无法讲出完整的五六个句子。因此,他站起身来,一句话也没说,转身背对着他的朋友,默默地走了出去。

第一篇　口才资本——把话说到对方的心坎里

从那以后，他不愿再度陷入脸红及哑口无言的困境了，开始进行当众讲话训练。他有极为迫切的需要，他希望拥有演讲的能力，他锲而不舍地练习自己当众讲话的口才。

通过努力练习，他的进步简直是一日千里，刚开始他紧张的情绪消失了，信心愈来愈强。两个月后，他甚至开始接受邀请，前往各地演讲。他现在很喜欢演讲的感觉及那份成就感以及所获得的荣誉，更为从演讲中结交到更多的朋友而高兴。

一次，一个公司的董事长找到卡耐基。他对卡耐基说："我这一生每逢要说话时都很紧张。身为董事长不能不主持开会。董事们个个都已熟悉多年，大家围桌而坐时，我同他们对答如流，一点困难也没有，然而一旦起身说话，我竟然一个字也说不出。这种情形已有多年。我不奢求你的训练有帮助，这个毛病已经根深蒂固了。"卡耐基说："你既然认为我帮不上你的忙，干嘛还要找我？""只为了一个原因，"他答道，"我有一个下属以前内向腼腆，每次见我都眼观地面，很少说话，但最近每次进办公室时，他都显得神采奕奕，信心十足，头颅高昂，还主动和我打招呼，甚至有一次开会时竟然当众做了10分钟发言，我惊讶于他的变化，后来才知道是因为他参加了当众讲话的训练。"

卡耐基告诉他，定期来上课，并照课程的要求做，不出几星期，就会喜欢在听众面前讲话了。

这位董事长果然来参加课程了，并且进步神速。3个月后，卡耐基邀请他参加阿斯特饭店舞厅里的3 000人聚会，并谈谈自己在训练中所获得的收益。为了以自己的故事激励更多的人消除讲话的恐惧，他推掉了自己的约会，如约在聚会上发言，卡耐基说让他讲两分钟就行，结果对着3 000人，他足足说了十几分钟。

类似的奇迹还有很多，许多人因此而改变了自己的命运。其中，有好多人在自己的岗位上获得了远远超过自己所希望的擢升，在商业上、事业上和社会上达于显赫的地位。也因为如此，我们可以肯定地说，在正确的时刻，一场演说就足以使大功告成。因为在这样一场演说中，人们可以以别人的经验为梯，摘取当众讲话的信心、勇气和技巧。

时刻保持你的热情之火

要想获得自信心、勇气以及能力，以便在向人们发表谈话的同时能够冷静而清晰地思考，并不像大多数人所想象的那般困难。就像你完美地完成其他事业一样，任何人只要对它充满火山熔岩般的热情，并肆意释放出其潜在的能力，就定能成功。

你一定要具有果敢的决心，并把这种决心转化为一个单词，一段讲话，一步行动，倾尽全身心地训练培养。

有位商界的传奇人物，在大学时代，他初次起立讲话时，因言辞不足而失败，老师指定的5分钟讲演，他讲不到1分钟，便脸色发白，匆匆下台。

但他坚强地承受了那次失败。他立下决心要做个优秀的演说家，从此片刻不懈，最后终于成为政府的经济顾问，令人瞩目，他就是蓝道尔。谈到当众讲话时他说："我的讲演排得满满的，现身的场合有厂商协会的午、晚餐会，还有商务部、扶轮社、基金筹募会、校友会等。我曾经在密歇根州的艾斯肯那巴发表爱国演说，于慷慨激昂中投身一次世界大战；我曾与米基·龙尼下乡做慈善讲演；与哈佛大学校长柯南和芝加哥大学校长胡钦斯下乡宣导教育；我甚至曾以极蹩脚的法语做过一场餐后演说。

"我想我了解听众要听的是什么，以及他们希望它被怎样地讲出来，对于堪当事业重任的人而言，这其中的窍门是：只要他愿意去学，没有什么学不会的。"

蓝道尔的经历说明，在努力成为有效的说话者的过程中，成功的意志是成败的关键所在。坚强的意志和明朗的思想决定了在当众讲话技巧上的进步会有多快。因此,要想成功,必须具备的条件就是:用毅力来磨平高山,以及相信自己一定会成功。

乐观轻松的态度很重要

无论何时何地都不会有天生的演讲家。历史上有些时期,当众讲话是一门精致的艺术,必须谨遵修辞法与优雅的演说方法,因而,要想做个优秀的大众演说家那是极其困难的,是经过漫长的学习才能达到的。现在我们却把当众演说看成一种扩大的交谈。以前那种说话、动作俱佳的方式,如雷贯耳的声音已经永远过去。我们需要的是言简意赅,常人可以理解的真挚的思想和话语,而非华丽的辞藻、严谨的修辞和泛泛而谈。

当众讲话不是一门闭锁的艺术,并不像许多学校那样容易学到知识,必须经过多年的美化声音,还要苦学修辞学,才能成功。平常说话简单易学,只要遵循一些简单的原则就行。对于这一点,大师卡耐基的经验可以证明。1914年,他在纽约市青年基督协会开始教授学生时,讲授那些低年级的方法,同他在给大学新生演讲的方式大同小异。但是他很快发现,把商界中的大人当成大学新生来教是一种很大的失误。因为学生们所需要的并不是这些,而是在面对听众时有足够的勇气直起腰来,做一番明确、连贯的报告。于是他抛弃教条,用一些简单的概念和那些学生互相交流和切磋,直到他们的报告词达意尽、深得人心为止。事实证明,这一方法可以让学生在放松的气氛中学到他们所需要的东西。

可见,当众讲话并非是古代那样精致的艺术,这是必须认识到的一点。在训练的过程中,要保持轻松与乐观的心态,这种心态将引领你体会训练的快乐,并最终走向成功。

第3章 把握说话的主动权

 主动引发一场谈话

在与人交谈时，有些人常常挖空心思去想一些很有水平的话，以显露自己的本事。但是，你没有顾及到对方，对方在你的这种示强形势下会怎样呢？他当然是不甘示弱，也会比你更加努力地找一些更加有水平的话。他找出了之后，你又怎么办呢？是不是又要搜索枯肠去寻找很有水平的话呢？这样循环往复，你俩就不是在交谈，而是在斗智。在交谈中，太有水平的话有时会给对方造成压抑，使得交谈难以进行下去。

实际上，要进行一次谈话并不是困难的事。陌生人之间一些简短的寒暄就能引发谈话。每个人都可能流于平俗，都可能涉入那简短的谈话，只谈论一些既缺乏机智又毫无意义的事情。然而这种短暂的交谈对于正式交谈的顺利启动却是必要的。

引发谈话的目的是必须让对方说话，而切忌将谈话引入死胡同。如不能说诸如"今天天气真好！"之类的话，而应该问对方："干什么工作？""是哪里人？"这样对方必须回答他干什么工作，是哪里人，而不会用"是"或"不是"将你打发。

在开始谈话时,要准备经过一个"预热"的阶段。没头没脑地就开始一次意味深长的交谈是不明智的,不要期望一开始就像老朋友见面一样。

短暂的交谈不仅能为你引发一次谈话,而且可以用来为进一步的交谈预热,引导对方为进一步的交谈做好充分的准备。然后在这种交谈中观察别人的兴趣。这正如点篝火,不必期望用一个火把开始,只需有一根小火柴就行了。只要方法得当,这一根小火柴就能让篝火熊熊燃烧……

但要特别注意的是,在交谈的过程中也不要太掉以轻心,成为一位说话高手的艺术并不过多地依赖于你有多么聪明,或者你的经历有多么曲折,而在于善于启发、诱导别人讲话。要想成为出色的说话高手,就一定要避免在谈话中出现以自我为中心的现象。人们往往自始至终只对他们自己、他们的工作、家庭、故乡、理想感兴趣。其实,像"你是做什么工作的"这样一个简单的问题向他人传达了你对他感兴趣的信号,结果必然会使别人也对你感兴趣。

在提出这个简单的问题之前,你只需要在心里给自己提一个问题:"通过交谈我究竟想得到些什么?"是想表现和炫耀自己呢?还是想与别人做成交易,让别人在议定书上签字,并得到他的准许和友善呢?很多人在与人谈话时容易犯的错误就是谈自己感兴趣的事,而不去谈别人感兴趣的事。你谈自己感兴趣的事,虽然自己兴高采烈,但别人却不一定会高兴,那你要求别人办事、请别人帮忙的目的又怎能达到呢?

打开一个话题

有人说:"交谈中要学会没话找话的本领。"所谓"找话"就是"找话题",找交谈的切入点。就像写文章一样,有了一个好题目,往往会文思泉涌,一挥而就。同样,双方交谈,有了一个好的话题就能使谈话融洽自如。

好话题，是初步交谈的媒介，深入细谈的基础，尽情畅谈的开端。好话题的标准是：至少双方对话题比较熟悉，能谈；大家感兴趣，爱谈；有展开探讨的余地，好谈。

那么，怎样去挖掘一个好话题呢？

1.找准兴奋中心

当跟众多的人在一起谈话时，要选择众人都感兴趣的事件为话题，激发起大家交谈的欲望。因为这类话题是大家想谈、爱谈又能谈的。人人都有话，都能发表自己的观点和看法，自然能使话题进行下去，以致引起许多人的议论和发言，进而产生共鸣。

2.就地取材

巧妙地借用彼时、彼地、彼人的某些材料为题，可以借此引发交谈。有人善于借助对方的姓名、籍贯、年龄、服饰、居室等，即兴引出话题，常常能取得好的效果。就地取材的优点是灵活自然，但关键是要思维敏捷，能迅速作出由此及彼的联想。

3.试探询问

与陌生人交谈，先提一些"投石"式的问题，在对对方的年龄、职业、性格、兴趣等略有了解后再进行有目的的深入交谈，便能谈得更为自如。就好像"投石问路"一样，如在聚会时见到陌生的邻座，便可先"投石"询问："你和主人是同事还是同学？"无论问话的前半句对，还是后半句对，都可就此展开话题；如果问得都不对，对方回答说是"老乡"，那也找到了可继续谈下去的话题。

4.循趣入题

试探出陌生人的兴趣，由兴趣起始，能顺利引发出话题。如对方喜欢看电影，便以此为话题，谈电影的优劣，讨论故事的情节等。如果你也喜欢看电影，那你们就找到了共同的兴趣，可顺利进入话题；如果平常不怎么看电影，那也正是个学习机会，可静心倾听，适时提问，借此大开眼界。

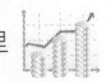

引发话题的方法很多，诸如"借事生题法""即景出题法""由情入题法"等。可巧妙地从某事、某景、某种情感，引发出一番议论。引发话题，类似"抽线头""插路标"的做法，重点在引，目的在导，使对方有话可说，诱发对方谈话的兴趣。

5.一见如故

与人交谈时，还要在缩短彼此的距离上下工夫，力求在短时间内了解得更多一些，缩短彼此认识上的距离，力求在感情上融洽起来。只有志同道合了，才能谈得投机。"一见如故"这个成语说的也就是这个意思。与陌生人要做到能谈得投机，就必须在"故"字上做文章，变"生"为"故"，这也有不少方法。

（1）适时切入。看准情势，不要放过应当说话的机会，适时插入交谈，适时地"自我表现"，能让对方充分了解自己。

交谈是双边活动，光了解对方，不让对方了解自己，同样难以深谈。陌生人如能从你"切入式"的谈话中获取教益，双方会更亲近。适时切入，能把你的知识主动有效地献给对方，实际上符合"互补"原则，奠定了"情投意合"的基础。

（2）巧找媒介。寻找自己与陌生人之间的媒介物，以此找出共同语言，缩短双方距离。如见一位陌生人正在看报纸，可从报纸上的一条新闻切入，与对方就这一话题展开讨论。对别人的一切表现出浓厚的兴趣，通过媒介引发他们表露自我，交谈也就能顺利进行。

（3）留有空间。留有谈话的空间以便让对方接口，使对方感到彼此之间的心是相通的，交谈是和谐的，进而缩短两人之间的心理距离。因此，和陌生人的交谈千万不要把话讲完全了，把自己的观点讲死，而应虚怀若谷，欢迎探讨，最好把作结论、归纳的机会留给对方。

6.自作笑料

坦率地把自己的不足讲出来，不仅不会因此失去别人的敬重，还会引起别人的同情和爱怜。如能用开玩笑的形式讲出自己的不足，那就更能表现出你非同寻常的气度了。有位著名的主持人在大家的掌声中走上前台主持节目，在上台的路上不小心被地毯绊倒了，摔在地上。但她毫无慌张之色地爬起来，走到麦克风前说："真让我激动，我是为你们的热情而倾倒的。"于是，观众们给予她更加激烈的掌声。相反，如果你明知自己的不足之处，却还要想方设法地拼命掩饰、装腔作势，只想把自己当成一个真正的行家一般，结果只会使别人感到你的可笑。因此，在与人交谈的时候，能够大胆地同自己开个玩笑是很明智也很了不起的。同时，也能使谈话现场的气氛活跃起来，增加别人对你的好感。

你想说点什么

如果在与人交谈时，必须在极其短的时间内说出对别人的要求，以及向对方说明如此做了以后，他们能够获得什么样的利益时，你千万不能婆婆妈妈地为一些琐屑的细节所羁绊，只要简单地说出你的主张就行了。

1. 信心十足地说出要点

所谓的要点，就是你与对方交谈所要实现的最终目的。为了使对方依赖你，对于完成你的要求或实现某一目标充满信心，所以你一定要信心十足地说出来。对于对方的行动要求，必须以乐观而坚定的语调，直率地强调出来。为了获得较好的交谈效果，在说话时，你一定不能畏缩而要信心十足。对于你真挚的陈述，对方一定会感动，并为此立即采取有效行动，从而完成你的要求和目标。

2. 使对方明白采取行动

不管你所阐述的是哪一种问题，你的目的就是要把问题的要点以及要求对方采取什么样的行动，简明扼要地表达出来，以便让对方容易理解，这样才能够让对方顺利展开行动。为了达到这个目的，最妥善的方法就是把关键部分具体地说出来。

如果在说话时，你能够具体地为对方提示事情的关键和问题的要点，那么你就要比其他人更容易和别人交谈，也更容易使对方感动。"发给客户的商业信函寄出去了吗？"比起漠然地对下属说"去把发给客户的商业信函打印出来"更有效果。

到底以肯定的方式叙述要点好，还是以否定的方式叙述要点比较妥当？这一点是无关紧要的，只要你能把你提出的要求叙述清楚和表达准确即可。但必须站在对方的立场上作出这一决定。

3. 具体而简短地叙述要点

当你要求对方做一些什么事情时，必须进行简明扼要的叙述，因为对方只会做他们明白理解的事情。他们既然要依照你的话采取行动，那么你就得准确而精练地把自己的意思表达出来。

 激起对方的说话欲望

生活中的每个人都渴望友谊，希望拥有更多的朋友。但朋友都是由陌生人发展而来，有相当一部分朋友是萍水相逢时认识的。在风光绮丽的景区、在熙攘喧闹的汽车上或者在小型聚会上，凭一个会心的微笑、几句得体的幽默话、一个礼貌的动作等，都可以与他人相识。关键是得找出交往的契机，主动伸出友谊之手，打开对陌生人关闭着的心灵之门。然而不是所有的人都是善谈的，有的人比较沉默寡言，虽然有交谈的欲望，却不知从何谈起。这就需要其中的一方改变态度，率先向对方发出友好信号，激起对方的谈话欲望，达到交流的目的。

假若你的一个话题使对方产生了浓厚的兴趣，那么无论他是一个如何沉默的人，他都会发表一些言论的。因此在谈话的停滞之中，一定要想法寻找并且不断地激起对方的兴趣，使谈话能够一直持续下去。

当你对做父母的人称赞他们的孩子，甚至表示你对那孩子感兴趣时，那么孩子的父母很快便会成为你的朋友了。给他们一个谈论其孩子的机会，则他们就会很自然而又无所顾忌地滔滔不绝了。

与陌生人见面，要善于倾听，主动地关心他人，还可以通过慷慨的给予帮助来激发他们的谈话欲望。

初次相见或不太熟悉时，没有谁愿意向有困难的陌生人施舍什么帮助，因为他们怕不清楚对方的底细帮出麻烦来。这种想法固然有一定的道理，但正是这"一定的道理"把自己结识别人的大好机会给赶跑了。善于交际的人是不会这么想的，他们认为与人方便自己也方便，只有放下顾虑、慷慨解囊，才能赢得别人的感激与好感——这恰是一座沟通感情的桥梁。

对于那些腼腆的人，交谈者应主动寻找话题，消除对方的紧张感。

朋友相交，重在交流。由陌生人到朋友，需要通过深入的交流才会相互了解。要达到深入交流的效果，就要在掌握交谈艺术的同时激发对方的谈话欲望，只有这样才能彼此加深了解，从陌生走向熟悉，进而成为朋友。

 怎样选择话题

一般情况下，谈话要选择一些容易引起对方兴趣的话题，这样有利于创造一个轻松活跃的谈话氛围，使交谈得以深入，友谊得以发展。

一般而言，以下几种话题，容易引起大家的谈话兴趣。

（1）与谈话者自身利益密切相关的话题；

（2）与谈话者兴趣、角色相关的话题；

（3）具有权威性的话题；

（4）新奇的话题；

（5）某些特殊的话题；

（6）社会和他人禁锢、保密、敏感的话题。

但在具体选择这些话题时，要考虑谈话对象。一个话题，只有让对方感兴趣，谈话才有维持和继续的可能。比如，自己是球迷，就切莫以为别人都是球迷。逢人就谈球赛，遇到对球赛不感兴趣的人也大谈特谈，让对方感到索然无味。

关怀和帮助是人人都需要的，因此关心对方也是个永远受欢迎的话题。有一位女记者，在鸡尾酒会上与伊丽莎白女王进行了简短的交谈。记者问女王昨天是不是在风雨中视察过铁矿。女王听后非常吃惊。原来女王的外衣被染成了红褐色，经女记者的提醒，女王才发现。女记者从关心女王的外衣开始，自然引起了女王的好感，使这次交谈也获得了成功。

美国女记者芭芭拉·华特初遇美国航空业界巨头亚里士多德·欧纳西斯时，见他正与同行们热烈讨论着货运价格、航线、新的空运构想等问题，芭芭拉没法插上一句话。在共进午餐时，芭芭拉灵机一动，趁大家谈论业务中的短暂间隙，赶紧提问："欧纳西斯先生，您在海运和空运方面都取得了伟大的成就，这是令人震惊的。您是怎样开始的？当初您的职业是什么？"这个话题一下拨动了欧纳西斯的心弦，他立即同芭芭拉侃侃而谈，动情地回顾了自己的奋斗史。

日常生活中，同病人谈治病强身的事情，同家长谈培养子女的方法，同青年人谈今后的发展目标，同家庭主妇谈安排生活的诀窍，同学生谈提高学习效率的经验……这些话题无一例外都是对方乐于接受的。

选择话题，除了注意对方的需求外，还要小心避开"雷区"，尽量选择"安全系数大"的话题。

首先，不要不识深浅，误入禁区。每个人都有自己的禁区，譬如个人隐私、怪癖、生理缺陷等。这一类内容应当有意避开，不要去谈论。不然的话，轻则破坏谈话气氛，重则伤感情，甚至会导致争吵或关系破裂。

其次，避开可能引起对方伤感或误解的敏感话题。每个人除了有若干"禁区"外，还存在"敏感地带"，谈话中都应当小心避开。譬如，不幸者忌谈他遭受不幸的往事，失恋者忌谈爱情与婚姻问题，残疾人的家庭忌谈家中的那位残疾者，等等。有时，与医生、律师等专业人士交谈，在他们工作以外的时间里，不宜谈过分具体的专业话题，如什么病该怎么医治，什么纠纷该怎么处理等。同要人交谈，往往忌谈政治、宗教和性的问题。"敏感话题"很难处理，一般要尽量避而不谈。

选择话题除了看人之外，还要看场合。会话是在一定场合、情境之中进行的，话题应当同场合、情境协调，不协调的话题不但大煞风景，而且还有可能损害人际关系。喜庆的场合，不能谈令人伤感或通常认为不吉利的话题。悲哀的场合，不能谈令人捧腹大笑的话题，也不宜谈婚恋喜庆等话题。

掌握说话的节奏

20世纪的口才大师、英国前首相丘吉尔在自己的第一篇口才学论文中曾认真地分析和论证了口才的语言技能问题。他得出结论：口头表达艺术主要有四大要素，而其中占第一位的就是口语的节奏。丘吉尔是深谙口才之道的，他将"节奏"列在四大要素之首，就是因为他切实体会到口语节奏具有十分强烈、深刻和丰富的表现力。

节奏，是大自然和人类社会运动形式的一种表现。日出日落，潮涨潮消，花开花谢，冬去春来；人的起居作息，社会的兴衰更替，无不体现出事物运动形式的变化，一种有规律、有秩序的变更。事物运动过程中所呈现的有规律、有秩序的变化，就是节奏。

我国的古代典籍《礼记》中说："节奏，谓或作或止。作则奏之，止则

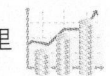

节之。"还说，"言语之美，穆穆皇皇。穆穆者，教以和；皇皇者，正而美"。

唐代大诗人白居易的名篇《琵琶行》就对琵琶音乐节奏有过绝妙的写照。

大弦嘈嘈如急雨，小弦切切如私语。

嘈嘈切切错杂弹，大珠小珠落玉盘。

间关莺语花底滑，幽咽泉流冰下难。

冰泉冷涩弦凝绝，凝绝不通声暂歇。

别有幽愁暗恨生，此时无声胜有声。

银瓶乍破水浆迸，铁骑突出刀枪鸣。

曲终收拨当心画，四弦一声如裂帛。

……

这里的"急雨""私语""莺语"和"大珠小珠"等就生动地展现了琵琶乐音的轻重快慢及起伏停顿的节奏。

古人早就认识到了节奏的性质和口语节奏的表现力。现代人也常说，"急人快语""疾言厉色""语重心长""听话听声，锣鼓听音"等。这些，也都从不同角度说明了口语节奏所具有的感情色彩、形象内涵和动人力量。

一次谈话、一回座谈、一场论辩、一台演讲、一堂教学从头到尾声调高亢不行，从头到尾轻声细语也不好；从头到尾平铺直叙、平淡无奇不妥，从头到尾光怪陆离、危言耸听也不佳。要使听众自始至终都能精神饱满和有效地接受信息，使讲话、座谈、教学和演说获得理想的效果，必须做到以下两点：

（1）在声音形式上，语音应有高有低，语调应有抑有扬，语速应有快有慢，吐字停顿应有长有短。

（2）在内容、风格和表达手法方面，信息应有强有弱，主旨应有贴有离，文采应有浓有淡，风貌应有俗有雅，情与理应有穿插交错，论述与例证应有多种多样的逻辑格式展开。

口语节奏有如下语言效果。

一种效果是，高亢铿锵的语调催人奋发，快急的语速使人激动、紧张，低沉的语音叫人深思和黯然神伤。或者进一步说，快的语速，重的语音，扬的语调，短的句式，小的停顿，凝练的信息内容，刚健的词语风格会表现出兴奋、爽快、高昂、激动和急切的感情色彩，从而使听众不自觉地受到相应的感情冲击和影响，并产生相应的亢奋、紧张或紧迫等心理。

另一种效果是，慢的语速，轻的语音，抑的语调，长的句式，大的停顿，松散的信息内容。柔和的语词风格又可显示出安然、从容、平静、淡雅和严肃、沉重的感情色彩，从而又会使对象不由自主地受到相应的情绪感染和影响，并产生相应的闲散、悠缓、恬适、庄重、深沉和悲痛的心理。

掌握交谈中的细节

细节决定一切，谈话也是如此。重视每次谈话细节的人，往往是那些被称为说话高手的人，他们之所以成为口才高手，是因为他们不轻易放过任何一次交谈的机会，把说话的有利战果尽收囊中。

在我们的日常交际中，除了一些业务性质的交谈，一开始就要进入正题之外，一般社交性质的谈话，多半是从"闲谈"开始的。有些人就是不喜欢"闲谈"，他们觉得"今天天气怎样"和"吃过早饭了吗"这一类的话，都是无聊的废话，他们不喜欢谈，也不屑于谈，他们不知道像这一类看来好像没有意义的话，却对接下来的正式交谈起着至关重要的作用。是什么作用呢？就是交谈的准备作用，好比在踢足球之前，蹦蹦跳跳、伸手伸脚的热身运动。

一般的交谈总是由"闲谈"开始的，说些看来好像没有什么意义的话，其实就是先使大家轻松一点，熟悉一点，造成一种有利交谈的气氛。

当交谈开始的时候，我们不妨谈谈天气，天气几乎是中外人士最常用的

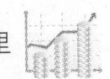

普遍的话题。天气对于人生活的影响太密切了，天气很好，不妨同声赞美；天气太热，也不妨交换一下彼此的苦恼；如果有什么台风、暴雨或是季节流行病的消息，更值得拿出来谈谈，因为那是人人都关心的。

开始交谈，的确需要经验，当你面对各式各样的场合，面对着各式各样的人物，要能做得恰到好处，实在不是一件容易的事。倘若交谈开始得不好，就不能继续发展彼此之间的交往，而且还会使得对方感到不快，给对方留下不好的印象。

自然、亲切有礼、言辞得体最重要。然而做到这一点，也不能说就一定会收到良好的效果。

因此，平时除了你最关心、最感兴趣的问题之外，还要多储备一些和别人"闲谈"的资料。这些资料应轻松、有趣，容易引起别人的注意。

1. 家庭问题

关于每个家庭里需要知道的各方面的知识，例如儿童教育、购物经验、夫妇相处、家庭布置、亲友之间的交际应酬……这一切，也会使多数人产生兴趣，特别对于家庭主妇们。

2. 运动与娱乐

夏天谈游泳，冬天谈溜冰，其他如足球、羽毛球、篮球、乒乓球，都能引起人们普遍的兴趣。娱乐方面像盆栽、集邮、钓鱼、听唱片、看戏，什么地方可以吃到著名的食品，怎样安排假期的节目……这些都是一般人饶有兴趣的话题。特别是有世界著名的音乐家前来表演的时候，或是有特别卖座的好戏、好影片上演的时候，这些更是热闹的闲谈资料。

3. 健康与医药

谈谈新发明的药品，介绍著名的医生，对流行病的医疗护理，自己或亲友养病的经验；怎样可以延年益寿，怎样可以增加体重，怎样可以减肥……这一类的话题，不但能吸引人的注意，而且对人也有很大的好处。特别是遇到他本人或家人健康有问题的时候，假如你能向他提供有价值的意见，那他更是会对你非常感激的。事实上，有哪一个人、哪一个家庭没有这方面的问题呢？

4. 无伤大雅的玩笑

买东西上当啦，语言上的误会啦，办事摆了个乌龙啦等，这一类的笑话，多数人都爱听。如果把别人闹的笑话拿来讲，固然也可以得到同样的效果，但对于那个闹笑话的人，就不免有点不敬。讲自己闹过的笑话，开开自己的玩笑，除去能够博人一笑之外，还会使人觉得自己很随和，很容易相处。

5. 惊险故事

自己或朋友亲身经历的惊险故事，最能引起别人的注意。人们的生活往往不是一帆风顺的，每天大家照常吃饭，照常睡觉，可是突然大祸临头了，或是被迫到一个很远的地方，路上可能遭遇到很多危险……怎样应付这些不平常的局面，怎样机智地或是幸运地在刻不容缓的时候死里逃生，都是一个人永远不会漠视的题材。

6. 政治和宗教

政治和宗教这两方面的问题是最容易引起人们谈话的兴趣，倘若你遇到的人在政治上和你的见解颇为接近，或是具有共同的宗教信仰，那么这方面的话题，就变成最生动、最热烈、最引人入胜的了。

7. 社会新闻

假使你有一些特有的新闻或特殊的意见和看法，就可以把一批听众吸引在你的周围。

8. 笑话

当然，人人都喜欢说笑话，假如你构思了大量各式各样的笑话，而又富有说笑话经验的话，那么你恐怕是最受人欢迎的人了。

9. 特长

每个人都有自己的特长或者是兴趣和爱好，而每个人都对自己的特长有一定程度的关心。只要我们在与人交往中用心去观察，就很容易发现对方的长处，而在与之闲谈时投其所好，让对方因此而很快对你这个人感兴趣，从而轻轻推开交谈的大门。

说话要有力度

同样两个人在讲话，一个讲得听众情绪紧张起来，一件不大被人注意的事被他说得津津有味；另一个则不然，本来是一个严重的问题，在他说出来之前，听众的情绪已经相当紧张，可是他一开口，听众紧张的情绪反而松弛了，为什么呢？无非是一个说话有力度，而另一个则不懂说话的力度。

那么，怎样说话才算有力度呢？

1. 少说道歉的话

我国古来有句俗语叫做"谦，美德也，过谦则诈"。我们对别人说话，谦虚是应该有的，因为你的谦虚，会让别人容易接近。可是，你过分地谦虚了，你的谦虚便失去了价值，而且别人也无法相信你。一位演说家，当他登台之后，便对听众说道："诸位，真是很对不起，今天我所讲的题目，并不是我所熟悉的，我对这题目也没有多少的研究，准备也不充分，所以今天所讲的可能也没有多大价值，讲得不好，请一定见谅。"

一位演讲者对台下听众这样讲着，在他自己看来是谦虚，可是别人能否相信他呢？所以，我们要想说话有力，首先谦虚应该得当。

2. 态度要诚恳

古语讲"至诚足以感人"，要想说出有力的话诚恳是关键，一个人无论说什么都可以，但若是口是心非，所说的话肯定不会有力量。

3. 说话要经得住推敲

一个人说话是否有力，要看是否有客观依据，即经得起推敲，只有经得起推敲的话才有充分的说服力。

在林肯当律师的时候，一位叫小阿姆斯特朗的人因涉嫌杀人案而被捕入狱。小阿姆斯特朗不服，提出上诉，林肯找到被告证人福尔逊，他发誓说在10月18日的晚上，清楚地目击了小阿姆斯特朗用枪击毙了受害者的全过程。对此，林肯要求复审。林肯先问证人福尔逊："你发誓说看清了小阿姆斯特朗？"福尔逊答："我发誓看清了。"

林肯问："你在草堆后，小阿姆斯特朗在大树下，两处相距二三十米，你能看清吗？"

福尔逊答："看得很清楚，因为月光很亮。"

林肯问："你肯定不是从衣着方面看清是他的吗？"

福尔逊答："不是的，我能肯定我看清了他的脸，因为月光照亮了他的脸。"

林肯问："你能肯定时间是在11时吗？"

福尔逊回答："我能肯定，因为我回家时看了钟，那时是11时15分。"

林肯问到这里，便转过身来，语惊四座：我不能不告诉大家，证人福尔逊所说的全是谎言。他一口咬定10月18日晚上11时在月光下看清了被告的脸。我们都知道，10月18日那天是上弦月，晚上11时月亮都已经下山了，哪里还会有什么月光？退一步说，也许他的时间记得不十分清楚，时间稍有提前。但那时，月光是从西往东照，草堆在东，大树在西，如果被告的脸对着草堆，脸上是不可能有月光的。

大家先是一阵沉默，紧接着是掌声、欢呼声一起迸发出来。福尔逊则傻了眼。

林肯借助客观事实推理，充分揭穿了福尔逊的谎言，使一桩冤案得到昭雪。

如何提高说话水平

每一种谈话，无论怎样琐碎，总要保持中心点，这就是谈话目的，谈话目的能够促进你和对方的关系。你必须使人觉察你是一个有思想观点的人，绝非是个糊涂虫。单单无聊地空谈，是绝不能使对方对你有一点良好印象的，更不能显出你说话的水平。

当你们谈话正用闲语来进行时，你必须不失为虚心者，不可自傲。

如果具有丰富的一般知识，你可以拿出来随时应付。一个人既然是社交的人，每天在生活当中，须与他人频繁发生接触，所以对于世界上的形形色色，自己应当努力去获得各方面的知识。

怎样可以得到这些知识，以便在你谈话之时有所帮助呢？最好的方法，便是每天阅读报纸。还有一个方法，是随时留意你周围所发生的事，虽然只是极琐碎的事，但也不要轻易放过它。另外还有个方法，便是时常和人谈话。闲着无事时和别人谈谈天，不单脑子里可以贮藏起许多知识，可当成下次谈话的资料，而且也可以使你对谈话有兴趣，甚至谈话的技巧也会更加熟练起来。

世界著名的谈话艺术专家切司脱·费尔特先生，曾经教人谈话时注意下列一些问题。他说道：

"你应该时常说话，但不必说得太长。少叙述故事，除了真正贴切而简短之外，总以绝对不讲为妙。

"和人谈话，同时也要注意态度。切不要拉住别人的衣袖，手舞足蹈地讲话，应当和顺一些，切忌妄自尊大，平常的话要避免争论。谈话最好要一般化，勿作自我的宣传，把自己捧上天去。外表应该坦白而率直，内心应该谨慎而仔细。

"谈话的时候，姿态可以表现你的诚意，所以要正面向着人家，不要随随便便，不要模仿他。

"和人家开口赌咒，闭口发毒誓，是既坏又蠢而且是粗鄙拙劣的事。高声哄笑，是文化素养不高的表现，真实的机智和健全的理性，绝不会引人哄笑的。此外，再没有比咬人耳朵，像蚊虫叫似的谈话态度，更叫人难受的了。"

这位谈话艺术专家以上列的各条警戒人的谈话艺术，除开"禁止大家哄笑"这一条外，大多都是正确的。因为粗声喧闹固然有失常态，但是出自情感挑动的大笑，是不会妨害到任何人的。

在任何谈话之中，必须记住，切不可以说到会触怒他人的话题上去。因为凡是在你面前听你谈话的人，一定会从你的谈话中窥测你的个性，同时也在留意你日后是否会说他本人的坏话。

以下是口头表达的基本技巧。

1. 轻松自然

约翰·莫菲说："我们不要硬是从头脑中榨出一些名言警句。当我们放松下来的时候，很多妙语就会自然而然地产生出来……"甚至在最具刺激性的谈话中，也有50%的内容是没什么意义的。只有经过一段加热过程，思想的车轮才能转动起来。

2. 循循善诱

要想成为一位出色的交谈家并不在于你有多聪明，或者有多少传奇性的经历，而在于启发、诱导别人讲话。值得一提的是，"你"在谈话中是一个前进的信号，而"我"则是一个停止的信号。要设法把谈话引向对方的兴趣点，多用"为什么""哪里""怎么样"等。当他说"我在宁夏老家开了个店"时，你千万不要匆忙抢着说："啊，我在西安也有两家店铺。"而应该问："在宁夏的什么地方？"

3. 长于忍耐

在与人交谈中，千万不要期望对方一开始就热情高涨，善言者总是等到对方变得热心以后，才试图从他们那里引导出一些有趣的想法，因此，在谈话中一定要长于忍耐。例如，他们会先问："请问您尊姓大名？您是哪里人？您的丈夫干什么？您准备在这儿待多久？您是乘飞机来我市的吧？"等等，以激起对方的谈话兴趣。谁关心这些？你也许会这样问。诚然，这些问题似乎没有任何风采和智慧可言，但它们的确能使交谈启动起来。

4. 注意谈话重心

无可否认，人们总是对自己的工作、家庭、故乡、理想表现出浓厚的兴趣。其实，即使像"你从哪里来"这样一个简单的问题也说明你对别人感兴趣，结果会使别人也对你产生兴趣。但你千万别像一位年轻的剧作家那样，跟他的女朋友谈论了自己的剧本两个小时后，接着说："有关我已经谈得够多了，现在来谈谈你吧。你认为我的剧作怎么样？"

5. 多说赞同的话

如果他说："我是在农村长大的。"你最好回答："我也是。"或多少讲一点你有关农业方面的知识和经验，这会让他感到很亲切。如果他说："我喜欢吃冰激凌。"恰好你也有同样的爱好，一定要想办法告诉他。如果他说他出生在东北的一个小镇上，碰巧你过去也喜欢在那里度暑假，那你也一定要告诉他……

6. 适当谈谈自己

当有人要求你讲自己的时候，不要守口如瓶地拒绝。稍微告诉对方一点你的情况，他会感到十分荣幸，因为你是用非常友好的姿态与他交谈的。

7. 尊重对方

交谈双方应相互尊重，即使已经相熟，也不可胡乱开玩笑，逗弄和取笑会触痛别人的自尊，而威胁他人自尊的任何事情都是危险的，即使在玩笑中也是如此。民意测验的结果表明，人们不喜欢被取笑，即使是他们的亲朋密友。只有在非常亲密的朋友之间，才可以开一些充满善意的玩笑，因为他们是不会追究那些无关紧要的小事的。如果别人非常了解你，非常喜欢你，你也可以与他开个玩笑，但千万别开得过了头。

第二篇 社交口才——会说话让你左右逢源

社交口才是一种技能、一种艺术。通过良好的口才这一媒介，一个人可以成为社会交往中的主角，不相识的人可以熟识起来，长期形成的隔阂可以消失，甚至单位之间，社会集团之间，国家之间的矛盾有时也可以通过它得到解决。

然而，在人际交往中并非每个人都深谙此中深义。有的人说话轻车熟路，能闪烁出真知灼见，并由此给人以精明、睿智之感；有的人要么处于无话可聊、无人可谈的尴尬之境，要么跟老和尚念经似的索然无味、催人入睡；还有的人言语运用不当、啰啰唆唆地没完没了，既影响说话效果又影响自己的社交形象，甚至导致交际失败。

口才最差的人可能就是喋喋不休的人。但现实生活中，这种人大多还认为自己口才一流。殊不知，言语的金贵之处在精不在多，抓住要表达的东西的精髓，把话说到点子上，把力量用在关键问题上，往往能达到一招制胜的效果。

第1章　真诚：最佳的社交说话方式

 真诚能得到别人的信任

说话不是敲击铜铃，而是敲击人们的"心铃"。"心铃"是最精密的乐器。因此，智者总是用真挚的情感、竭诚的态度击响人们的"心铃"，刺激之、振奋之、感化之、慰藉之、激励之。

对真善美，热情讴歌；对假丑恶，无情鞭挞。让喜怒哀乐，溢于言表；使黑白贬褒，泾渭分明。用自己的心去弹拨他人之心，用自己的灵魂去感染他人之灵魂，使听者闻其言，知其意，见其心。

谚语说："真诚贵于珠宝，信实乃人民之珍。"说话真诚的人，能得到别人的信任。

北宋词人晏殊素以说话真诚著称。他14岁时参加殿试，真宗出了一道题让他做。晏殊看过试题后说："我10天以前做过这个题目，草稿还在，请陛下另外出个题目吧。"真宗见晏殊这样真诚，感到他可信，便赐他"同进士出身"。晏殊在史馆任职期间，每逢假日，京城的大小官员常到外面吃喝玩乐。晏殊因为家贫，没有钱出去，只好在家里和兄弟们读书写文章。

有一天，真宗点名要晏殊担任辅佐太子的东宫官，许多大臣不解。真宗对此解释说："近来群臣经常游玩饮宴，只有晏殊和他的兄弟们闭门读书，如此自重谨慎，正是东宫合适的人选。"晏殊向真宗谢恩后说："我也是个喜欢游玩饮宴的人，只是家里穷而已，如果我有钱，也早就参与宴游了。"真宗听了，越发赞叹他的真诚，对他更加信任。

真诚，不论对说话者还是对听话者来说，都非常重要。若不真诚待人，等于欺人、愚人，若轻信他人不实之词，可能会耽误大事，造成不良后果。

寥寥数语，打动人心

说话，是一个传递信息的过程。因此，提高自己的说话自信心，增强自己的说话魅力，不全在于说话者本人能否准确、流畅地表达自己的思想，而且还在于你所表达的思想、信息能否为听众所接受并产生共鸣。也就是说，要把话说好，关键在于说的话能否拨动听者的心弦。

生活中，有的人或长篇大论或慷慨激昂，可就是打不起听者的精神；而有的人虽寥寥数语，却掷地有声，产生魔力。何故？因为后者了解人们的自尊心，能设身处地地站到对方的立场上，以对方的眼光来观察问题。因此，他们的谈话充满真诚，很能打动人心。

1952年，美国前总统尼克松曾在政治上出现严重的危机，当年他是年轻的参议员，艾森豪威尔将他作为竞选伙伴。当他为竞选奔忙时，《纽约时报》却抛出抨击他在竞选中秘密受贿的文章。新闻飞遍全国，顿时舆论哗然，压力越来越大。使他化险为夷的奇迹，是他做了一次震撼美国的演说。

尼克松被迫在全国公众发表半小时讲话。全国媒体将各种镜头、话筒都对准了尼克松。

当尼克松在电视屏幕上出现时，整个美国都安静下来了。他采取了一个罕见的行动，把自己的财务史全部公开，从自己的家产，一直谈到他的欠债。这样，尼克松首先得到了听众的同情。

紧接着，他详细说明自己的经济收入情况，连如何花掉每一分钱都告诉听众。他还告诉大家，"这次竞选提名之后，确实收到一件礼物，这就是得克萨斯州有人送给我孩子的一只小狗。"

当他讲完时，到处都响彻欢呼声。有100万人打电话、电报或寄出信件，从邮局汇来的小额捐款达6万美元，全国听、看这次演讲的竟达6000万人。演讲使事实得以澄清，还得到了大批的同情者。

情深，则可以惊心动魄。尼克松的演说，就是以真诚和朴实赢得了大众之心。

拳王阿里由于年轻时不善言辞以致影响了他的知名度。有一次，阿里参赛时膝盖受伤，观众大失所望，对他的印象更加不佳了。当时他没有拖延时间，立即要求停止比赛。

阿里说："膝盖的伤还不至于到不能比赛的程度，但为了不影响观众看比赛的兴致，我请求停赛。"在这之前，阿里并不是一个很得人缘的人，却由于他对这件事的诚恳解释，使大家对他有了极佳的印象。他为了顾全大局而请求停赛的确是替观众着想，由此而深深地感动了大家。

以上几个例子足以说明只要说话者情真意切，话语充满真诚，就一定能打动听者的心。

做人与做生意

日本著名的推销员原一平说过："做人做生意都一样，第一要诀是诚实。诚实就像树木的根，如果没有根，那么树木也就没有生命了。"原一平自身的成功也证明了这一点。

原一平年轻时曾在一家机器公司当推销员。有一次他在半个月内就和30位顾客做成了生意。不久，他却发现他现在所卖的这种机器比别家公司所生产的同样性能的机器价钱要贵。他想：如果客户知道了一定以为我在欺骗他们，会对我的信用产生怀疑。

为了妥善解决问题，原一平便带着合约书和订单，逐户拜访客户，如实向客户说明情况，并请客户重新考虑选择。这种诚实的做法使每个客户都深受感动。结果，30人中没有一个人解除合约，反而成了更加忠实的消费者。

做生意的规律是，只要你的一个产品有问题，你的全部产品就都会受到怀疑。说话也是如此，只要你十句话中有一句是谎言，你的全部话语就都会受到质疑。

实话实说让你找到好工作

在一家大公司的人事部办公室里，他正在应聘销售员工作。

经理约翰先生看着眼前这位身材瘦弱、脸色苍白的年轻人，忍不住摇了摇头。

约翰先生在问了一些基本情况后，又问道：

"干过推销吗？"

"没有！"他回答道。

"那么，现在请回答几个有关销售的问题。"约翰先生开始提问，"推销员的目的是什么？"

"让消费者了解产品，从而心甘情愿地掏腰包。"他不假思索地答道。

约翰先生点点头，接着问：

"你打算对推销对象怎样开始谈话？"

"'今天天气真好'或者'你的气色真不错'。"

"你有什么办法把打字机推销给农场主？"约翰先生不动声色。

他稍稍思索一番，不紧不慢地回答："对不起，先生，我没办法把这种产品推销给农场主，因为他们根本就不需要。"

约翰先生高兴地从椅子上站起来，拍拍他的肩膀，兴奋地说："年轻人，你通过了，我想你会出类拔萃的！"

对于测试的最后一个问题，以前的应聘者总是胡乱编造一些办法，但实际上绝对行不通，因为谁愿意买自己根本不需要的东西呢？

他认识到了这一点，据实回答，所以被录取了。

一家公司招聘职员，面试时主考官问了这样一道算术题："10减1的答案是多少？"

一些应试者神神秘秘地说："你想让它等于几，它就等于几。"

还有的人说："10减1等于9，就是消费；10减1等于12，那是经营；10减1等于15，那是贸易；10减1等于20，那是金融；10减1等于100，那就是贿赂。"

在这些应试者中，只有一个人欲言又止地说等于9。主考官问他为什么，这位应试者说："我怕照实说，会显得自己很愚蠢，智商低。"然后，他又小声地补充了一句："对获得一份好工作来说，诚实可能是这个世界上最没用的武器。"

最后，这个诚实的人被录用了。

第2章 赞美：要有创意和尺度

赞美如煲汤，火候很重要

钢铁大王卡内基为什么付给史瓦伯100万美元年薪呢？是因为史瓦伯是天才吗？不是。因为对钢铁制造他比别人知道得多吗？瞎说。史瓦伯自己曾经说过，在他手下做事的许多人，对钢铁制造知道得都比他多。

史瓦伯说他得到此薪金，大部得益于他的人际交往能力。他说："我认为我具有激发人们才能的能力，这是我拥有的最大资源，而充分激发一个人的才能的方法就是用赞赏和鼓励。"

"世界上最容易抹杀一个人的就是上司的批评，所以我从来不批评任何人。我相信给人以工作的激励，就会启发他的无限创造力。所以我急于称赞，迟于找错。如果我喜欢什么的话，就是我'诚于嘉奖，宽于称道'。"史瓦伯就是这么做的。

赞美别人时如不审时度势，不掌握一定的技巧，即使你是真诚的，也会变好事为坏事。就像你本来用很昂贵的原料煲了一锅汤，但是如果火候掌握得不好，那么再好的原材料也不会煲出味道鲜美的汤。只有火候掌握得好，赞美才会散发出最浓郁的香味。

特别是在赞美上级的时候，更需要掌握赞美的火候。我们赞美身边的普通人，即使话语不得体也没有太大的关系，别人也不会把你怎么样。但是当我们赞美上级的时候，如果火候拿捏得不好，那么后果可能就会很严重了，也许你一辈子都会郁郁不得志；如果赞美得恰如其分，说不定就会使你加官晋爵。

在镇压太平军的行营中，一次，曾国藩用完晚饭后与几位幕僚闲谈，评论当今英雄。他说："彭玉麟、李鸿章都是大才，为我所不及。我可自许者，只是生平不好谀耳。"一个幕僚说："各有所长。彭公威猛，人不敢欺；李公精敏，人不能欺。"说到这里，他说不下去了。

曾国藩问："你们以为怎么样？"

众人皆低首沉思，忽然走出一个管抄写的后生来，插话道："曾帅仁德，人不忍欺。"人人听了齐拍手。

曾国藩十分得意地说："不敢当，不敢当。"后生告退后，曾氏问："此是何人？"幕僚告诉他："此人是扬州人，入过学，秀才，家贫，为事还谨慎。"

曾国藩听后就说："此人有大才，不可埋没。"不久，曾国藩升任两江总督，就派这位后生去扬州任盐运使了。

赞美别人，掌握尺度是最关键的。

所以，赞美就像煲汤，火候很重要。在你开口赞美别人的时候，一定要遵循以下法则。

1. 真心诚意地赞美

每个人都珍视真心诚意，它是人际交往中最重要的原则。英国专门研究社会关系的卡斯利博士曾说过：大多数人选择朋友都是以对方是否真诚而决定的。

2. 讲究场合，合乎时宜

赞美的效果在于相机行事、适可而止。当别人计划做一件有意义的事时，开头的赞扬能激励他下决心作出成绩，中间的赞扬有益于对方再接再厉，结尾的赞扬则可以肯定成绩，指出进一步的努力方向，而达到"赞扬一个，激励一批"的效果。

3.赞美的话不能千篇一律，要有特点

人的素质有高低之分，年龄有长幼之别，因人而异、突出个性、有特点的赞美比一般化的赞美能收到更好的效果。

4.赞美一个人的行为或贡献比赞美他本人好

当你赞美一个人的行为或贡献时，你的赞许更显得真诚，而且，如果别人知道他的确值得被赞美，会获得最好的效果。赞美行为比赞美本人更可以避免功利主义或偏见。

5.赞美要翔实具体

在日常生活中，人们有非常显著成绩的时候并不多见。因此，交往应从具体的事件入手，善于发现别人哪怕是最微小的长处，并不失时机地予以赞美。赞美用语越翔实具体，说明你对对方越了解，对他的长处和成绩越看重。

赞美对方不易人知的优点

就算再差劲的人，也会有一两处值得赞美的优点。例如一个人或许没有什么优点，但玩台球的技术却很高明，或者酒量非常好，这些都可以加以利用。

虽然有的人很在意自己的这些小优点，也有的人根本就不在意。但无论如何，别人赞美他，一定会使他感到高兴的。

事实上，有时锦上添花式的赞美，引不起对方太大的喜悦。例如对一位已被公认是很漂亮的女孩子说"你真漂亮"，由于她平时已被夸赞习惯了，所以很难让她觉得兴奋。相反，若能找出对方较不易为人所知的优点，则往往可以使对方感到意外的喜悦，甚至带来意想不到的结果。

有一家商店生意非常兴隆，原因就在于他们店里的每一位店员都不断地与购物的人聊天。他们除了会向客人打招呼之外，还不断地找客人的优点来夸赞。例如他们会向一位太太表示，"你这件洋装很漂亮"，然后向另一位太太表示，"你的发型很好看"。他们虽然不断地赞美别人，但却是按每一个客人的不同个性，选择适当的赞美词。

因此很自然地，这些客人在潜意识中，就会产生到这家商店购物就可以受到赞美的心理，而越来越喜欢到这家商店。

如果我们每次见面都被人夸赞，自然而然地会想再见到这位赞美我们的人，这是任何人都会有的心理。因此，每次见面都找出对方的一个优点来赞美，可以很快地拉近彼此间的距离，起到意想不到的效果呢。

附近一间小小的理发室有两个师傅负责设计发型，一个小学徒专门洗头。老实说，很多人都同情那个瘦小的学徒，看得出她很想学发型设计，但由于工作繁杂，加上两位师傅态度冷淡，她只能默默地在肥皂泡沫中消磨她可怜的青春。

有一天，机会来了。新年前的1个月，两个师傅要求加薪不遂，一起辞职，一时请不到人，老板除了亲自上阵外，还给小学徒进行"速成训练"，另外再请个小工负责洗头。

来理发的人把这一切看在眼里，一日，踏入店内，特地指定小学徒来吹饰头发，小学徒受宠若惊，拿着吹风机的手在微微发抖。卷吹梳弄一小时后，朝镜一望，哎呀，那发型硬邦邦的，好似戴了一顶不合时宜的帽子，小学徒侍立一旁，眼巴巴地望着来理发的人，来理发的人却露了个笑容，说："梳得真不错呀，谢谢你！"

这个"善意的谎言"给这位少女带来了自信心。再去时，来理发的人依然指定由她吹饰，小学徒脸上有笑，双手不抖，卷弄梳理，极有韵致。照向镜子时，来理发的人不由得真心实意地说道："你梳得实在很好哩！"

小学徒脸若鲜花，灿然生辉。

虽然只是一句话，可在被赞美者的心里却形成了一种很大的力量，她会重新鼓起生活的勇气，她会因为这句赞美之词变得更加自信、完美和坚强。给予他人赞美吧，虽然这是多么的微不足道。

赞美的话无须刻意修饰

一位年轻母亲曾讲过一个令人心痛的故事：她的孩子常常因做错事而受到她的责备。但是，有一天，孩子一点错事都没有做。到了晚上，她把孩子放在床上，盖好被子，只见孩子正把头埋在枕头上，在抽泣中问道："难道今天我没有做一个好孩子吗？"

"这一问就像电一样触动着我的全身，"年轻的母亲说，"当孩子做了错事时，我总不放过纠正她，但当她极力往好处做时我却没有注意到，我把她放在床上时，连一句表扬鼓励的话都没有。"年轻的母亲懊悔不已，从那以后她开始学会赞美她的孩子了。

请不要吝惜你的赞美吧，给予你爱的人毫无修饰的赞美吧，你会发现他们比从前更爱你。正所谓"送人玫瑰，手留余香"。

一个自知面貌平庸的少女坠入情网之后，她的情郎反复在她耳畔低语："你那深邃的眸子，散发出如梦如幻的光彩，真是迷人极了。"她一定会容光焕发，自信自己拥有一对足以倾倒众生的明眸，美也当然会眷顾于她。

赞美无须刻意修饰，只要源于生活，发自内心，真情流露，就会收到赞美之效。但要更好地发挥赞美的效果，也需要注意以下几个要点。

1.实事求是，措辞恰当

当你准备赞美时，首先要掂量一下，这种赞美，对方听了是否相信，第三者听了是否不以为然，一旦出现异议，你有无足够的理由证明自己的赞美是有根据的。

一位老师赞美学生们："你们都是好孩子，活泼、可爱、学习认真，做你们的老师，我很高兴。"这话很有分寸，使学生们既努力学习，又不会骄傲。但如果这位老师说："你们都很聪明，将来会大有出息，比其他班的同学强多了。"效果就大不一样了。

2.赞美要具体、深入、细致

抽象的东西往往不具体，难以给人留下深刻的印象。如果称赞一个初次见面的人"你给我们的感觉真好"，那么这句话一点作用都没有，说完便过去了，不能给人留下任何印象。但是，倘若你称赞一个好推销员："小王这个人为人办事的原则和态度非常难得，无论给他多少货，只要他肯接，就绝对不用你费心。"那么由于你挖掘了对方不太显明的优点，给予赞扬，增加了对方的价值感，因此赞美起的作用会很大。

3.热情洋溢

漫不经心地向对方说上一千句赞扬的话，等于白说。缺乏热情的空洞的称赞，不能使对方高兴，有时还可能由于你的敷衍而引起对方的反感和不满。

4.赞美多用于鼓励

鼓励能让人树立起自信心。自信是成功的一半，用赞美来鼓励对方，能达到事半功倍的效果，尤其在"第一次"。无论任何人干任何事情，都有第一次的时候，如果对方第一次干得不好，你应该真诚地赞美一番："第一次有这样的表现已经很不容易了！"别人会因为你的赞美而树立信心，下次自然会做得更好。

5.借用第三者的口吻赞美他人

赞美随时随地都能听见，面对面或直接地赞美对方，总有点恭维奉承之嫌。若换个角度，换种说法，也许就好多了。以"第三者"的口吻来赞美对方，说："难怪某某一直说你很不错，今日一见……"可想而知，对方一定很高兴。因此，当面赞扬一个人，有时会令人感到虚假，怀疑你是否出于真心，而间接地在背后赞美对方，会使对方感到你对他的赞扬是真诚的。

6.赞美要注意适度

过度的赞美,空洞的奉承,都会令对方感到难以接受,甚至感到肉麻、讨厌,结果适得其反。只有适度的赞美才会令对方感到欣慰。适度因人、因时、因事、因地而异,需要不断摸索积累,逐步掌握。

赞美别人不是贬低自己

我们每一个人都希望自己在各个方面都能胜人一筹,然而,事实上这永远只能是一个梦想。一些心理素质不高的人,每当面对别人的优点与成绩时,往往禁不住妒火中烧,很难坦然地面对与欣赏。在这些人眼里,办事能力强变成了爱出风头,你好心好意去帮他,他私下里还担心你无事献殷勤——非奸即盗。于是,这些人对待他人优点与成绩的态度也只能是要么不屑一顾,要么再恶劣点儿,实行打击、报复。而别人往往也不是省油的灯,这就带来了人际关系的恶性循环,自己的事业会因此严重受挫。

每个人都有自己的优点和成绩,都希望获得别人的肯定与赞美。有些优点和长处往往是与生俱来的,比如某人长得漂亮,智商很高等。因此,对于别人的优点与长处的肯定不仅不会贬低自己的位置,而且可以使旁人从中认识到你所具备的优良素质,从而获得他人的称赞。

战国时期,公子重耳与公子小白争夺王位,鲍叔牙辅佐重耳,而管仲则为公子小白出谋划策,最终公子重耳当上了齐国国君。重耳想拜鲍叔牙为相,鲍叔牙却说:"公子如果想统治齐国,任我为相就足够了,而公子如果想一统天下,则非拜管仲为相不可。"最终,重耳任用管仲成为一代霸主。鲍叔牙虽然不及管仲有才华,但却能坦然地欣赏管仲的优点和长处,并大力举荐,从而获得了天下人的称赞,并借此得以留名青史。

面对他人的成绩,我们首先应该懂得,成绩是他人的勤劳加汗水所赢得的，我们应该坦然地欣赏他人的劳动成果，并予以肯定。与此同时，检讨自己，虚心请教，学习他人的勤奋向上的精神。主动请教别人向你传授学习工作的要领，不仅是对他人成绩的一种高度的赞扬，而且也可以督促自己继续前进。既有利于你技术水平的提高，也有利于你处世水平的提高。这岂不是一箭双雕的事情，你又何乐而不为呢？

要坦然地欣赏别人的优点和成绩，还需要相当的自信和勇气。

日常生活中，我们经常遇到别人比自己强的情形，而赞美之词却怎么也说不出口，主要是因为缺乏自信心，觉得自己不如对方，于是心理失衡，没有勇气为对方喝彩。要么觉得不好意思；要么认为自己与之相比，结果昭然自明，不用多此一举；要么觉得自己人微言轻，赞美了也不会引起重视，还害怕会引起非议，被人误解为是溜须拍马。结果，不仅失去了一次坦然欣赏别人优点与长处的机会，也失掉了一次抛弃自卑与胆怯心理的机会。

迈克尔·乔丹是一位超级篮球精英，但他却对别人说队友皮彭在投三分球方面比他更有天赋，还说皮彭在扣篮方面也比自己胜出一筹。皮彭显然是最有希望超越乔丹的新秀，而乔丹却处处对其加以赞扬。一方面，反映了他自我挑战的勇气，另一方面也是乔丹自信心的体现。

因此在生活中，如果棋逢对手，不妨采取"吴越同舟"的策略，同对手友好相处，对其优点成绩大大方方地表示祝贺，送上一束鲜花。另一方面，奋力追赶。

在这方面，做得最好的要数一些日本人了。日本对于其经济在"二战"后迅速发展的原因的解释是："我们日本国民的一大优点是，对外人不停地鞠躬，不停地说好话。可以说，善于发现别人的长处，善于赞美别人是日本走向世界的一个重要原因。"20世纪中叶，日本从战争的废墟堆里站起来，抓起"赞美"这杆新式武器，开始了向西方发达国家学习，发展民族产业的进程。今天，日本已是世界上为数不多的经济大国。

日本国民将"赞美"这种武器更广泛地运用在了经济领域，如日本的推销之神原一平,他在阐述他的推销秘诀时说:"推销的秘诀在于研究人性,研究人性的关键在于了解人的需要,我发现对赞美的渴望是每个人最持久、最深层的需要。"而要慷慨地赞美别人的优点和成绩,就必须坦然接受别人的优点和长处。

富兰克林有句名言:"良好的态度对于事业与社会的关系,正如机油对机器是一样重要。"

因此,如果你是一位品格高尚的人,不妨试着发自内心地赞美一位与你正相互竞争的同学或者是同事,甚至举荐一位有可能位居你之上的职员给老板,这是一种更高境界的赞美。

即使奉承也要坦诚得体

人总是喜欢别人奉承的。有时,即使明知对方讲的是奉承话,心中还是免不了会沾沾自喜,这是人性的弱点。一个人受到别人夸赞,绝不会觉得厌恶,除非对方说得太离谱了。

在这个社会上,会说奉承话的人,似乎比较吃香。当一个人听到别人的奉承话时,心中总是非常高兴,脸上堆满笑容,口里连说:"哪里,我没那么好""你真是很会讲话",即使事后冷静地回想,明知对方所讲的是奉承话,却还是抹不去心中的那份喜悦。因此,说奉承话是与人交际所必备的技巧,奉承话说得得体,会使你更讨人喜欢,而且有利于达成你的既定目标。

方明有件棘手的工作,无法独立完成。他想找李春帮忙,因为李春在这方面颇有研究。可是怎么开口呢?

方明找到李春说:"小李,我这有个计划,自己实在搞定不了,帮个忙吧?"

李春面露难色："我这段时间也挺忙，你还是看看别人有空没有，比如老郑？"

方明说："小李，这个计划没你帮助，确实是不行啊。"李春见方明态度诚恳，为了不负自己的好名声，就答应了方明的请求，帮他完成了工作计划。

我们在求人办事时，要把对方抬高一点，再高一点。办完事之后，千万不要忘记答谢，否则以后就不会再有人愿意帮你的忙了。

奉承别人首要的条件，是要有一份诚挚认真的态度。言词会反映一个人的心理，因而有口无心，或是轻率的说话态度，很容易被对方识破，而产生不快的感觉。

赞美要有一定的高度

赞美别人不仅要慷慨大方，而且要有远见卓识。赞美要符合实际情况，称赞他人时如老用一些过激的形容词，就会因为言过其实而让人扫兴，要深入了解对方的能力、性格、经历、成果等，赞美起来才不至于空洞无物。另外，要善于称赞别人没有注意到的部分，因为经常称赞的事让人感到厌烦。总之，要使自己的赞美经受得住时间的考验，而且要赞美得具体、贴切、与众不同。赞美要有一定高度。

古时候，一个叫彭玉麟的官员，有一次路过一条狭窄的小巷。一个女子正在用竹竿晾晒衣服，一不小心竹竿掉下，正好打在彭的头上。彭勃然大怒，指着女子大骂起来。

那女子一看，正是官员彭玉麟，不禁冷汗冒了出来。但她猛然间急中生智，便正色地说："你这副腔调，像行武的人，所以这样蛮横无理。你可知彭官员在我们此地？他清廉正直，假使我去告诉他老人家，怕要砍了你的脑袋呢！"

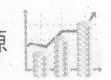

彭玉麟一听这女子夸赞自己,不禁喜气上升,而且又意识到自己的失态,马上心平气和地走了。

并非"当面"夸赞,却胜过当面夸赞,说得彭玉麟心里美滋滋的:自己在民间居然有这么好的吏治声誉,绝不应该为这些小事而损害形象。幡然醒悟之后,只好转怒为笑,心平气和地离开了。

要用长远的眼光去审视你所要赞美的人和事,使自己的赞美经受得住时间的考验;不要搬起石头砸自己的脚,因为在日常生活中,"话音未落"式的尴尬状况并不少见,你刚夸他做事小心谨慎,他却冷不防捅个大娄子让你看。事情还没有完成之前,一定不要轻下赞词。因为说不定就在最后关头,事情却宣告失败了。有些人见到事情成功在望,便禁不住大加赞叹,甚至夸下海口:"这回肯定赢定了。"结果却失败了,岂不让人笑掉大牙。

因此,在赞美人的时候,一定要做到"三思而后赞"。对于一些相对稳定的东西,如一个人的性格、习惯、容貌等称赞起来较容易,而一个人的行为、态度等,往往不容易琢磨,因此称赞时一定要小心。俗话说:"一辈子做一件好事容易,但做一辈子的好事就难了。"因为人迫于某种压力和需求,有时难免会做错事。因此,赞美一个人千万不要就事论事,否则一不小心,你就成了一位目光短浅的人了。

赞美别人要善于从小事着手,于细微之处见高下。注意赞美对方较不易为人知的优点。

一个人无论他怎么差劲,也会有一两个值得赞美的优点。例如一个年轻的女孩子或许长相难看,但牙齿长得很漂亮,或者皮肤很白等等。要善于抓住这些地方对其加以赞美。也许有的人根本不在乎这些小优点,但无论如何,你的赞美一定会使她心情愉快。如果你面对的是一位美貌绝伦的女子,如果你老调重弹,夸其美得如何沉鱼落雁、闭月羞花,往往引不起她多大的兴趣,如果能找出她较不易为人所知的优点,则往往可以使对方感到意外的惊喜。

赞美别人需站在一定的高度上，充分发掘别人成绩的意义，并推测它将带来的影响，因为赞美一个人的行为和贡献比赞美他本人好，但一定要说中要害，这样你的赞美才会上品位、上档次。

赞美一个人的行为或他的贡献时，你的赞美不但要显得具体而贴切，而且要让人觉得特殊而真诚。赞美一个人的行为或成绩，还可以避免偏见或功利主义。因此，在日常生活中，与其对一个人说："你真了不起。"不如仔细阐述他所做的某一件事情所带来的巨大的社会效应或经济效益。赞美一个人的工作，会促使他工作时更加卖力；赞美一个人的行为，他的行为则会因此大有改善。但赞美的话必须一语中的，就像射箭一定要射中靶心。赞美别人的首要条件，是要有一份诚挚的心意和认真的态度。因此，赞美别人时，千万不要讲出与事实相差十万八千里的话。例如，你千万不要对年老的母亲说："你看起来比我姐还年轻。"这样你只会招来一顿狂骂。

赞美最微小的进步

要成为有效的领导者，卡耐基告诉你一个原则：赞美最细小的进步，而且是赞美每一次进步，要诚恳地认同和慷慨地赞美。

对于事业刚刚起步的员工来说，内心往往会感到异常地艰难和孤独，在失意时听不到一句鼓励的话语，成功时也没人向他们祝贺。

在这个时候，新员工如果得到的即使是片言只语的表扬，那也是令人兴奋不已的，从而也就更加坚定了信心，努力把事情做好。

有些人以为，只有大的成功才值得去表扬，小成绩无足轻重。其实这种理解是片面的，没有考虑人的内心欲求，特别是在最初工作时的孤独与艰难。

当一个下属初次走上一个工作岗位时，他会对这里的环境很陌生，如果在作出一点小成绩时就得到了领导的表扬，那么他的信心一下子就树立起来了。在这方面有个叫卡雷的人做得不错。

担任企业资源开发公司总经理的麦克斯·卡雷在创立以亚特兰大为中心的销售和市场服务公司时，就曾经历过步履维艰的困窘。当时，他的手下只有一个临时雇员。按他的话说："大的成功离我们太遥远。我们几乎感受不到任何激励。"他想出了一个决定：每次获得一个小成功都要自己庆贺一番。

卡雷出去买了一个警报器，还配了扩音器，这样就能发出救护车的声音。如果他在电话中宣传自己的产品时能绕过培训部主管，直接与那家公司的总经理通话，就要鸣笛庆贺一次；如果收到一大笔订货，警笛也会鸣响。如今，他的公司已拥有100多万美元的资产和11名雇员。每个星期，警笛声大约要在公司内回荡10次。

每当知道有好消息时，大家都要出来听他们的同事对刚刚取得的成功吹嘘一番，这也为大家提供了互相交流的机会。卡雷说："我们的雇员经验还不够丰富，无法取得巨大的成功，所以这种庆贺也是一种很大的鼓励。"正是用这些小进步来临时的表扬鼓励，使卡雷的公司取得了惊人的成绩。

请记住：要表扬每一个进步，不管这进步有多么微小。

不要给赞赏打折扣

称赞他人的时候，请不要提及会让赞赏打折扣的旁枝末节。请紧紧围绕赞赏这一主旨，主要谈论对方的成绩。记住，永远别忘记赞美他人，而且要不止一次地去赞美。

但是许多人在称赞他人的时候都很容易犯一个严重的错误：把赞赏打了折扣再送出。不是给予百分之百的赞赏，而是画蛇添足地加上几句令人沮丧的评论或是一些能削弱赞赏的话语。

尤其那些对杰出成绩的赞赏,总是和批评一起"搭卖"。成绩越是突出,人们就越觉得自己有责任去"评论"而不仅是称赞这一成绩。他们无法忍受只唱赞歌,一定要多少挑出点缺憾才罢休。

一位语言学家曾说:"同样的音调或语句反复出现时,常具有感化人的力量。譬如林肯的名言'民有、民治、民享的政府',倘若他仅为了提出一项政见,仅说'民主的政府'即可。但是,他三度强调'民'字,遂产生更深刻感人的效果。"的确,每个人听到这句铿然有力的话语时,都会情不自禁地加深自己对此种理想的政府的向往之情。而在每个人反复听到这样一句赞美的话时,他们也会被感动。

还要小心另外一种错误的观念,即以为打了折扣的赞赏会更真实可信,更有分量。

不要自作聪明地指点同伴,怎样做会更好,哪怕是生活小事。比如:"您做的菜味道真好,哪一样都不错,就是汤里的盐多了一点……"这种折扣不仅破坏了赞扬的效果,还有可能成为引起激烈争论的导火索。

有时你必须对某项工作做一次全面的总结和评论,这样一来,赞赏和批评就不可避免地联系在一起了。

在这种情况下你也没有必要把优秀成绩打折,请把总结中的批评当作与赞赏相对立的独立部分。

别让对方的谦虚削弱了赞赏的作用。有些人很少受到表扬,所以听到别人称赞他时会不知所措;还有些人在收到称赞的时候想要表明,取得优秀的成绩对他来说是家常便饭。这两种人面对赞赏的反应几乎一模一样:"这不算什么特别的事,这是应该的,是我的分内事。"

听到对方这种回答的时候,你不要一声不响,此时的沉默表示你同意他的话,就好像对他说:"是啊,你说得对,我为什么要表扬你呢,我收回刚才的话。"

你应该再次称赞他,强调你认为这是值得赞赏的事,请你重复一次对他哪些方面的成绩特别看重,以及你为什么认为他表现出众。

还有人错误地把赞赏他人当成了自我表现的机会。他们以为能够通过打了折扣的赞赏来证明自己的"批判性思维能力",从而也出出风头,显出他们的理性和水平。比如,他们会说:"您这一生中不断获得成功。不过有一回,那次金融风暴时您的公司日子也不好过,可话又说回来,谁都不会十全十美嘛……"

任何赞赏打了折扣,也会有了瑕疵,从而产生不必要的负面影响。它就像雪白的桌布沾上一块黑色的污迹,使人们偏离正题,求全责备。它破坏了赞赏的作用,使受赞赏的一方原有的喜欢之情一扫而空,反而是那么几句"额外搭配"的非议让人难以忘怀。

第3章　倾听：做一个耐心的听众

 乱插嘴的人令人讨厌

在社交场上，你时常可以看到你的一个朋友和另外一个不认识的人聊得起劲，此时，你可能就会有加进去的想法。

因为你不知道他们的话题是什么，而你突然加入，可能会令他们觉得不自然，也许因此话题接不下去。更糟的是，也许他们正在进行着一项重大的谈判，却由于你的加入使他们无法再集中精力而无意中失去了这笔交易；或许他们正在热烈讨论，苦苦思索解决一个难题，正当这个关键时刻，也许由于你的插话，会导致对他们有利的解决办法告吹，到后来场面气氛就会转为尴尬而无法收拾。此时，大家一定会觉得你没有礼貌，进而都厌恶你，导致社交失败。

假设一个人正讲得兴致勃勃时，你突然插嘴："喂，这是你在昨天看到的事吧？"说话的那个人因为你打断他说话，绝对不会对你有好感，很可能其他人也不会对你有好感。

许多不懂礼貌的人总是在别人谈着某件事的时候，在说到高兴处时，冷

不防半路插话进来，让别人猝不及防，不得不偃旗息鼓。这种人不会预先告诉你，说他要插话了。他插话时有时会不管你说的是什么，而将话题转移到自己感兴趣的方面去；有时是把你的结论代为说出，以此得意洋洋地炫耀自己的口才。无论是哪种情况，都会让说话的人顿生厌恶之感，因为随便打断别人说话的人根本就不知道尊重别人。

培根曾说："打断别人，乱插嘴的人，甚至比发言者更令人讨厌。"打断别人说话是一种最无礼的行为。

有一个老板正与几个客户谈生意，谈得差不多的时候，老板的一位朋友来了。这位朋友插话进来了，说："哇，我刚才在大街上看了一个大热闹……"接着就说开了。老板示意他不要说，而他却说得津津有味。客户见谈生意的话题被打乱，就对老板说："你先跟你的朋友谈吧，我们改天再来。"客户说完就走了。

老板的这位朋友乱插话，搅掉了老板的一笔大生意，让老板很是恼火。随便打断别人说话或中途插话，是有失礼貌的行为，但有些人却存在着这样的陋习，结果往往在不经意之间就破坏了自己的人际关系。

每个人都会有情不自禁地想表达自己想法的愿望，但如果不去了解别人的感受，不分场合与时机，就去打断别人说话或抢接别人的话头，这样会扰乱别人的思路，引起对方的不快，有时甚至会产生误会。

要获得好人缘，要想让别人喜欢你，接纳你，就必须根除随便打断别人说话的陋习，在别人说话时千万不要插嘴，并做到：

不要用不相关的话题打断别人说话；

不要用无意义的评论打乱别人说话；

不要抢着替别人说话；

不要急于帮助别人讲完事情；

不要为争论鸡毛蒜皮的事情而打断别人的话题。

打断别人易引起抵触情绪

他人的自我意识好像一个卫兵,站在他的潜意识的入口,如果你唤起了他的自我意识或把它激发过重的话,他绝不会接受你的意见。因此,想说服对方时,先不要打断他,让他陈述他的意见和理由,即使你无法同意和接纳,也不要打断对方,尤其是提出正面反对意见时,更应先听听对方的意见。等听完后再开始说"你说得很有道理,但是……"的反对理由。

心理学家提出一个概念——心理定势:若一个人肚子里有事,他就会启动其心理定势准备讲话,直到他把事情全部说完,他的心理定势才会转而听你的意见。所以,假如你想让自己的意见被对方听进去,达到说服他的目的,首先必须学会听对方讲话。这样一来,对方会有一种你很注意听他说话的感觉,认为你尊重他的意见,进而产生想和你说话的心理。这时,对方已经对你有了好感,会不知不觉地朝被说服的方向去思考问题。这一点是在说服对方时相当重要的一项心理战术。

如果你不听对方的意见就直接提出反论,那么,势必引起对方在感情上的反驳,当然也就无法引起听你说话的欲望,这样做是极不明智的,尤其是对一些比较霸道和固执的人,采取这种方式会马上遭到反驳。

最有攻心技巧的人,在他的意见遭到反对或某人要发牢骚时,他总是耐心地听对方把话讲完,还进一步请对方重复其中某些观点和理由,询问对方是否还有别的什么事情要说。这样做就消除了对方的抵触情绪,使对方意识到,听话的人对他的观点感兴趣。

另外,社会心理学家通过对人际关系的研究,一致提出,人际相处的一个最根本的信条就是"不批评对方",并且,要完全倾听对方的谈话,这样,才能使对方开怀畅谈。心理咨询时,心理医生通常都尽量让对方说完自己想说的话，而避免在中途打岔。否则，对方倾诉的欲求得不到满足，彼此也就无法建立较亲密的交谈关系，甚至会造成双方敌对的情绪。另外，一项客户与推销员信赖程度的调查也显示：那些在商品售出之后会受到客户非分要求的推销员，大部分都喜欢说话，并且经常打断客户的话。因此，我们可以得知，要启开对方心扉，建立起亲密的关系，问题就在于说话的方式与内容。这样，大家就能明白有作为的推销员多半较木讷的道理了。

耐心听别人谈他自己

有一首诗说："九牛一毛莫自夸，骄傲自满必翻车。历览古今多少事，成由谦逊败由奢。"这话是针对那些缺乏自知之明、盲目自满的人所说的，但对于我们正确地对待生活，塑造自己良好的交际形象和性格品质，也有着十分现实的意义。人的学业无止境，无论潜心自学还是向人求学，没有谦虚的态度就不会有长进。人生道路曲曲折折，要在复杂的人际关系里游刃有余，健康发展，没有虚心、诚恳的态度同样是不行的。"成由谦逊败由奢"，有谦逊的态度，才会有自知之明；知道自己的不足，才会有努力的方向。

不少人，为了使别人赞同自己的意见，就唠唠叨叨地说个不停，使别人根本没有说话的余地。尤其是有的推销员最易犯这个毛病，一味地对顾客夸耀自己的货物如何好，使顾客没有插嘴的余地，其实这是错误的。顾客有购买的念头，才挑剔货物，他批评这些货物，你不必与他争辩，待选定之后，他自然会购买。若是你和他争辩，就如同指责顾客没有眼光，顾客受此侮辱，肯定到别家去了，你岂不是白白损失了一笔生意？

所以在人家说话的时候，自己若有不同意之处，应待别人说完，切不可插话进去或阻止人家。阻止人家其实是最大的错误，因为当人家还有许多话没有说完时,是绝不会来接受你的意见,也根本不注意听你的意见。所以我们应鼓励别人把意见表达出来,耐心地倾听别人的讲话。

倾听者的良好素质

在听别人说话的过程中,一位高明的谈话者往往能够体现出许多良好的素质。他有一颗精细的心,能够体察别人的感情;他富于同情,能乐人之乐、忧人之忧;他有深厚的涵养,能体谅别人的难处,宽恕别人的错误,容忍别人的缺点;他有良好的耐性,能够长时间地听取别人零乱、不成熟,甚至是语无伦次、前后矛盾的意见。他还具有发掘和吸收别人观点的热忱和能力,当别人因有顾虑而欲言又止的时候,他能诚恳而友善地鼓励他们讲下去;而别人偶尔说出有趣的话,他就发出会心的笑;当别人讲出一些不错的道理时,他就连连点头;当别人试图说出一些难以表达的思想时,他就凝神细听,并且不时就没有听清楚的问题向别人请教;当别人的讲话告一段落时,他就把别人所讲的内容整理得条理清楚,并加以吸收。由于有以上的良好素质,高明的谈话者往往能深刻细致地了解各式各样的人。他的语言,往往可以非常有效地打动人的心坎。这样,无论什么人见到他,都愿意把他当作知心朋友,愿意向他吐露自己的心事,把自己藏在心中的剧烈的痛苦、烦恼都向他倾吐出来,希望得到他的同情、安慰和帮助。

此外,一个高明的谈话者还必须谦虚谨慎。无论别人怎样敬仰他、佩服他,他都应该态度谦恭,虚怀若谷。一个狂妄自大、目中无人的人,是没有多少人愿意与他交谈的;同样,一个心地狭窄得只容得下他自己的人,也是不受欢迎的。

乔·吉拉德是首屈一指的汽车推销员,然而,他也有过一次难忘的失败经历。

有一次，有位顾客来找乔商谈购车事宜。他向那人推荐一种新型车，进展非常顺利，就在成交的节骨眼上了，对方却突然决定不买了。

那天晚上，乔辗转反侧，百思不得其解。他忍不住给对方拨通了电话："您好先生，今天眼看您就要签字了，为什么却突然走了呢？"

"先生，你知道现在几点钟了？"

"真抱歉，我知道是晚上11点钟了，但我检讨了一整天，实在想不出自己到底错在哪里。"

"很好，你现在用心听我说话了吗？"电话那头说。

"非常用心。"他答道。

"可是，今天下午你并没有用心听我说话。就在签字之前，我提到我的儿子即将进入大学，我还跟你说到他的学习成绩和理想，可你根本没有听！"

对方继续说道："当时你在专心听另一名推销员说笑话，可能你认为我说的这些与你无关，但是我可不愿意从一个不尊重我的人手里买东西。"

乔从此知道了，用心倾听对于做任何一件事都是那样的重要。

每个人都有倾诉的欲望

人人都对自己的经历和所做的事情怀着莫大的兴趣，人们最高兴的也莫过于对他人谈论这些事情。但过分地谈论这些，会使听者失去兴趣。

比如，有的人做了一个十分有趣的梦，觉得是亲临其境，其乐无穷，结果逢人便说，令人不厌其烦。有的人则喜欢喋喋不休地对人说一些自己以前的经历：上中学时怎样，上大学时怎样，刚参加工作时怎样，后来又怎样等等。但是我们若仔细想一想，自己有兴趣的事情，别人也像我们一样有兴趣吗？那些断续破碎、稀奇古怪的梦境，除了做梦者本人，别人听来是非常沉闷的。如果听者对说话者提到的那些往事、那些人、那些地方一点也不熟悉，一点也不觉得有趣，无疑他也不会与说话者产生共鸣。

凡此种种，不外乎证明人们对自己所经历的事情感兴趣，而对与自己毫无关系的事情觉得索然无味。所以，我们在与他人交谈时，应把握听者的这一心理。

每个人都会做梦，他对别人那种无关大局的梦不会感兴趣；每个人也都有自己的经历，他对别人那种平淡无奇、与己无关的经历也不会关心。这一事实告诉我们，在与人交谈中，尽量少谈一些人家不感兴趣的事，不要喋喋不休地谈论自己的生活、孩子、事业等，除非对方在特殊情形下的确感兴趣的时候，否则，还是以谈别的话题为佳。

同时，既然我们知道每个人最喜欢的是自己熟知的事情，那么在交谈中便可以尽量逗引别人去说他自己的事情。这是使对方高兴的最好方法。如果我们充满了同情和热忱去听他津津有味的叙述，一定会给对方留下较佳的印象。

因此，要想多交朋友，要想在交际上取得成功，自己就应该少说别人不感兴趣的话，不要只讲自己、表现自己，而是应该耐心地去听别人说话。

在候机大厅里，庞克正在专心读书，忽然邻座传来一位老太太的声音："我敢说芝加哥现在一定很冷。"

"大概是吧。"庞克漫不经心地答道。

"我快3年没去过芝加哥了。"老太太说，"我儿子住在那儿。"

"很好。"庞克头也不抬地说。

"我丈夫的遗体就在这飞机上。我们结婚都有53年了。你知道，我不开车。他去世时是一位修女开车把我从医院送出来的。我们甚至还不是教徒呢。葬礼的主持人把我送到机场。"老太太有点忧伤地说。

此时，庞克觉得自己刚才不理老太太的行为多么令人讨厌，他终于明白：身边有一个人正在渴求别人倾听她的诉说。她孤注一掷地求助于一个冷冰冰的陌生人，而这个人更感兴趣的是读书。

她所需要的只是一个听众,不要忠告、教诲、金钱、帮助、评价,甚至不需要同情,仅仅是乞求对方花上一两分钟来听她讲话。

庞克不再读书了,而是用心听老太太说话。老太太一直缓缓地讲着,直到他们上了飞机。

这看起来是那么矛盾:在一个拥有发达的通讯设备的社会里,人们却苦于无法交流,无法找到一个听众。老太太在机舱另一边找到了她的座位。当庞克把大衣挂起来的时候,又听见老太太用带着哀愁的音调对着她的邻座说:"我敢说芝加哥现在一定很冷。"

庞克在心里祈祷:"上帝,但愿有人听她讲。"

人都会有一种倾诉的欲望,如果有人在向你喋喋不休时,耐心地倾听就是对他人最大的尊重。

做一个耐心的倾听者

现代社会中,我们希望人人都能勇于开口,大胆说话。但凡事都有个分寸,如果我们不会把握这个分寸,那就只能适得其反,弄巧成拙。

生活中有许多是非之争是因为谈话多了;话说得越多,出毛病的机会也就越多。教人少说废话多做实事,这是古今中外哲人学者的共识,它饱含着深刻的辩证法则。真正有学问的人大智若愚,不太乱说话,相反那些腹中空空,没有几点文墨的人却喜欢大吹大擂。所以,我们应记住一条原则:在任何地方和场合,最好能少说话。若是到了非说不可时,那你所说的内容、意义,所选用的词句,所伴随的姿势以及说话的声音,都不可不加以注意。在什么场合该说什么话,用什么方式说,都值得注意。无论是在探讨学问、接洽生意、实际应酬或娱乐消遣中,从我们口里说出的话,一定要有中心,要能具体、生动,要十分精彩。

在类似座谈会的场合中，大家都是踊跃发言，而不注意听清楚别人的意思。所以，经常产生彼此的误会，各想各的，都站在自己的立场，擅自解释别人的意见，表面上看起来，大家讨论得十分热烈，事实上非常散乱。因此，真正有见识的人，会在脑中把众人的论点分析、整理出来，而当座谈会进行到中段以后，才提出他归纳后的要点，让大家有个一致的方向。然后，再说出自己的意见，使整个讨论的方向更为明确，这种人才是最会表达的人。

为保证说的每一句话为人所重视，不惹人讨厌，唯一的资本是少说话，静静地思考，耐心地听别人说话。

做一个耐心的倾听者要注意六个规则：

规则一：对讲话的人表示称赞。这样做会造成良好的交往气氛。对方听到你的称赞越多，他就越能准确表达自己的思想。相反，如果你在听话中表现出消极态度，就会引起对方的警惕，对你产生不信任感。

规则二：全身注意倾听。你可以这样做：面向说话者，同他保持目光的亲密接触，同时配合标准的姿势和手势。无论你是坐着还是站着，与对方要保持在对于双方都最适宜的距离上。我们亲身的经历是，只愿意与认真倾听、举止活泼的人交往，而不愿意与推一下转一下的石磨打交道。

规则三：以相应的行动回答对方的问题。对方和你交谈的目的，是想得到某种可感觉到的信息，或者迫使你做某件事情，或者使你改变观点等等。这时，你采取适当的行动就是对对方最好的回答方式。

规则四：别逃避交谈的责任。作为一个听话者，不管在什么情况下，如果你不明白对方说出的话是什么意思，你就应该用各种方法使他知道这一点。

比如，你可以向他提出问题，或者积极地表达出你听到了什么，或者让对方纠正你听错之处。如果你什么都不说，谁知道你是否听懂了呢？

规则五：对对方表示理解。这包括理解对方的语言和情感。有个工作人员这样说:"谢天谢地,我终于把这些信件处理完了!"这就比他简单说一句"我把这些信件处理完了"充满情感。

规则六:要观察对方的表情。交谈很多时候是通过非语言方式进行的,那么,就不仅要听对方的语言,而且要注意对方的表情,比如看对方如何同你保持目光接触、说话的语气及音调和语速等,同时还要注意对方站着或坐着时与你的距离,从中发现对方的言外之意。

在倾听对方说话的同时,还有几个方面需要努力避免:

第一,别提太多的问题。问题提得太多,容易造成对方思维混乱,谈话精力难以集中。

第二,别走神。有的人听别人说话时,习惯考虑与谈话无关的表情,对方的话其实一句也没有听进去,这样做不利于交往。

第三,别匆忙下结论。不少人喜欢对谈话的主题作出判断和评价,表示赞许和反对。这些判断和评价,容易让对方陷入防御地位,造成交际的障碍。

再列举六点令人满意的听话态度:

(1)适时反问。

(2)及时点头。

(3)提出不清楚之处并加以确认。

(4)能听出说话者对自己的期望。

(5)辅助说话的人或加以补充说明。

(6)有耐心并想深入了解说话的内容。

倾听中的插话技巧

一个倾听高手在倾听过程中如何插话,才有助于达到最佳的倾听效果呢?

根据不同对象可采取不同的方法:

第一,当对方在同你谈某事,因担心你可能对此不感兴趣,显露出犹豫、为难的神情时,你可以趁机说一两句安慰的话。

"你能谈谈那件事吗?我不是十分了解。"

"请你继续说。"

"我对此也是十分有兴趣的。"

此时你说的话是为了表明一个意思:我很愿意听你的叙说,不论你说得怎样,说的是什么。这样可以消除对方的犹豫,坚定他倾诉的信心。

第二,当对方由于心烦、愤怒等原因,在叙述中不能控制自己的感情时,你可用一两句话来疏导。

"你一定感到很气愤。"

"你似乎有些心烦。"

"你心里很难受吗?"

说这些话后,对方可能会发泄一番,或哭或骂都不足为奇。因为,这些话的目的就是把对方心中郁结的一股异常情感"诱导"出来,当对方发泄一番后,会感到轻松、解脱,从而能够从容地完成对问题的叙述。

值得注意的是,说这些话时不要陷入盲目安慰的误区。不应对他人的话作出判断、评价,说一些诸如"你是对的""他不是这样"一类的话。你的责任不过是顺应对方的情绪,为他架设一条"输导管",而不应该"火上浇油",强化他的抑郁情绪。

第三，当对方在叙述时急切地想让你理解他的谈话内容时，你可以用一两句话来"综述"对方话中的含意。

"你是说……"

"你的意见是……"

"你想说的是这个意思吧……"

这样的综述既能及时地验证你对对方谈话内容的理解程度，加深对其的印象，又能让对方感到你的诚意，并能帮助你随时纠正理解中的偏差。

以上三种倾听中的谈话方法都有一个共同的特点，即不对对方的谈话内容发表判断、评论，不对对方的情感作出是与否的表示，始终处于一种中性的态度上。切记，有时在非语言传递的信息中你可以流露出你的立场，但在语言中切不可流露，这是最重要的。如果你试图超越这个界限，就有陷入倾听误区的危险，从而使一场谈话失去了方向和意义。

第4章 拒绝：恰到好处地说"不"

在生活中学会拒绝

在生活中，处处需要说"不"。比如，双休日你正在家休息，推销员不期而至，说"给您送礼来了"；电话铃忽然响了，是某家电器公司的推销人员，向你介绍一种最新产品，是如何的物美价廉；你本来经济就有点紧张，却有朋友告诉您"要结婚了，我们是否祝贺一下"，"刚生了个小孩，我们去看看吗"；当你正在办公室聚精会神地工作，来了一位工作刚告一段落的同事对你说："休息一下，别那么累。"刚送走一位客户，又来一位聊天的同事，如果你对他们都热情地奉陪到底，这半天就泡汤了，什么事都做不成了。对付"聊天客"，你可以说："真抱歉，今天是我近来最忙的一天，再累都不敢休息。"稍微知趣者，会立即退出办公室。所以说，在生活中善于说"不"，是摆脱一切干扰的艺术。

"不"字是一个情绪强烈的负面词，当我们对上司、对朋友使用它时，一定要面带微笑，语气亲切。即使是对素不相识的营销人员，也要讲究点方式方法。

在生活中，对来自亲戚朋友的请求更要学会一些拒绝的技巧。假如我们担心老朋友埋怨我们不近人情，怕人们说我们不愿帮助人，怕伤害别人的自尊心或怕给人带来不愉快和麻烦，便轻易答应别人一些事情，结果反而使自己陷于无穷的烦恼和纠缠中不能自拔，这样不只浪费了自己的时间，还浪费了自己的精力，伤害了自己与朋友的感情。

1. 首先为说"不"字而表示歉意

当你要拒绝朋友的求助时，首先态度要温和，尽管说"不"是自己的权利，仍需先说"非常抱歉"或者说"实在对不起"，其次再详细陈述自己不能"帮忙"的各种理由。这样，朋友在感情上就能接受，从而避免一些负面影响。

让朋友在感情上体会到，你拒绝的是"事"，而不是"人"。使朋友感觉这件"事情"虽然被拒绝了，而他和你还是要好的朋友。你可以如此说："这件事我非常乐意干，只是不巧，我现在手头正做一个急件，下次您再有这样的美差，我一定干。"你还可以这样说："这几天我实在脱不开身，您是否请老张来帮忙，他在这方面业务比我精通，您若是不便于找他，我可以代您向他求助。"

2. 委婉地拒绝朋友

不要生硬地拒绝朋友的求助，应该让朋友意识到你是为了他的"利益"而拒绝的。你可以这样说："我非常同情您，也非常想帮助您，但对这件事我并不在行，一旦干坏了，既耽误了工作，又浪费了财物，影响也不好。您不如找一个更稳妥的人办。"或者说："您的事限定的时间太短了，我若轻易接下来，在这么短的时间内，肯定干不好。您可以先找别人，实在不行了咱俩再商量。"这位朋友即使转了一圈回来再求你，你已有言在先，这时你就可以提出一些诸如推迟完成日期之类的条件。如果这位朋友认为不行，他就会去另请高明了。

如果朋友请求帮助的事的确思考不周，你可以耐心地实事求是地给朋友分析这件事办与不办的利弊，让朋友自己得出"暂时不办此事"的结论。

3. 在工作中学会拒绝

工作中每个人都有自己的任务，虽然帮助同事是一种好的品质，但若妨碍了自己的工作则应该学会拒绝。

当然，拒绝他人不是件容易的事，需要一些技巧。例如，拒绝接受不善体谅他人而又十分苛刻的上司的要求，通常都被视为不可能的事。但是，有些老练的时间管理者却深谙回绝方法，经常将来自上司的原已过多的工作，按轻重缓急编排办事优先次序表，当上司提出额外的工作要求时，即展示该优先次序表，让上司决定最新的工作要求在该优先次序表中的恰当位置。这种做法具有三个好处：第一，让上司做主裁决，表示对上司的尊重；第二，行事优先次序表既已排满，任何额外的工作要求都可能令原有的一部分工作无法按原定计划完成，因此除非新的工作要求具有高度重要性，否则上司将不得不撤销它或找他人代理，就算新的工作要求具有高度重要性，上司也不得不撤销或延缓一部分原已指派的工作，以使新的工作要求能被办理；第三，部属若采取这种拒绝方式，可避免上司误会他在推卸责任。因此，这是一种极为有效的拒绝方式。

别不好意思说"不"

很多人在想要拒绝对方的时候，会产生一种"不好意思"的心理。这种心理阻碍了人们把拒绝的话说出口。由于这种矛盾的心情，态度上就不那么热心，说话吞吞吐吐，欲言又止欲藏又露。在这种心理的制约下，最终往往是依照对方的意图行事。即使拒绝了对方，其态度也容易使对方产生误解，认为你成心拿架子，不够朋友。因此，要想使自己在工作和社会交往中，不致惹出许多麻烦，首先要克服这种"不好意思"的心理障碍。

国外研究拒绝艺术的专家强调，要建立这样一种意识："你有权利说'不'，你不必因为对人拒绝了一件事而感到不好意思。"这样，你在拒绝时就会心情坦然、举止大方、态度明朗，避免被误解和猜疑。即使对方开始会对你的拒绝产生一点失望和遗憾，但由于你的态度表情向对方表明你是坦诚的，使对方受到感染，容易弱化对方心中的不快。如果你自己都觉得拒绝不应该，心里发虚，那么你的态度表情就会迟疑不决，对方也会觉得你拒绝的理由是不可信的。

在服装店，你在挑选一件衬衣，样式和做工都令人满意，但在价钱上你却觉得不够理想，但看到售货员的热情服务，使你不好意思不买它。售货员就是利用你的这种心理，越是看到你在犹豫，就服务得越热情越周到，帮你量好尺寸、试大小，甚至动手包装好，放进你的购物袋里，造成既成事实。

初次交女朋友，你也许会感到左右为难，因为她的长相实在让人爱不起来，但是，由于是你的上司介绍的，或者是上司的女儿，使你在拒绝上产生了犹豫，虽然每次会面都使你感到不舒服、不愉快，恨不得马上逃得远远的，但你一想到姑娘的身份，上司的威严，你就不得不仔细斟酌。姑娘却对你一见倾心，脉脉温情，你的上司也觉得好事可成。随着时间的推移，你一再丧失拒绝的机会，勉强从事，这样的婚姻是不会幸福的。

不知生活中有多少人因为不好意思说出那个"不"字，而买了不称心的衬衫，娶了自己不喜欢的姑娘，答应了自己办不到的事情，耽误了自己不应该耽误的约会。

说"不"能赢得尊重

在人际交往时，大家怎样对你，都取决于你自己。想要别人对你尊重，那就得学习一些说"不"的表达方式，比如：

1. 斩钉截铁地表示你的态度

即使在可能会有些无奈的场所，也需要态度明确地对某些服务员、售货员、陌生人说话，对蛮横无理的人要以牙还牙。你必须在一段时间内克服自己的胆怯和习惯，坚持一下，你就会发现，事情本该如此！你只要从此中获得一次成功，就一定会鼓起你的勇气。注意，这时你该大声点！当然"君子动口不动手"，你只不过是为了维护自己的利益，跟他们没仇。

2. 不再说那些引诱别人来欺负你的话

"我是无所谓的""你们决定好了""我没有这个本事"，等等，这类"谦恭"的推托之辞就像为其他人利用你的弱点开绿灯。当卖菜人让你看秤时，如果你告诉他你对这事一窍不通，那你就等于告诉他"多扣点秤"，这种事情随时随地都可能发生——如果你不介意的话！

3. 敢于说"不"

干脆地表明自己的否定态度，会使人立刻对你刮目相看。事实上，与那种遮遮掩掩、隐瞒自己真实感受和想法的态度相比，人们更尊重那种毫不含糊的回绝。同时，你也会从这种爽快的回答中，感到自信又回到了自己心中。欲言又止、支支吾吾的态度，只会给人造成"误解"。

4. 对盛气凌人者毫不退让

当碰到随意插嘴、强词夺理、爱吹毛求疵、令人厌烦、多管闲事的人使你难堪时，要勇敢地指明他们的行为之不合理处，并严肃地对他们说："你刚刚打断了我的话""你的歪理是根本行不通的"、"以你的逻辑推敲，地球就不是圆的了"等等。这种策略非常有效。它告诉别人，你对不合情理的行为感到厌恶。你表现得越平静，对那些试探你的人越是直言不讳，你处于软弱可欺地位上的时间就越少。

5. 告诉人们，你有人身自由

不要去听从那些并非命令的命令，休息之余你自己想做什么就做什么，出差办事也大可不必抱住别人的大件行李，而应该让他悠然自得地在前头漫步。违背自己意愿的事不要去做。自己想做的事,只要不违法违纪,尽管去做,不要怕别人的冷嘲热讽。

生活把你改造成为一个"软弱可欺"的弱者,但是经过你的努力,你一定能够变为强者。

拒绝,但不使人难堪

在你日常的工作和生活中,很可能也会遇到下列的情形:一个素行不良的熟人来缠住你,非要向你借钱不可,但你知道,如果借给他便是肉包子打狗一去不回头;你的顶头上司在增减人员上向你提出一些建议,但是这些建议又不符合公司现实情况。

诸如此类的事你必定会加以拒绝,可是拒绝之后,就要伤和气,引人恶感,被人误会,甚至积怨。

要避免这种情形发生,唯一的方法便是要运用些聪颖的智慧。请看下面的例子:

在德国某电子公司的一次会议上,公司经理拿出一个他设计的商标征求大家的意见。

经理说:"这个商标的主题是旭日。这个旭日很像日本的国徽,日本人民见了一定乐于购买我们的产品。"

营业部主任和广告部主任都极力恭维经理的构想,但年轻的销售部主任说:"我不同意这个商标。"经理听了感到很吃惊,全室的人都瞪大眼睛盯住他。

年轻的销售部主任没有同经理争论那个带红圈圈的设计是否雅观,而是说:"我恐怕它太好了。"

经理感到纳闷,脸上却带着笑说:"你的话叫我难理解,解释来听听。"

"这个设计与日本国徽很相似，日本人喜欢，然而，我们另一个重要市场中国的人民，也会想到这是日本国徽，他们就不会引起好感，就不会买我们的产品，这不同本公司要扩展对华贸易营业计划相抵触吗？这显然是顾此失彼了。"

"天哪！你的话高明极了！"经理叫了起来。

向有权威的人士表示反对或拒绝，一定要有充分的理由，还要注意技巧。年轻主任用一句"我恐怕它太好了"先抚平了经理的不快，使他不失体面。后来他用更充分的理由，提出反对经理的意见，经理也就不会感到下不了台。

拒绝常用语

拒绝是难免的，遭到拒绝又是不愉快的。诚恳的态度、得体的用语可以把这种不快减少到最低度，并得到对方的谅解和认可。

1. 诱导法

甲向乙打听机密，乙神秘地问："你能保密吗？"甲说："能。"乙接着说："你能，我也能。"

2. 推托法

"前几天经理刚宣布过，不准任何顾客进仓库，我怎能带你去呢？"

"这个问题涉及好几个人，我个人决定不了。我把你的要求带上去，让人事部讨论一下，过几天答复你，好吗？"

"这件事我做不了主，我把你的要求向领导反映一下，好吗？"

3. 委婉法

"这个设想不错，只是目前条件还不成熟。"

"这倒是个好办法，但我的上司恐怕接受不了。"

"主意不错，可惜我那天正好出差在外。"

4.隐晦法

"小伙子，我真难以想象公司少了你怎么样，不过我从下星期一开始想试试看。"

"贵公司地理环境不太好，我看公司可能更适合举办这次活动。"

5.虚实法

问："中国能拿几块金牌？"答："到时候就知道了。"

问："有人认为贵公司不可能按时交货。"答："他们有充分的言论自由，他们想怎么说，就怎么说吧。"

拒绝的七大妙招

怎样才能既拒绝别人又不得罪他，不恶化相互关系呢？这里列举七种既恰到好处又不失礼节的拒绝妙招。

1. 幽默诙谐式

著名导演希区柯克在执导一部影片时，有位女明星老是向他提出摄影角度问题，她左一次右一次地告诉希区柯克，一定要从她最好的一侧来拍摄。"很抱歉，我做不到！"希区柯克回答："我们拍不到你最好的一侧，因为你把它放在椅子上了。"他的话，引得在场的人都笑弯了腰。

招式妙诀：通常，幽默的语言可以调节气氛，并且能让对方在笑过之后得到深刻的启示，如果以幽默的方式来拒绝，气氛会马上松弛下来，彼此都感觉不到有压力。

2. 热情友好式

一位青年作家想同某大学的一位教授交朋友，以期今后在文艺创作和理论研究方面携手共进。作家热情地说："今晚6点，我想请你在海天楼餐厅共进晚餐，我们好好聚一聚，你愿意吗？"事情真凑巧，这位教授正在忙于准备下星期学术报告会的讲稿，实在抽不出时间。于是，他亲热地笑了笑，又带着歉意说："对你的邀请，我感到非常荣幸，可是我正忙于准备讲稿，实在无法脱身，十分抱歉！"他的拒绝是有礼貌而且愉快的，但又是那么干脆。

招式妙诀：如果你想对别人的意见表示不同意，请注意把你对"意见"的态度和对人的态度区分开来，对意见要坚决拒绝，对人则要热情友好。

3. 相互矛盾式

春秋时，鲁国相国公仪休喜欢吃鱼，因此全国各地很多人送鱼给他，但他都一一婉言谢绝了。他的学生劝他说："先生，你这么喜欢吃鱼，别人把鱼送上门来，为何不要了呢？"公仪休回答说："正因为我爱吃鱼，才不能随便收下别人所送的鱼。如果我经常收受别人送的鱼，就会背上徇私受贿之罪，说不定哪一天会免去我相国的职务，到那时，我这个喜欢吃鱼的人就不能常常有鱼吃了。现在我廉洁奉公，不接受别人的贿赂，鲁君就不会随随便便免掉我相国的职务，只要不免掉我的职务，就能常常有鱼吃了。"听了先生这番话，学生若有所悟地点了点头。

招式妙诀：当别人向你提出使你感到为难的要求时，你不妨先承认他的要求可以理解，你同时也希望满足他的要求，但接着说出不容置疑的客观原因，从而拒绝他的要求。

4. 相反建议式

有这样一则对话：

小李："小张，王经理让我把这些资料整理好，但我怕做不好，你能帮我完成吗？"

小张："我很愿意帮你的忙，不凑巧得很，我自己的那份工作还没干完。其实以你的能力和素质是完全可以做好那件事的。你不妨先干着，也许我能帮你干点别的什么。"

小李："那好吧！谢谢你啊！"

招式妙诀：小张的这一番话说得非常妙，既有拒绝，又有相反的建议，建议他先干着，对方还有什么话好说呢？相反，如果小张本能地回答"你的事我可不在行"，就是很不好的拒绝方法，很容易伤了同事之间的和气。

5. 岔开话题式

林肯曾经有一次巧妙的拒绝：一个秃头的来访者对林肯纠缠不休，浪费了他不少时间。为了摆脱他的再次打扰和纠缠，林肯想出一个妙方。在那人第二次来访时，他故意打断对方的话，匆忙拿出一瓶生发药水送给对方："人们都说这种药水可以使脑袋长出头发来。现在你把它拿走吧，过几个月再来看我，告诉我效果如何。"那人有点尴尬，但看林肯诚心诚意的样子，只得拿起药水走了。林肯的这一招确实高明，不仅一下子把对方打发走了，还使对方不好意思在短期内再来打扰他。

招式妙诀：当别人向你提出某种要求时，他们往往通过迂回婉转的方式，绕个大弯子再说出原意，如果你在他谈到一半时就知道了他的意图，并清楚自己不能满足他的愿望时，不妨把话题岔开，说些别的。让他知道这样做只会使你为难，他也就会知难而退了。

6. 反弹式

在《帕尔斯警长》这部电视剧中，帕尔斯警长的妻子出于对帕尔斯的前程和人身安全考虑，企图说服帕尔斯中止调查一位大人物虐杀自己妻子的案子。最后她说："帕尔斯，请听我这个做妻子的一次吧。"他却回答说："是的，这话很有道理，尤其是我的妻子这样劝我，我更应该慎重考虑。可是你不要忘记了这个坏蛋亲手杀死了他的妻子！"

招式妙诀：别人以什么样的理由向你提出要求，你就用什么样的理由进行拒绝，让对方无话可说。

7. 寻找出路式

例1：甲：您就帮我把这件事办了吧！

乙：这件事我实在没有时间帮你去办了，你不妨去找××试试。

例2：甲：这份资料，我能借用几天吗？

乙：对不起，这份资料我这几天还要用，不过图书馆里还有一份没有借出去，你赶快去还可以借到。

招式妙诀：当对方确有为难之事求助于你，你又无法承担或不想插手时，可以用为对方另找其他出路的方法，来弱化可能产生的不愉快。对方有了其他"出路"，就会对你的拒绝不在意了。

第5章 提问：让对方说得更多

 提问的四大作用

提问，是社会交往中很常见的一种活动。如何使对话按照自己计划的进程发展，使社交对象说出自己想要得到的回答，很重要的一点就是取决于人们提问技巧的高低。它也是口才高低的表现。提问的一个重要作用是让对方为自己解疑释难，此外，提问还有以下作用。

1. 促进人与人的关系

我们每天遇到熟人都会说："小陈，上哪儿？""老林，你来啦？""小白，吃过了吗？"很显然，问题的内容并不是我们关心的，而是用这种问候语进行感情交流。在同事、好朋友之间也经常用提问来交流情感。例如：你的女同事坐在那儿哭，其实你也明白她哭泣的原因是由于夫妻俩感情不融洽，受到丈夫的欺负。如果你坐近她，从事件的起因问起，一直问到结束，她一定会感激你的体贴和关心。如果你不问她的苦衷，说上一大通大道理，肯定不能使她感到安慰的。

2. 以问话作为话语的引子

冯玉祥将军统领西北军时，部队中有个外国军事专家经常提问刺探军事秘密。冯玉祥不高兴了,有一天对他说:"你知道中国'顾问'两字是什么意思?"

"不知道。"

"'顾'者看也;'问'者问话也。'顾问'者,我看着你,有话问你时,才请你答复。"

显然,冯玉祥将军的问话,其目的就要引出对方讲"不知道",然后就势讲出后面他想说的,对他进行教育。

3. 以提问代回答

《钢铁是怎样炼成的》里写道:有一天晚上,保尔和安娜不幸被几个匪徒拦劫。一个匪徒用手枪逼住了保尔,另外两个兽性大发的匪徒把安娜拖到了一所空房子里。事后,一个正爱着安娜的工人茨维泰叶十分不安地问保尔安娜是否被强奸。保尔很难过,反问道:"你爱安娜吗?"茨维泰叶费力地说:"是的。"听了这话,保尔抑制住愤怒,头也不回地迈步走了。这里,保尔对对方提出的问题不作正面答复。保尔这个反问,实际上回答了对方的牵挂问题,这个问句起到了一种以问代答的作用,反驳对方的话语。

4. 回击、反驳对方的话语

回击、反驳有三种情况:一是回击对方刁难、攻击自己的话语动机;二是反驳对方的人品;三是反驳对方话语中提出来的观点。试举一例:

"徐孺子,南昌人,十一岁时与太原郭林宗游,稚与之还家。林宗庭中有一树,欲伐去之,云:'为宅之法,正如方口,口中有木,困字不祥。'余曰:'为宅之法,正如方口,口中有人,囚字何殊?'郭无以难。"

郭林宗有迷信思想,认为宅中有树,犹如口中有木,成了不吉利的"困"字,因此想把树砍掉。而十一岁的徐稚一个问句就把这种观点给反驳了。他说如果宅中不能有树的话,那么宅中也不能有人,因为口中有木成了"困"字,口中有人成了"囚"字。如果说"困"就不祥,那么"囚"字又有什么不同呢?问得对方无言以对。

提问的技巧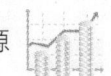

打工妹燕子找到了一份在饭店做服务员的工作，却只上了一天班就被老板辞退了。其实她的条件并不是很差，也没有做错什么事，只是不小心问了一句不该问的话。

那天，燕子刚一上班，店里就进来了三位客人，她随即拿了菜单，去让客人点餐。第一位客人点的是糖醋里脊，第二位客人点的是宫保鸡丁，第三位客人点的是京酱肉丝，但是，他特别强调要用干净一点的杯子倒啤酒。

很快，燕子将这三位客人所点的菜，用盘子端了出来，一边朝他们坐着的方向走来，一边还大声地向这三位客人问道："你们谁要用干净一点的杯子盛酒……"就凭燕子的这一句问话，老板当然会毫不客气地向她下辞退令，因为她的问话很使老板脸上无光。

要恰当、得体、有效地提问，需要掌握一定的提问技巧。

1. 选好对象，有针对性地提问

①适应对方的年龄、身份、文化素养、性格等特点。

你对小朋友可以问"你几岁啦？"对老年人就不宜这样问。再如你可以对一个中国人问："你在哪儿工作？""收入不错吧？""家里有几口人？"这是关心尊重对方的表示；但这样问一个美国人，就是打听别人隐私的不礼貌行为。被问人有的热情直爽，有的沉默寡言；有的文静安详，有的急躁好动；有的高傲，有的谦虚；有的诚恳，有的狡黠。性格不同，气质各异，提问的方式也应当有相应的变化：或单刀直入，或迂回进攻，或敞开发问，或试探而进。只有这样，才能达到目的。

②根据对方的心理特点。

在问答过程中，提问的人、提问的内容、提问的方式甚至提问行为的本身都会对被问人的心理产生一定的影响。提问人必须根据被问人的心理特点进行提问，这样才能达到提问的目的。在提问的时候，被问人总是处于一定的心境之中，比如我们去探望病人，人家正在为病情焦灼不安，我们就不应问："病情会不会恶化呀？"

另外，被问人总会对提问人的问题本身采取一定的态度，从而产生种种心理活动，如抗拒心理、回避心理、揣测心理等。

2. 掌握双方问答进程，提问要有明确目的

提问在交际活动中处于主动地位，它决定了对方说不说，说什么，怎么说；也决定了双方的交谈程序和交际气氛。所以，提问也应有控制技巧。

①掌握社交气氛。

两人问答，气氛是冷淡或是融洽，对社交的效果有很明显的影响。社交气氛可由提问的问题和方式来控制。选择问句的句式和严肃的语气，使气氛紧张，能对被提问的人的心理产生压力。如审讯犯人：

"你昨晚去没去会计室？""去过。"

"一个人还是几个人？""一人。"

"去干什么？""偷钱。"

"偷没偷？""偷了。"

从此例可看出收到了较好的效果。

又如一位外祖母同她的小外孙久别后，见面时的一次对话：

"夏天过得好吗？""好。"

"游泳了吗？""没有游。"

"你见到了许多小朋友吧？""嗯。"

"你爱吃冰激凌吗？""爱吃。"

这样的谈话气氛沉闷，双方都像例行公务似的。其实，老祖母只是想和小外孙亲近亲近，可不知怎样才能让他说话，只好接二连三地采取是非问和事件信息问，这种闭塞式的提问，当然不会打开对方的话头了，这样的提问就没有控制住谈话活动。

②掌握由提问到表达的过程。

有时人们提问，是要对方听自己表达，这就有个由自己提问到自己表达的转变过程。如：

电车上，一位中年人给一位妇女让座。这妇女一声不吭就坐下了。

中年人问："嗯，您说什么？"

"我没说什么呀！"

"哦，对不起。我以为你说了'谢谢'呢。"

先生的提问是为了引出自己后面对女方的批评，显得含蓄而又有心计。

又如孟子在批评齐宣王不会治国时问：

"假若一个人，把妻室儿女托付给朋友照顾，自己到楚国去了。等他回来时，妻子儿女却在挨饿受冻。对这样的朋友，该怎么办？"

王答："和他绝交。"

孟子说："假若管刑罚的官吏不能管理他的部下，怎么办？"

王答："撤掉他！"

孟子又问："假若一个国家搞得很不好，那又该怎么办？"

王这时只好看看左右，而讲其他的了。

孟子先设两问，诱导齐宣王作出肯定的回答，然后提出应该怎样处置不会管理国家的国君，使齐宣王无以对答，最后服从自己的想法。

3. 讲究方式提问，提高提问水平

①话题的选择是一大关键。

一位心理学家曾说过，要使对方乐于答话，莫如挑他擅长的来说。其实，提问也如此。比如一个人羽毛球打得好，就可先问："听说你对羽毛球很拿手，是吗？"问话的提问正像打羽毛球时的发球，你以对方的特长发问，就像特意发了个使对方容易接的球，他当然乐意还击，一来一往，畅谈不休。所以，有人把提问称为"谈话的发球"，这一比喻是很恰当的。

②技巧要与实际相适应。

有位青年人走进一家装潢别致的咖啡厅，拿起餐巾围在脖子上。店主看见了，就对伙计说："你过去告诉他，他弄错了。不过讲话要注意方式。"服务员走过去，对顾客说："对不起，先生，您要刮脸，还是理发？"这个青年人听后却拉下了脸。这个提问由于不符合社交场合，谁也不会跑到西餐馆来刮脸或理发，于是这种委婉提问在青年人听来就可能是讽刺与嘲弄，是达不到交际效果的。

③运用技巧要讲究效果。

有位父亲想知道儿子毕业后找什么工作。他提问：

"宝儿，你长大要干什么？"

"当飞机驾驶员！"儿子说。

"当驾驶员干什么？"

"周游世界！"

这位好心的父亲启发式的提问之所以未能达到效果，是因为提问的导向不明确，故儿子不可能如他预想的那样回答。

提问的方法

表达同类或类似的意思、达到同样或类似目的的问话，以不同的形式说出来，其效果也不一样。比方说，问"你很讨厌他吗"或"你很喜欢他吗"，就不如问"你对他的印象怎么样"好。对一个看来超过40岁的人，与其问"你今年贵庚"，倒不如问"你今年可能有30多岁了吧"；问"替我把信寄了吧"，就不如问"是否帮我寄了那封信"听起来更舒服。

为什么会出现这种效果上的差异呢？原因很清楚。第一句问话太直接，第二句话以对方为中心，让人听来有被尊重之感。提问者是否谦恭，其问话是否合乎听者的心意,都直接会影响到问话的效果。任何人都希望得到别人的尊重和体谅。问话者如果不尊重和体谅对方,他自己也只能自讨没趣。下面,我们将通过对两句普通问话的分析来说明这一点。

一家餐厅里曾发生过一件饶有兴趣的事。有两位顾客同时到这家餐厅吃饭。在点菜时,一位顾客问服务员:"今天的石斑鱼好不好?"服务员答应说:"好。"结果这位顾客只吃到了前一天剩下的石斑鱼。另一位顾客则问服务员说:"今天有没有什么好的海鲜?"服务员也满口应承说:"有。"这位顾客最后真正吃到了好的海鲜。

为什么这两位顾客的遭遇不一样呢?这就要从他们的问话上找原因。"今天的石斑鱼好不好"和"今天有没有什么好的海鲜"两种问法,在对方心理上引起的反应是不一样的,虽然它们在字面上有些相似之处。第一种问法只是在问一样东西,只有好或不好的两个答案,为了顾全餐厅的声誉,服务员不能说"好"。而且,一种东西的好与不好的标准是很难说的。标准既不易界定,那么服务员说了个"好"字,也不能说是欺骗了你,即使今天的石斑鱼并不好。另外,前者所问的只是石斑鱼,似乎除了石斑鱼外,其他的都不爱吃。为了讨好你,服务员也觉得说"好"是他的责任。这种问话产生的效果,只能是问话者吃亏。

第二种问法就不同了。首先,"今天有没有什么好的海鲜"表示心中并无成见,不管什么海鲜,只要好便行。其次,这种问法还体现出提问者为人谦虚,善于请教他人,不是故作聪明。再次,这种问法范围很广,给对方留下了较大的回旋余地。服务员可以说"有",也可以说:"今天没有什么好的海鲜。但今天的烧鸡又肥又嫩,值得一试。"因此,这种问法必定会给服务员留下良好的印象。他见你求教于他,其自尊心就得到满足。出于内心的高兴,也出于对工作的负责,他当然会把最好的海鲜介绍给你。而且,"海鲜"的范围很广,只要把各种海鲜比较一下,把当天最好的介绍给你就行了,并且这工作也易于应付。

问话的方式是千变万化的，这里所举的例子，只起到抛砖引玉的作用。要掌握纷繁的问话方式的奥妙，还得自己去不断地揣摩和探索。

看清对方，问得适宜

日常闲聊总免不了提问，但提问也不是随随便便的。俗话说：到什么山唱什么歌。同样，提问也应见什么人发什么问。

首先，人有男女老幼之分，该由老人回答的问题，向年轻人提出就不合适，该向男性提出的问题，也不能叫女性来回答。

其次，每个人都有自己独立的性格色彩。有人性格外向、热情直率，对任何问题几乎都能谈笑风生，畅所欲言；有人寡言好思，情绪不外露，但态度比较严肃；也有人讷于言辞、孤僻自卑，对任何问题都敏感，甚至有点神经质。对性格外向的人尽管什么问题都可以提，但必须注意问得明白，不要把问题提得不着边际，否则很容易使谈话"走题"；对寡言好思的人，要开门见山，简洁明了，提问要富有逻辑性，尽量提那种"连锁式"问题，"你为什么会这样呢？""后来呢？"等等，这样可以促使他源源不断、步步深入地谈下去；对那种敏感而又讷于言辞的人，要善于引导，不宜开始就提冗长、棘手的问题，通常以他喜欢的话题，由浅入深据实发问，启发他把心里话说出来，但必须注意绝不能向他提令其发窘的问题。

再次，提问必须掌握最佳时机。提问并不像逛大街、上自由市场那样随时都可以进行。有些提问时机掌握得好，发问的效果才佳。两个过去很要好的朋友都刚刚走上工作岗位，一个偶然的机会他们相遇了，互相询问："你们单位怎样？工作还顺利吧，谈恋爱了吗？"显得既亲热自然，又在情理当中。但是，如果一位姑娘经人介绍与一位从未见过面的小伙子谈恋爱，公园门口两人准时赴约了，沉默了一会，姑娘抬起头来问："你谈过恋爱吗？工作轻松吗？工资多少？"其结局就可想而知了。中国人见面打招呼都喜欢问一句"吃了吗？"如果这话用在吃饭时间前后，倒也无妨，但如果下午3点左右在公共汽车上遇到熟人也问这么一句，就难免让人感到有点莫名其妙。

一般来说，当对方很忙或正在处理急事时，不宜提琐碎无聊的问题；当对方正专心欣赏音乐文娱节目或体育比赛时，不宜提与这场音乐文娱节目和体育比赛无关的问题；当对方伤心或失意时，不宜提太复杂、太生硬、会引起对方不愉快的问题。

总之，一把钥匙开一把锁。我们应该注意选择最佳时机，针对不同的对象，采用不同的对策提问，让对方在轻松、自然的气氛中，把思想深处的东西和盘托出。

问得太多惹人烦

有个人家里出了一点麻烦，可他并不想让别人介入这件事。可是有个朋友一次到他家去，感觉气氛不对头，于是就不断问："怎么回事？你家出什么事了？"搞得他很无奈。

经常遇到一些喜欢刨根问底的人，"无微不至"地关怀，让人不堪忍受啊！假如有人没完没了地打听你的生活，你感到烦不烦呢？不妨来个连珠炮似地问一问：

第一，你现在正在听谁的歌？你在哪里读书（工作）？你最后吃的一样东西是什么？现在天气如何？戴隐形眼镜吗？你们家养过什么？你是什么星座？你的兄弟姐妹多大了？

第二，你有几个耳洞？你有文身吗？你喜欢你目前的生活吗？喝过酒吗？暗恋过几个人？会因为害羞而不敢跟人表白吗？不敢吃的东西有哪些？最喜欢吃的是什么东西？最喜欢喝什么饮料？最喜欢的数字是什么？最喜欢的电影是什么？最喜欢的卡通人物是谁？最喜欢的品牌是什么？

第三，最怀念的日子是什么？最伤心的经验是什么？最喜欢星期几？最喜欢春夏秋冬哪个季节？最喜欢的花是什么？最喜欢的运动是什么？最喜欢的冰激凌种类是什么？最怕什么东西？

第四，讨厌做什么事？擅长的事是什么？卧室地毯的颜色是什么？想做什么职业？你们家住几楼？你觉得自己10年后会在哪里？寄这封邮件给你的人是谁？

第五，无聊的时候你大多会做些什么？你住得最远距离的一个朋友是谁？世界上最好的事是什么？目前有男女朋友吗？对于没有把握的事情态度如何？

第六，如果有人误会你怎么办？如果有人误会你，又不听你解释怎么办？有想过要怎么对你讨厌的人吗？你认为你的另一半帮你付钱是理所当然的吗？通常几点上床睡觉？现在心里最想见的人是谁？想要多大结婚？今天心情好吗？

你如此地了解，烦不烦，累不累？

与人交往，不该知道的就不要知道。知道多了反而惹是生非。每个人都有自己需要保密的东西，都有不想让别人知道某些事的权利。你的朋友因一个不愿让他人知道的事闹得情绪很低，而你又敏感地从他的神色上猜出了他有心事，于是就问对方遇到了什么麻烦，可对方觉得告诉你不好，不告诉你又怕得罪你，这不是难为他吗？

让对方说"是"

美国电机推销员哈里森，讲了一件他亲身经历的有趣的事：

有一次，他到一家新客户的公司去拜访，准备说服他们再购买几台新式

电动机。不料,刚踏进公司的大门,便挨了当头一棒:

"哈里森,你又来推销你那些破烂了!你不要做梦了,我们再也不会买你那些玩意儿了!"总工程师恼怒地说。

经哈里森了解,事情原来是这样的:总工程师昨天到车间去检查,用手摸了一下前不久哈里森推销给他们的电机,感到很烫手,便断定哈里森推销的电机质量太差,因而拒绝哈里森今日的拜访,推销更是无门啦!

哈里森冷静地考虑了一下,认为如果硬碰硬地与对方辩论电机的质量,肯定于事无补。他便采取了另外一种战术,于是发生了以下的对话:

"好吧,斯宾斯先生!我完全同意你的立场,假如电机发热过高,别说买新的,就是已经买了的也得退货,你说是吗?"

"是的。"

"当然,任何电机工作时都会有一定程度的发热,只是发热不应超过全国电工协会所规定的标准,你说是吗?"

"是的。"

"按国家技术标准,电机的温度可比室内温度高出42℃,是这样的吧?"

"是的。但是你们的电机温度比这高出许多,喏,昨天差点把我的手都烫伤了!"

"请稍等一下。请问你们车间里的温度是多少?"

"大约24℃。"

"好极了!车间是24℃,加上应有的42℃的升温,共计66℃左右。请问,如果你把手放进66℃的水里会不会被烫伤呢?"

"那——是完全可能的。"

"那么,请你以后千万不要去摸电机了。不过,我们的产品质量,你们完全可以放心,绝对没有问题。"结果,哈里森又做成了一笔买卖。

哈里森的成功,除了因为他的电机质量的确不错以外,他还利用了人们心理上的微妙的变化。

当一个人在说话时，如果一开始就说出一连串的"是"字来，就会使整个身心趋向肯定的一面。这时全身呈放松状态，容易造成和谐的谈话气氛，也容易放弃自己原来的偏见，转而同意对方的意见。

使用让对方说"是"的方法，有几点要特别引起我们注意：

（1）一定要创造出对方说"是"的气氛，要千方百计避免对方说"不"的气氛。因此，提出的问题应精心考虑，不可信口开河。

例如，一推销员与顾客之间发生了一场对话：

"今天还是和昨天一样热，是吗？"

"是的！"

"最近通货膨胀，治安混乱，是吗？"

"是的！"

"现在这么不景气，真叫人不知如何是好！"

这一类问题虽然很正常，不论推销员如何说，对方都会回答"是的"，好像已经创造出肯定的气氛，可是注意他说话的内容，却制造出一种让人无心购买的否定悲观的气氛。

也就是说，顾客在听到他的询问后，会变得心情沉闷，当然什么东西也不想购买了。

（2）要使对方回答"是"，提问题的方式是非常重要的。什么样的发问方式比较容易得到肯定的回答呢？最好的方式应是：暗示你所想要得到的答案。

所以，在推销商品时，不应问顾客喜不喜欢，想不想买。因为你问他"你想不想买""喜不喜欢"时，他可能回答"不"。因此，应该问："你一定很喜欢，是吧？"

当你发问而对方还没有回答之前，自己也要先点头，你一边问一边点头，可诱使对方作出肯定回答。

相同的问题不同的问法

同是一个问题,措辞略有不同,效果相差很远,例如,说"邮筒在哪里?"和"在哪里有邮筒?"便有不同的答案。因为你问法不同,听起来就有差别。

以讲究衣着出名的美国电影明星辛西娅·吉布,某次出席一个聚会,穿的是一件红色的大衣,用一句形容词就是"红得很好看"。第二天,许多亲友和记者来问及那件红大衣的事,问法有如下的不同。

"吉布小姐,昨天你穿了件什么颜色的大衣呀?"(自由式)

"吉布女士,你昨天穿了件大衣,是红色,还是什么别的颜色?"(半自由式)

"是红色的么?"(肯定式)

"不是红色的吧?"(否定式)

"是红色的,还是白色的?"(选择式)

"是深红色还是浅红色?"(强迫式)

吉布事后对人说,她最不开心是听到"否定式"的提问,对于强迫式也不感愉快。她笑道:"他们何不问我那大衣是浅绿色还是深绿色?这样,我会爽快地答他是红色的。"

否定的方式常会使问话的意义模糊不清,比如:

"你昨晚喝醉了酒所以没有回家么?"

公共汽车上有一个女学生问她的同学小赵:"你觉得这个假期的电影不算没有好看的吧?"

小赵听不惯对方的谈话,因为小赵一时也想不出如何答她,答"有"呢还是"不算没有"?实在是因为她的问题令人难解。

聪明人都喜欢间接，但是大都加以滥用，所以有时弄巧成拙。凡是可能直接使对方难过，有所损害的，都以间接法为宜。

有这样一个例子：某地有一个退休干部，年已99岁，已拿退休工资数十年，每次都由他的孙儿到有关方面领取。某次财务处换了一个新人，他看见花名册上写着领薪人的出生年月是1907年，算一算岂不已近百岁，心想可能是他的儿孙蓄意瞒报领薪人死亡，从而冒领退休工资。

本来他可以问："喂，同志，这个老先生究竟死了没有？"可是他并不这样问，却用"间接法"："老先生在1907年出生，今年可有几岁了？"听话的人当然知道对方用意何在，于是答道："今年99了，托福他还健在。"对方疑团顿释，当即语带歉意地说："是吗？恭喜你有这么一个长寿的祖父。"于是双方满意告别。

要知道别人的年龄，直接询问也常会得不到好结果，尤其是问女性今年多少岁，简直会被对方认为是一种侮辱。被选为日本第一号保险推销员的原一平，就常用以下的方法问别人的年纪。

他先问对方："你看我今年有多少岁呀？"对方说："三十四五岁吧？"原一平就答："你猜中了，我今年34岁，你呢，我看是四十二三岁吧？"（故意把对方估计年轻一些）

"哪里，我今年48岁了。"

先用一种方法向对方示以敬意，就是间接法的经典之处。比方说，你看见一个妇女大腹便便，你与其问她："你怀孕啦？"就不如说："恭喜你！"

问句类型举例

以下是封闭式与开放式问句类型举例。

1. 封闭式问句

例一：有相当程度威胁性，令人不舒服

"上星期三，你上哪儿啦？"

"你有没有向××提那件事？"

例二：供对方任意选择

"你的专业是文科还是理科？"

"毕业后，你是去政府机关，还是到工矿企业？还是选择留校？"

例三：让对方进一步明朗态度

"你想办××那件事，决定了没有？有什么困难吗？"

"你说领导交给你的那项任务非常不好办，现在有没有勇气承担？"

例四：敦促对方表态

"一个共产党员，必须无条件服从革命需要，你说是吗？"

"学习刘翔的拼搏精神，就能克服困难，你说对不对？"

"他一贯表现很好，应不应该受到表扬？"

例五：参照式问句，用第三者的意见说服对手

"老李认为这事应该采取措施完成，你以为如何？"

"经理说，今年把营业额提高10%，大家认为怎么样？"

2. 开放式问句

例一：使大家畅所欲言

"你对自己当前工作的表现有什么看法？"

"你看我们承担的任务应该怎样开展才好？"

"你对明年的工作计划有什么考虑？"

例二：征求意见

"公司经理说需要派一个人去洽谈业务，你愿意去吗？"

"工厂要搞一项技术革新，你在这方面有基础和经验，你愿意参加吗？"

"我校新兴学科缺乏教师，要公开招聘，你愿意报考吗？"

例三：探索式问话可以显示兴趣和重视

"你谈到在工作中遇到不少困难，你能不能告诉我主要有哪些？"

"你刚才讲不适合承担这项工作，你能进一步说明原因吗？"

"你说小张有才华可以提拔重用，能不能进一步谈谈理由？"

例四：启发对方谈出新看法

"现在接近年末了，你能不能谈谈对今年工作的评价？"

"你在报刊上发表了不少方面的学术论文，对于学术研究有什么窍门？"

"明年的物价可能还要上涨，你有什么看法和意见？"

第6章　批评：逆耳的话也令人愉悦

 切莫轻易指责别人

批评之所以被人拒绝，有两种原因：其一是批评者不了解当事人的处境和造成错误的原因，使当事人感到委屈；其二是批评者采用了权威性的立场，暗示当事人行为的"笨拙"或"愚昧"性质，引起了当事人的反感。基于诚恳的批评，应能避免这两种错误，讲究批评方法和批评艺术。

1863年7月1日，美国南北战争中的葛底斯堡战役拉开帷幕。到了7月4日晚上，南方的李将军大败。林肯高兴极了，他意识到只要打败李将军的军队，战争很快就可以结束了。于是，他满怀希望地下了一道命令给前线的米地将军，要他立刻出击。但是，米地违背林肯的命令，用尽了各种借口，拒绝攻打李将军。最后，李将军和军队越过波多络河，顺利南逃。

林肯勃然大怒，极端失望之余，他坐下来给米地写了一封信，信中表达了他内心的极端不满。林肯有一段话是这么写的：

"亲爱的将军，我不相信你对李将军逃走一事会深感不幸。他就在我们伸手可及之处，而且，只要他被俘虏，加上我们最近获得的胜利，战争即可结束。现在，战争势必延续下去，上星期一你不能顺利抓住李将军，如今他逃到波多络河之南，你又如何能保证成功呢？期盼你会成功是不明智的，而我也并不期盼你现在会做得更好。良机一去不复返，我实在深感遗憾。"

信写完了，但林肯没有急于寄出去，他望着窗外，心里思绪万千，"慢着，也许我不该这么性急。坐在安静的白宫里发号施令很容易，如果我身在葛底斯堡，像米地一样每天看见许多人流血，听到许多伤兵哀嚎，也许就不会急着要攻打敌人了，如果我的个性像米地一样畏缩，大概也会作同样的决定吧！无论如何，现在木已成舟，把这封信寄出，除了让我一时觉得痛快以外，没有别的用处。米地会为自己辩解，会反过来攻击我，这只会使大家都不痛快，甚至损及他的前途，或逼他离开军队而已。"

于是，林肯把信搁到一边，惨痛的经验告诉他：尖锐的批评和攻击，所得的效果都等于零。相反，努力去理解对方的用意，结局会好一些。

记住，别人也许全错了，但他本人并不一定意识到这一点。不要去责备他，那样做太愚蠢了。应该试着去了解别人，这样的人才是聪明的人。别人之所以那么想，一定有他的原因。找出那个隐藏着的原因，那你就拥有了解释他行为或者个性的钥匙。试试看，真诚地使自己置身于别人的处境里。如果你总能对自己说："我要是处在他的情况下，会有什么感觉？会有什么反应？"那你就能节约不少时间，免去许多苦恼。因为"若对原因感兴趣，我们就不大会讨厌结果"。

在我国文学史上，有一个"苏东坡错改王安石菊花诗"的故事。有一次，苏东坡去拜访王安石，未遇王安石，却见其书桌砚台底下压着一首未写完的诗："西风昨夜过园林，吹落黄花满地金。"苏东坡看罢心想："只有秋天才刮金风，金风起处，群芳尽落，但菊花有傲霜之骨，怎么花瓣飘落呢？王公真是'江郎才尽'，铸成大错啊！"于是，他一思忖挥笔续诗："秋花不比春花落，说与诗人仔细吟。"便拂袖而去。时隔不久，苏东坡与好友陈季常一日到后花园赏菊饮酒。这天正是刮了几天大风之后，园中十几株菊花枝上一朵花也没有了，只见满地铺金，落英缤纷。苏东坡一时瞠目结舌，感慨万分。他对友人说，这事给他的教训太深了，今后凡事要谦虚谨慎，千万不可自恃聪明，随便讥笑别人。回城后，他主动向王安石"负荆请罪"，承认错误。由于他勇于承认自己的过错，王安石也对他消除了隔膜。

苏东坡自恃聪明、随便讥笑别人，造成了错误，这是可以引以为鉴的。

说话的方式并不是提倡大家一团和气，不能开展任何形式的批评，而是讲不能不注意方法方式，随心所欲地指责人。当我们自己有了错误时，一般来说我们会对自己承认；如果别人以温和的方法来处理，采取适当的方式向我们指出，我们亦会对他们认错，甚至觉得爽直坦白是光荣的；但别人若硬将不能吃的食物往我们口中塞，随意地对我们过分地指责，我们也是绝不会接纳的。我们自己是这样，难道人家就不是如此？

纠正他人错误的方法

常言道："人非圣贤，孰能无过？"人都免不了会犯这样那样的错误，且人们犯了错误都很难及时醒悟，甚至不愿承认。这样，就有必要有人对他人的错误及时给予纠正，而纠正他人的错误又是一种得罪人的事。

小黄刚到公司上班的第一天，晚上加完班，老板提出，为了犒劳大家，请大家去唱卡拉OK，小黄和部门同事兴高采烈地接受了邀请。进了包房，小黄很自然地在离自己最近的一个沙发坐下。老板进来后，发现沙发已经被坐满了，就顺势坐在小黄身边的一把椅子上。

过了半个小时，老板离开了。小黄万万没想到，老板一走，其乐融融的气氛大变，室温仿佛骤然下降了十几度。一个男同事语气激动地指责小黄："你这人怎么这么没眼色？老板坐在你旁边，都不知道让个座？真是太不懂事了！"

长到23岁，小黄从没被人这么大声训斥过，尤其是还当着全体同事及KTV服务生的面。她的脸一下子红到了脖子根，委屈的眼泪也忍不住在眼眶里打转转，心中不禁无限懊恼："啊，自己怎么就缺根筋呢？老板以后会怎么看自己？"

这位男同事的初衷可能是想教小黄在职场上如何做人，但说话方式不太恰当，不仅让小黄尴尬，也破坏了当时的气氛。其实，如果早先他主动给老板让座，别人看在眼里，自然能心领神会，效果不是更好？

并不是每个人都能始终很乐意倾听他人的批评，接受他人的批评的。有的人做错了事，不但不会坦然地承认，反而还会找出种种理由为自己的错误辩护。从人的心理来看，即使是极小的疏忽或错误，也不可能每个人都能在一经指正之后就坦率地、不作解释地承认。但是，现实生活中，无论父子、兄弟、上下级、同事，还是知己、朋友，绝对不批评别人是不可能的，也是行不通的。

那么，在纠正他人的错误时应该采取什么样的易于为对方所接受的说话方式呢？以下方法可供参考：

第一，对人要具有极大的同情心，这样我们就不仅不会对人吹毛求疵，反而会对其产生错误的原因加以谅解。而且，我们要时刻想着自己与对方是站在一边的，而不是和他敌对的。

第二，说话要温和委婉，不可用刺激的或使人听了不舒服的字眼。如果说话会令人无法忍受，那么即使对方嘴上承认，心里也是不会服气的。

第三，纠正他人的错误的言语越少越好，最好能说一两句就使对方明白，然后转至其他话题，不可啰唆不绝，使对方陷于窘境，甚至产生反感。

第四，别人做错了事情，我们对其不妥之处固然须加以指出，但对其可取之处更须加以极大的赞扬。这能使对方保持心理平衡，心悦诚服。

第五，改变他人的意见时，最好能设法将自己的意见不知不觉地移植给他，使他觉得是他自己改正了，而不是由于受了我们的批评。

第六，对于别人出现的不可挽回的过失，我们应该站在朋友的立场上，给予恳切正确的指正，使他知过而改，而不能对之施以严厉的责问。

第七，纠正别人过错时，切忌采用命令的口吻，最好采用请教式的语气。

第八，旁敲侧击，隐晦地指出别人的错误，以保留对方的自尊心，使他自觉地改正过失。

当然，纠正错误的方法还有可能是多种多样的，但都不外乎是讲究策略，只要我们做到了这一点，就能成功。

批评的五个前提

如果你准备批评别人，要注意以下五个方面。

1.注意场合

批评时应考虑时间、场合和机会。假设一位管理者带着部下到顾客那里去访问，当管理者发现部下在言谈举止上存在问题时，就不能当着顾客的面提出批评。这时候，最重要的还是要用高明的谈话技巧，把部下的缺点掩饰过去。当没有旁人的时候，在车上或回程的路上对部下提出批评，是绝妙的时机。

2.对事不对人

有人批评人时总是说："从你做的这件事就能看出你这个人怎样。"这是批评之大忌。批评时，只能针对事情，而不能针对个人的人格、品性，拿事来说人。

比如可以这样说："小姜，根据往常的经验我知道，你不至于犯这种错误，是否有什么原因使你这次没有做好充分准备？"这种气氛有助于使对方认识到你不是在攻击他的人品，不是批评他这个人，而是批评他的某项工作或某件事情。你把批评指向他具体的工作，就无损于他的整个自我形象。

这种批评建立在友好的气氛中，使对方感到无拘无束，欣然接受。用这种方法，在指出他人错误的同时实际上夸奖了他，使他得以重新树立自我形象。

3.先赞扬，后忠告

批评的最终目的不是要把对方压垮，不是整人，而是为了帮助他成长；不是去伤害他的感情，而是帮他把工作做得更好。

有的成功人士之所以善于运用批评，就是他们能采取先扬后抑的方式。比如："小张，你的调查报告写得不错，你肯定下了不少工夫。同时，还有一个重要的问题你要注意涉及……""小李，自从你调到这个单位来之后，你表现不错，对你取得的成绩，我非常赞赏。就是有一点我觉得你可以做得更好，我也相信你一定愿意改正的……"如果对方需要得到忠告批评，要从赞扬其优点开始。这种方式就好像外科医生手术前用麻醉药一样，病人虽然有不舒服的感觉，但麻醉药却能消除痛苦。

从赞扬开始，以忠告结束批评，问题也解决了，感情也没受到伤害，真是奇妙的方法。

4.缩小批评的范围

人们犯错时，受不了的是大家对他群起而攻之，因为这伤害了他的自尊，他也许会承认错误，但无法接受这种批评方式，这将使他对领导、对同事充满敌意，一旦有机会，将以牙还牙。

如果我们希望自己的批评取得效果，就绝不能使别人反对自己。我们的目标是取得一些好的效果，或者使对方回到正确的轨道上来，而不是去贬低他的人格。即使你的动机是高尚的，是真心诚意的，也要记住，对方的感觉也在起作用。当其他人在场时，哪怕是最温和的方式也可能引起被批评者的怨恨，不论是否辩解，他已感到他在同事或朋友面前丢了面子。对于一些过失，只要他认识到错了，就没有必要当着众人的面要求他作出公开检讨，而只要在你的办公室里面对面跟他谈，就足以使他反省了。任何具有上进心的人都不愿犯错误，从他的个人角度来说也是如此，何况我们的目的只是为了让他改进工作，而不是贬低他的人格。

5.不要新账旧账一起算

话说三遍淡如水。要想对一个已知的过错引起注意，一次提醒就足够了，批评两次完全没有必要，而三次就成了纠缠。如果你被引发提起过去不愉快的事，或改头换面地重谈过去已犯的错误——揭人疮疤，会令人不舒服。除非他又重犯类似的错误，否则，无缘无故地挑刺儿，他就会认为你对他抱有成见，或者别有用心。要记住批评目标：使这方面的工作得以改进，顺利地完成任务。一旦这种错误得到纠正和解决，就忘掉它。一次批评，一次提高。当对方接受批评，取得了一定的进步时，他就已经在新的起跑线上。

批评不是存款，时间越久，利息越多。总是翻阅别人的老账，唠叨个没完，于做事没有丝毫的帮助。批评别人时，宜"就事论事"，不要新账旧账一起算。在交谈结束时，说几句"我相信你会从中吸取经验教训的"诸如此类勉励的话，就会让人觉得这不是有意打击，而是变失败为成功之母，不失为一次有益的经验。这样想过之后，他会鼓起精神，更加踏实地投入工作。

批评的十三种方式

行动失误，办了错事的人，常有保卫其自我尊严的倾向，如果有人再以权威者的姿态出现，指责他的想法不够高明，行动不够周密，他的尊严将更感受到威胁。这时防卫倾向会更增强，充耳不闻乃是极自然的反应。有鉴于此，我们在劝说别人的时候，就得多加注意，不要轻易让"你错了"说出口，尤其是不要强迫人家当面承认错误，而是采取一些温和委婉的方式，巧妙地暗示他错在哪儿。

批评有如下十三种方式。

1. 安慰式

年轻的莫泊桑向著名作家布耶和福楼拜请教诗歌创作技巧。两位大师一边听莫泊桑朗读诗作，一边喝香槟酒。布耶听完说："你这首诗，句子虽然疙里疙瘩，像块牛蹄筋，不过我读过更坏的诗。这首诗就像这杯香槟酒，勉强还能吞下。"这个批评虽严厉，但留有余地，给了对方一些安慰。

2. 劝告式

东汉名臣杨震，才高学绝，时人誉为"关西孔子"。他为官清正廉洁，不受私请，曾官至司徒、太尉。

杨震调任东莱太守时，途经昌邑县境。此前为杨震所举荐的昌邑县令王密，一直想报答杨震的举荐之恩。这天夜里，他特地前往驿站拜谒谢恩。为略表酬谢之意，王密暗携黄金10斤，单独造访。杨震对此颇感不快："我知道你的为人，你却为何不了解我的秉性？"王密说："您放心，这么晚了，没有人知道这件事。"杨震回答说："天知，地知，你知，我知。你怎么会说没有人知道呢？"听了这番话，王密顿感羞愧难当，只好歉疚地收礼告辞而去。

3. 模糊式

艾尔费雷德因为有诗才而闻名。一天，他给一些朋友朗诵自己的一首诗，颇受大家赞赏。但是事后一个叫查尔斯的朋友说："艾尔费雷德的诗我非常感兴趣——不过这首诗是从一本书中窃来的。"

这话传到艾尔费雷德的耳朵里，他非常生气，要求查尔斯赔礼道歉。查尔斯说："我承认这一次是说错了。本来我以为你的诗是从那本书里窃来的，但我又查了一下，发现那首诗仍在那里。"

4. 暗示式

苏东坡幼年时，天资非常聪明，由于读书特别多，书上的字也没有不认识的，再加上文章写得好，因而受到人们的尊敬和赞扬。在一片称赞声中，苏东坡有点飘飘然了。于是有一天，他在自己书房门前书上一联：读尽人间书,识遍天下字。对联贴出后,有的人捧场,更多的人则是不以为然,认为他太不谦虚,口出狂言,因而使他的形象降低了。

有一位长者专程来到苏家,向苏东坡"求教",请苏东坡认一认他拿来的书。书上写的全是周朝史籀创制的字体。苏东坡一个字也不认识,羞得面红耳赤,只好向长者道歉。长者也没有说什么,便含笑而去。苏东坡这才感到自己门前的对联名不副实,马上将对联各填一字,上联是:读尽人间书好,下联是:识遍天下字难。这件事教育了苏东坡,最后终于使他成了有名的大文豪。

5.请教式

王祈写了一首《竹诗》,他将最得意的"叶攒千口剑,茎耸万条枪"两句抄给苏东坡看,希望得到苏东坡的称赞。苏东坡看了后说:"我想请教一下:你这竹子是何品种?干吗十条竹竿才长一片叶子呀?"苏东坡没有直接批评诗句的不真实,而换了请教的口吻,让王祈自己感到了自己的失误。

6.比喻式

有一位化学老师当堂批阅学生的化学实验报告,见一位女同学所画的实验方案很糟糕,便把学生叫到身边,调侃地说:"你看你画的这个烧杯,像个手雷似的!你还用酒精加热呢,要是爆炸了,不是要了我的老命吗?"女学生听了,不好意思地笑了笑。之后,她严格地遵循画图程序,并用上了各种画图工具,而不再信手乱画了。这位老师没有直接批评该学生的画图态度,而是用比喻进行提示,诙谐风趣,自然容易被学生所接受。

7.善意式

这是用平常随和的语气去批评,其中的语气亲切热情而不粗暴冷淡,平易近人而不居高临下。陶行知先生有一次对偷了寺庙里和尚木鱼的学生曾说过这样一段话:"有的同学喜欢用敲木鱼来作为乐曲的节奏,动机是好的,但现在寺庙里缺掉了一只木鱼,而木鱼又是和尚的'吃饭家私',我们总不能只顾自己欣赏音乐,却断了人家的生路吧。我相信拿人家木鱼的同学是一时糊涂。希望他在没人的时候，仍旧把木鱼归还到原来的地方去。菩萨会保佑他，我们也不责怪他。"

陶先生的一番话，从"生路"的实处入手，避开了抽象的大道理的训斥，有希望、有鼓励，包含了许多真与善的内容，人情味是深厚的。

8.启发式

批评是针对对方的错误而言，错误的改正还是"内因"起决定作用，而批评者的"外因"只有一定的辅助作用，对方从根本上改正错误还要靠自己的"良知"。所以，高明的批评者，总是逐渐地"敲醒"对方，启发他的自我批评。

有一个中学生上外语课时看卡通书，老师没有马上批评他。下课后，老师把他找到教研室，亲切地对他说："你是咱班的语文科代表，现在我问你一个成语，专心致志，是什么意思？"那个同学回答说："这个成语的意思是无论做什么事情，都要聚精会神，一心不可二用。"老师赞扬说："你回答得很好，但能不能举个具体例子说明一下？"那个同学听到这句话时，脸"唰"地一下红起来，低下头吞吞吐吐地说："就拿刚才上外语课来说吧，我没有注意听讲，在下面看卡通书，这就没有做到'专心致志'。老师，我错了，请你原谅我吧！"

在这个批评的故事中，教师未批评学生一句话，而是通过让学生解释成语的方式启发学生自己认识到自己的错误，可见启发式批评多么有实效。

9.幽默式

幽默式的特点是以不太刺激的方式点到被批评者的要害之处，含而不露，以缓解被批评者的紧张情绪，启发被批评者的思考，增进相互间的感情交流，使批评不但达到教育对方的目的，同时也能创造轻松愉快的气氛。薄一波是山西人，他生性幽默，满口俏皮话，说话像唱歌一样带有韵味，抑扬顿挫，高低婉转。一次，他在各省工业书记会上，批评某些人搞工业建设，只图眼前不顾将来，在台上将大腿一拍说："你们不能近视眼，只图一时痛快，光考虑眼前这几个建设，不考虑长远的整体计划……还是要考虑如何讨媳妇儿建设好这一整个家……"哄堂大笑中，书记们都得到了深刻的启示。

10.建议式

唐朝末年，李克用奉命带兵讨伐叛逆者。正当李克用整装待发之时，朱全忠与杨彦洪共同谋变，倒戈攻击李克用。李克用气得发狂，发誓集中兵力，讨伐朱全忠，以解心头之恨。可是，他的夫人刘氏却不同意，她说："你此次带兵伐叛是为国讨贼，并不是为了你个人的怨仇。现在，朱全忠叛变要谋害你，你当然很气愤，我也十分生气，觉得他该伐该杀。可是，如果你真的带兵去攻伐他，你的任务就完不成了，而且也改变了事情的性质，变国家大事为个人怨仇小事。我认为，朱全忠叛变的事，你应该上诉朝廷。由朝廷兴兵讨伐他，岂不是更好？"李克用听了夫人这番话，怒火顿消，便听从了夫人的意见，不再出兵攻打朱全忠了。

刘氏对这件事的处理是有分寸的，对丈夫的委婉批评也是有理有节的。倘若李克用不听刘氏的建议，或者刘氏不贤惠，怂恿李克用发兵讨伐朱全忠，其结果如何，谁胜谁负、谁是谁非也就难说了。

11.迂回式

作家班奇利在一篇文章里谦虚地谈到他花了15年时间才发现自己没有写作的才能。结果一位读者来信对他说："你现在改行还来得及。"班奇利回信说："亲爱的，来不及了。我已无法放弃写作了，因为我太有名了。"这封信后来被刊登在报纸上，人们为之笑了很长时间。事实上班奇利的作品闻名遐迩，但他没有直接指责那位读者，他以令人愉悦的、迂回的方式回答了问题，既保护了读者的自尊心，也保护了自己的名誉。

12.间接式

间接式是用借彼喻此的方法声东击西，让被批评者有一个思考的余地。其特点是含蓄蕴藉，不伤被批评者的自尊心。冯玉祥向来提倡廉洁简朴。他在开封时，不准部下穿绸缎衣服，一见到有穿绸缎的，他便要想办法批评一下。有一次，冯玉祥看见有个士兵穿着一双缎鞋，连忙上前深深地作了一个揖，把那个士兵弄得莫名其妙，呆若木鸡。最后，冯玉祥告诉他说："我并不是给你行礼，只因为你的鞋子太漂亮了，我不敢不低头下拜哩！"那个士兵吓得魂飞魄散，连忙脱下新鞋，赤着脚跑回去了。

13.三明治式

美国著名企业家玛丽·凯在《谈人的管理》一书中写道："不要只批评而要赞美，这是我严格遵守的一个原则。不管你要批评的是什么，都必须找出对方的长处来赞美，批评前和批评后都要这么做。这就是我所谓的'三明治策略'——夹在大赞美中的小批评。"

接受批评最主要的心理障碍是担心批评会伤害自己的面子，损害自己的利益。为此，批评者应该在批评前帮助他打消这个顾虑。打消顾虑的方法就是将批评夹在赞美当中，也就是在肯定成绩的基础上再进行适当的批评。

批评的四大内容

前苏联电影《列宁在1918》中有这样一个情节：苏联社会主义文学的奠基人高尔基，由于对反动的资产阶级知识分子的本质认识不足，怀着过于慈善的心肠来找列宁论理，说不能镇压知识分子。列宁巧妙地借一位工人的话说，如果不镇压那些顽固坚持反动立场、替沙皇做帮凶的知识分子，苏维埃政权就一天也不能维持下去。列宁的劝说既有说服力，态度又诚恳，高尔基心悦诚服了。他临别时还对列宁说："列宁同志，您真行，批评了人，还让人高高兴兴地走。"

怎样才能像列宁那样，做到批评使人口服心服？批评时该说些什么？又该怎么说呢？这就涉及批评的内容。

以下是批评的内容。

1.批评要有针对性

批评之前要认清批评是针对哪一种行为的,不要把话说得太笼统,避免使对方无端受到冤枉或产生猜疑。如某大学的一名班干部批评一位同学,可有两种说法:

①你怎么一点也不关心集体。

②你已经有两个月没做值日生了。

我们可以比较一下,这两个都是批评句子。

第①句说得太笼统,而且把对方说得一无是处,全盘否定人。说话笼统,也就不够确切了。对方可举例反驳:"我怎么一点也不关心集体,上次秋游活动我不也参加了吗?那天班级拔河比赛,我不也在啦啦队里吗?"这样一来,就会引起新的矛盾。

第②句就比较好,没有用"一点也"这样绝对的话,就事论事,向对方指出一件确有其事,又是不应该的行为。受批评的人不认为是受了不公平的攻击,就容易心平气和地接受意见。

2.衡量改正的可能性

如果在公共汽车上有人踩了你一脚,如果你的未满10岁的女儿把饭碗打破了,这些事应不应批评?这些事都不能动辄批评。别人踩了你,是因为公共汽车太拥挤;女儿打破碗是因为不小心,对这些都应采取宽容、安慰的办法。

认清了要批评的那件事,在批评之前还必须衡量一下对方是否有能力、有条件改正到你所要求的程度。

美国著名职业篮球明星巴特利的个人篮球技术是非常出众的,但他对别人的失误就缺乏耐力,见同伴失了一个球,就怒气冲冲地冲着对方说:"每次都是你,害得我们输了球。"凡与巴特利同队一起打球的人,都觉得他"老是在批评别人,像一位完人一样看不惯别人"。最后,巴特利众叛亲离,凄凉地隐退了。巴特利这种批评是不明智的,倒是他应该自问:"我是不是也有责任？何况人家已尽了力，怎么能拿别人当出气筒呢？"这样一问，就会知道自己批评不妥，以后遇到这种情况，批评的话就不会冲口而出了。

3.指出"错"时，也指明"对"

大多数的批评者是把重点放在指出对方"错"的地方，但却不能清楚指明"对"的应怎么做。必须仔细想过后，才能明白你究竟要对方怎样做，该怎么把话说出来。有的人批评人家说："你非这样不可吗？"这是一句废话，因为没有实际内容，只是纯粹表示个人不满意。又如一位丈夫埋怨妻子说："家里一团糟，又有客人要来，你怎么只管坐在那儿化妆？"这种话也不会起作用，它只说了一半。到底期望妻子怎样做，一句也没有提。应该这样说："客人要来了，你帮我去买点青菜和水果，然后将客厅里的报纸收拾一下，好吗？"

说明要求人应做的事，其实是指示对方改正的方向，让对方从另一个角度来接受批评的内容。一位车间主任批评一位青年工人说："你最近比较散漫。"青年工人听了手足无措，并不清楚。车间主任该说清楚是指上班迟到，还是没有参加技能培训等。

另外，为提高批评的效率，应该"不说我们不满意的，只说我们赞成的"，这样可以起到积极的作用。例如：一位刚刚搬到新宿舍区的青年人向居民委员会的主任提意见，抱怨这儿摩托车保管站的服务态度太差劲。这位主任及时地把意见转告了保管站的保管员。几天以后，这位青年人又送摩托车到保管站，保管员笑脸迎接，主动把他的摩托车安放好，还问他还有什么要求，使这位青年人大为感动。事后他才知道，居委会主任向保管员说："新来的青年人对你的服务特别满意，还要感谢你。"秘密就是这样。

"真正懂得批评的人着重的是'正'，而不是'误'。"这是英国18世纪著名评论家约瑟·亚迪森的名言。

4. "你懂得我的意思吗?"

批评人的话语,一定要让受批评者听懂,否则只是对牛弹琴。常常听到夫妻俩之间的埋怨:"我们俩总合不到一块儿。"这句最普通的埋怨话,可能被对方误认为是要"离婚"。

如果要求证对方是否听懂你的意思,最简便的方式就是问一问:"你懂我的意思吗?"然后听听对方口中说出来的是否是你的本意。可惜大多数人忽略了这一点。问一问对方是否同意你的看法,也是批评别人时可以采取的沟通方式之一。能开口问,起码排除了对方沉默、生闷气的可能,如能坦然地提出异议,解决问题就有希望了。因为能明白对方还有哪些问题未想通,或自己有什么讲得不准确的,可以作更深一层次的探讨。

第三篇 领导口才——成为万众瞩目的焦点

领导是团体的灵魂；领导是单位的骨干；领导是企业的精英；领导是激励手下的核心人物，也是决定企业胜败的关键因素。领导特殊位置决定了其必须具有较高的技能与素质。而在这些综合素质中，口才艺术是重中之重。领导者口才的优劣，直接决定着管理工作的成效。

好口才是人际交往中左右逢源的"魔法石"；是仕途上平步青云的"护身符"；是打开上级心灵的"金钥匙"；是获得下属拥护的"如意棒"。口才好，小则可以欢乐，大则可以兴国；话说得不好，小则可以招怨，大则可以丧身。

第1章　沟通艺术：沟通是领导口才的精髓

沟通力是一种关键能力

面对现在日益复杂的社会关系，我们希望自己能够获取和谐、融洽、真诚的家庭关系、朋友关系、同事关系以及上下级关系，在激烈的市场竞争中，我们希望自己能够锻造出一支上下齐心、精诚团结的企业团队；我们希望自己的企业能够生存在一种良好的外部环境中，能在与顾客、股东、上下游企业、社区、政府以及新闻媒体的交往中，塑造出良好的企业形象等等。

上述问题的答案可能是由一系列相关的要素所构成的，但是，其中沟通是解决一切问题的基础。沟通不是万能的，但没有沟通却是万万不能的。

沟通甚至可以决定生与死的命运！

1990年1月25日发生的事件恰恰证明了上述看似有些骇人的观点。那一天，由于阿维安卡52航班飞行员与纽约肯尼迪机场航空交通管理员之间的沟通障碍，导致了一场空难事故，机上73名人员全部遇难。

1月25日晚7点40分，阿维安卡52航班飞行在南新泽西海岸上空11 277.7米的高空。机上的油量可以维持近两个小时的航程，在正常情况下飞机降落

第三篇　领导口才——成为万众瞩目的焦点

至纽约肯尼迪机场仅需不到半小时的时间,这一缓冲保护措施可以说十分安全。然而,此后发生了一系列耽搁。晚8点整,肯尼迪机场管理人员通知52航班由于严重的交通问题他们必须在机场上空盘旋待命。

晚8点45分,52航班的副驾驶员向肯尼迪机场报告他们的"燃料快用完了"。管理员收到了这一信息,但在晚9点24分之前,没有批准飞机降落。在此之间,阿维安卡机组成员再没有向肯尼迪机场传递任何情况十分危急的信息,但飞机座舱中的机组成员却相互紧张地通知他们的燃料供给出现了危机。

晚9点24分,52航班第一次试降失败。由于飞行高度太低以及能见度太差,因而无法保证安全着陆。当肯尼迪机场指示52航班进行第二次试降时,机组成员再次提到他们的燃料将要用尽,但飞行员却告诉管理员新分配的飞行跑道"可行"。晚9点32分,飞机的两个引擎失灵,1分钟后,另两个也停止了工作,耗尽燃料的飞机于晚9点34分坠毁于长岛。

当调查人员考察了飞机座舱中的磁带并与当事的管理员交谈之后,他们发现导致这场悲剧的原因是沟通的障碍。为什么一个简单的信息既未被清楚地传递又未被充分地接受呢?下面我们针对这一事件作进一步的分析。

首先,飞行员一直说他们"燃料不足",交通管理员告诉调查者这是飞行员们经常使用的一句话。当被延误时,管理员认为每架飞机都存在燃料问题。但是,如果飞行员发出"燃料危急"的呼声,管理员有义务优先为其导航,并尽可能迅速地允许其着陆。一位管理员指出,如果飞行员"表明情况十分危急,那么所有的规则程序都可以不顾,我们会尽可能以最快的速度引导其降落的"。遗憾的是,52航班的飞行员从未说过"情况紧急",所以肯尼迪机场的管理员一直未能理解到飞行员所面对的真正困境。

其次,52航班飞行员的语调也并未向管理员传递燃料紧急的严重信息。许多管理员接受过专门训练,可以在各种情境下捕捉到飞行员声音中极细微的语调变化。尽管52航班的机组成员相互之间表现出对燃料问题的极大忧虑，但他们向肯尼迪机场传达信息的语调却是冷静而职业化的。

最后，飞行员的文化和传统以及机场的职权也使52航班的飞行员不愿意声明情况紧急。正式报告紧急情况之后，飞行员需要写出大量的书面汇报。另外，如果发现飞行员在计算飞行过程需要多少油量方面疏忽大意，联邦飞行管理局就会吊销其驾驶执照。这些消极因素极大地阻碍了飞行员发出紧急呼救。在这种情况下，飞行员的专业技能和荣誉感甚至可以用机上70多条人命作为赌注。

提高沟通能力的技巧

真正有效的沟通，并非一日之功。以下技巧有助提高沟通能力，解决沟通中碰到的难题，使每次沟通富有成效。

1. 妥善处理期望值

要想消除双方期望值之间的差异，一种途径是订立业绩协议。员工与企业签订的业绩协议可使双方明确彼此的期望和要求，帮助设计双方都能达到的目标，并且定期评估协议以确保双方的目标和要求都能得到实现。另一种方式是清楚说明你的期望。这样，能否达到你的期望，对方有责任向你说明。这种做法可以使你根据需要对自己的期望做些有效调整，预先消除可能出现的伤害和失望感。

2. 培养有效聆听的习惯

人们之间的沟通充满变数（如自己和别人的谈话及聆听风格等），因而既复杂又具挑战性。设身处地是成功沟通的一个关键因素。

聆听，但不要受别人情感的感染。别人有难处时，应设身处地理解别人，但不能为这种情感所左右。必须为自己留点精力去做自己的事。记住，不要做一块海绵，什么都予以吸收。

3. 坚持诚实

有时，实话实说的确伤人。但诚实最终能增加建立稳固长久关系的机会。因此，诚实非常重要。如果有什么事烦扰你，尽量直接说出来，以免小事化大更难处理。

4. 有创意地正面交锋

所有其他方式都行不通时，唯有正面交锋。这也是摆平各方、理顺头绪的一个机会。如果不愿正面对垒，不要因为害怕而逃避，要理直气壮。当然有的时候，借故避开不失为最明智之举。

5. 对失误不必耿耿于怀

沟通中出现失误，让你失望或受到伤害，不要挂在心上。不妨自问一下，想不想背上这包袱？自己能从中得到什么？一旦尽心尽力地澄清了沟通中出现的失误，就要为自己付出的努力骄傲，该过去的让它过去。一番心血没有白费，心中巨石落地，该高兴才是！

沟通是领导工作的浓缩

沟通是管理的常用方法，也是诸多问题的症结所在。如果沟通做好了，将在很大程度上帮助你处理人际关系，完成工作任务，达到绩效目标。相反，如果沟通不好，则可能会生出许多你意想不到的问题，造成管理混乱，效率低下，甚至员工离职问题。一旦你掌握了沟通的技巧并能熟练运用，你将会把工作当成一件快乐的事情。因此，现代管理者要保持沟通之心，让沟通成为你的工作利器，实现在快乐中工作。

英国管理学家L·威尔德说："管理者应该具有多种能力，但最基本的能力是有效沟通。"

一个有经验的管理者、一个高效的管理者，一定是一个优秀的沟通者，他们深知发挥领导力和影响力的主要途径是人际沟通和互动。

俄亥俄州的奈尔斯坐落着美国钢铁和国民蒸馏器公司的子公司RMI,该公司生产多种钛制品。多年来,公司的工作效率低下,生产率也上不去。

自从大吉姆·丹尼尔到这里担任总经理后,情况就发生了变化。大吉姆没有什么特殊的管理办法,他只是在工厂里到处贴上如下标语:

"如果你看到一个人没有笑容,请把你的笑容分给他。"

这些标语下面都签有名字"大吉姆"。

公司还有一个特殊的厂徽:一张笑脸。在办公用品上,在工厂的大门上,在厂内的板牌上,甚至在员工的安全帽上都绘有这张笑脸。这就是美国人所称的"俄亥俄的笑容。"《华尔街日报》称为"纯威士忌酒——柔情的口号、感情的交流和充满微笑的混合物"。

大吉姆自己也总是满面春风。他向人们征询意见,喊着员工的名字打招呼,全厂2 000名员工的名字他都能叫得出来。他还让工会主席列席会议,让他知道工厂的计划是什么。

结果,只用了3年时间,工厂没有增加1分钱的投资,生产率却惊人地提高了近8%。

在这里,一张笑脸、称呼员工的名字、征询意见、让工会主席列席会议,都成为沟通的有效手段,并产生了良好的效果,企业也因此而得到了惊人的改变。

沟通首先是一种态度,当你注重沟通,你才会屈尊下驾,千方百计地找到相应的沟通方式,真诚而体贴地去跟下属和员工进行沟通,去达成共识,形成发展的合力。

美国沃尔玛公司前总裁萨姆·沃尔顿说过:"如果你必须将沃尔玛管理体制浓缩成一种思想,那就是沟通。因为它是我们成功的真正关键之一。我们以许多种方式进行沟通,从星期六早晨的会议到极其简单的电话交谈,乃至卫星系统。在这样一家大公司实现良好的沟通的必要性,是无论如何强调

第三篇　领导口才——成为万众瞩目的焦点

也不过分的。"

事实的确如此，萨姆·沃尔顿就坚持跟员工保持沟通，为此，他经常对沃尔玛商店进行不定期的视察。这使他成为深受大家敬爱的老板，同时也使他获得了大量的第一手信息。他一方面通过沟通发现问题，同时也乘机挖掘人才，让他们去做合适的事。因此，常有这样的情况，他给业务执行副总经理打电话说："让某人去管理一家商店吧，他能胜任。"业务经理要是对此人的经验等方面表示出一些怀疑，他就会说："给他一家商店吧，让我们瞧瞧他怎么做。"因为他在沟通中已经了解了这个人的能力。

沟通是管理的浓缩，可见沟通对于管理的重要性。战略计划的制定离不开沟通，运营计划的执行离不开沟通，选人用人也离不开沟通。

有团队、有管理，就必然需要沟通，唯有沟通才能减少摩擦、化解矛盾、消除误解、避免冲突，发挥团队和管理的最佳效能。

沟通让上下精诚合作

春秋战国时期，耕柱是一代宗师墨子的得意门生，不过，他老是挨墨子的责骂。有一次，墨子又责备了耕柱，耕柱觉得非常委屈，因为在众多门生之中耕柱是公认的最优秀的人，但又偏偏常遭到墨子指责，让他很没面子。一天，耕柱愤愤不平地问墨子："老师，在这么多学生当中，我难道竟是如此的差劲，以至于要时常遭您老人家责骂吗？"墨子听后毫不动肝火："假设我现在要上太行山，依你看，我应该用良马来拉车，还是用老牛来拖车？"耕柱回答说："再笨的人也知道要用良马来拉车。"墨子又问："那么，为什么不用老牛呢？"耕柱回答说："理由非常简单，因为良马足以担负重任，值得驱遣。"墨子说："你答得一点也没有错，我之所以时常责骂你，也只因为你能够担负重任，值得我一再地教导与匡正你。"

这则故事给我们以深刻的启示：

首先，沟通是双向的。管理者不但要打通自上而下的沟通渠道，还要打通自下而上的沟通渠道，让沟通得以双向进行，沟通才真正顺畅，才会取得良好的效果。故事中的耕柱在深感不平的情况下并没有采取消极抗拒，甚至远走他方，而是主动积极找墨子沟通。而墨子也没有丝毫推诿，积极地配合耕柱的沟通，两人都敞开心扉，说出了自己的心里话，从而使师徒之间消除了不必要的误会，相互之间感情更加深厚。

其次，企业应该拥有良好的沟通文化，从上到下都重视沟通。如果一个企业不重视沟通管理，大家都消极地对待沟通，长期下去就会导致形成一种"无所谓"的企业文化。员工对什么都无所谓，既不找领导，也不去消除心中的不满；管理者也对什么都无所谓，不去主动地发现问题和解决问题。这样的企业也就没有凝聚力可言。

松下幸之助说："企业管理过去是沟通，现在是沟通，未来还是沟通。"

小宏明天要参加小学毕业典礼了，怎么也得精神点把这一美好时光留在记忆之中，于是他高高兴兴地上街买了条裤子，可惜裤子长了两寸。吃晚饭的时候，趁奶奶、妈妈和姐姐都在场，小宏把裤子长两寸的问题说了一下，饭桌上大家都没有反应。饭后大家都去忙自己的事情，这件事情就没有再被提起。

妈妈睡得比较晚，临睡前想起儿子明天要穿的裤子还长两寸，于是就悄悄地一个人把裤子剪好叠好放回原处。半夜里，狂风大作，窗户"哐"地一声关上把姐姐惊醒，姐姐猛然醒悟到弟弟的裤子长两寸，自己辈分最小，怎么着也是自己去做，于是披衣起床将裤子处理好才又安然入睡。老奶奶第二天一大早醒来给孙子做早饭，水未开的时候也想起孙子的裤子长两寸，马上快刀斩乱麻。最后小宏只好穿着短四寸的裤子去参加毕业典礼了。

沟通是管理的基础，是人与人之间交往的桥梁。有沟通，才有理解。沟通之于管理者，就像水之于游鱼、大气之于飞鸟。

沟通使企业成员心无间隙，在工作中精诚合作，成为最有创造和最有活力的组织。

沟通要"真诚"

沟通的基本任务是"以诚取信"，增加彼此之间的信任。

不论是管理者还是员工，每个人之间都要心如明镜，有任何不满和疑惑都要提出来及时沟通，使彼此之间相互信任。一个信任的团体坚如磐石，不论面对怎样的困难都能齐心协力，同舟共济。

很多企业的管理者，只要企业内部产生意见分歧或发生冲突，他们总会把原因归结为"缺乏沟通"。缺乏沟通，当然是原因，但是缺乏沟通的原因又是什么呢？有人说主要是沟通技巧上的问题；也有人说是价值观上的问题，而心理学专家则认为：真诚是有效沟通的基础。

什么是有效沟通？有人说让员工接受公司的决定，就是有效沟通。否则就是无效。但是，大概所有的人都愿意在沟通中说服别人而不愿意被别人说服。在管理中，很多管理者都把"沟通"当作"说服"的代名词，因而，沟通中经常出现了"口服心不服"的问题。沟通的效果分为四类：一是心服口服，二是心服口不服，三是口服心不服，四是口不服心也不服。当然，每位管理者都希望达到"心服口服"的沟通效果。但是，如果用"说服"的心态来沟通，常常会以"口不服心也不服"的结局收场。沟通就是沟通，沟通不是说服。

沟通的基本任务是增进彼此之间的信任关系。试想一下，假如沟通双方彼此疑虑重重，甚至心存敌意，即使一方说的是真理，对方也会认为是谬论。过去有句老话，敌人拥护的，我们就反对；敌人反对的，我们就拥护。这句话说出来一个容易被我们忽略的重要现象：是与非，对与错，往往是由关系状态决定的。批评,在管理中时有发生。同样的错误,当被批评者信任批评者时,被批评者会对批评感激。相反,被批评者一定会对批评感到憎恨。没有信任的批评,是管理之祸。信任关系何来?从沟通中来。沟通能增进信任,但又不是所有的沟通都能增进信任,有效的沟通必须建立在真诚的基础上。否则,舍本逐末,事与愿违。如果企业中人人都能以诚待人,信任的气氛就会充满整个企业。

有位领导人曾经说过:"与人说理,须使人心中点头。"因此,管理者在与员工沟通时,一定要真诚,循循善诱、步步引导、耐心商讨,让员工"心中点头"。

沟通要听"心"

墨家思想主张"尚同",即"上下同情"。最终的目的是把一个组织的不同意见统一起来,形成共有的价值观。为了达到这一目的,其前提在于上级与下级之间的充分沟通。

墨子指出:"领导者管理政事,掌握了下面实情的就能得到治理,不掌握下面实情的就要引起混乱。"

东汉学者王符,进一步发展了"上下同情"的思想,提出"兼听则明,偏信则暗"的名言。

苹果公司一度面临经营上的困难,需要调整方向。当时,董事会新请来了一位以有战略眼光著称的首席执行官(CEO)。这位CEO刚来公司时,就告诉所有员工:"不必担心,这家公司的境况比我以前从鬼门关里救回的那些公司好多了。给我100天,我会告诉你们公司的出路在哪里。"

但是,这100天里,他只和自己带来的核心团队一起设计公司的"战略计划",而从不倾听广大员工的心声。100天后,他果然推出了新的战略计划,但是，公司员工对该计划既不理解也不支持，他自己的声望也开始走下坡路——因为员工觉得他虽然能干，但是很自大，不在乎员工的想法，所以员工们并不真正信服他，也没有动力去执行他提出的战略计划。

半年后，公司业绩继续下滑，这位CEO召开了一次全体员工大会。他不但不从自身找原因，反而在台上指着所有员工说："你们让我很失望，大家没有努力执行我的计划，今后，我绝不允许你们再犯类似的错误。"结果，这次大会后，他失去了大多数员工的支持，不久就被董事会解雇了。

后来，有人这样评价他："他以为他可以用智慧和经验改变公司的一切，他做了战略决定后就直接开始执行，却没有花时间去寻求所有员工的支持。其实，他的战略方案不无道理，但他做事的方法是完全错误的——他不是一位懂得倾听、懂得理解的好领导。

沟通要听"心"。在大企业里，领导如果不悉心倾听员工的心声，就无法体现出企业对员工的尊重，有时候还会导致灾难性的后果。

谈话是沟通最常用也是最有效的手段，而谈话中"会听"比"会说"更重要。其实，沟通的主角不是语言，而是人和人，心与心。

杰克·韦尔奇说："真正的交流需要长时间地你看着我，我看着你，意味着多听少说……就是说，人类通过旨在达成共识的不断交往过程中来最终了解和接受事物。"

因此，企业的管理者与员工之间应通过信息交流达到情感交流，由沟通达到心通。

第2章 激励艺术:"高帽子"真的好使

 对失败者给予肯定

在实际工作中,有些领导往往只看到了那些少数成功的下属,于是,便毫不吝啬地将自己所能想到的溢美之词全部赠送给了他们。但是,对于大多数也曾经辛勤的"失败者",往往未加以重视,甚至忽略了他们的存在。这样久而久之,曾经失败过的员工也许就丧失了自信,没了斗志。如果你能适时鼓励一下或者表扬一下,他们肯定会重新恢复自信,找回自我。

古往今来,胜者为王,败者为寇,似乎成了亘古不变的真理。其实,这种所谓的"真理"往往是人们自身铸就的。成功者,是因为他们付出的汗水和心血比别人要多,因此,他们理应得到鲜花和掌声,这也无可非议。但是,那些失败落魄之人呢?他们一样也曾为了某个目标而艰辛地跋涉着。他们付出的并不比别人少,甚至比成功者还要多。但总是因为这样或那样不可预知的原因,屡屡与成功失之交臂,那么他们的付出,该不该得到回报呢?

1945年9月2日,第二次世界大战即将拉下帷幕,在这一天,最后一个轴心国——日本将要签署投降条约。

在太平洋上的美军"密苏里号"战舰上,人们翘首以待,都想目睹这一历史性的时刻。

上午9时,盟军最高司令官道格拉斯·麦克阿瑟将军出现在甲板上,预示着这个令全世界为之瞩目和激动的伟大时刻到来了。随后,日方代表登上军舰,仪式开始了。

就在麦克阿瑟将军即将代表盟军在投降书上签字时,他却突然停止了。现场数百名的记者和摄影师对此大惑不解。他们谁也不知道麦克阿瑟将军想要干什么。将军转过身,招呼陆军少将乔纳森·温斯特和陆军中校亚瑟·帕西瓦尔,请他们走过来站在自己的身后。

麦克阿瑟将军的这个举动再次让现场的人们既惊讶又嫉妒。因为那两名军官占据着的是历史镜头前最显要的位置。一般来说,应该属于那些战功显赫的常胜将军才对。而现在,这个巨大的荣誉却分配给了两个在战争初期就当了俘虏的人。

1942年,温斯特在菲律宾,帕西瓦尔在新加坡率部下向日军投降。两人都是刚从战俘营里获释,然后乘飞机匆匆赶来的。

后来,人们明白了麦克阿瑟将军的良苦用心。这两个人都是在率部下苦战之后,因寡不敌众,又无援兵,并且在接受上级旨意的情况下,为了避免更多人的牺牲,才率部下忍辱负重放弃抵抗的。从他们瘦得像两株生病的竹子似的身体和憔悴的面容、恍惚的神情中可以看出,他们在战俘营受尽了精神上和肉体上的残酷折磨。

虽然说战争胜利结束了,但作为败军之将的温斯特和帕西瓦尔同样也是英雄,他们为这场战争的最后胜利同样作出了贡献。

在麦克阿瑟将军的眼里,似乎让他们站在自己身后还不够,他作出了更惊人的举动,他将签署英、日两种文本投降书所用的5支笔其中的2支,分别送给了温斯特和帕西瓦尔。

麦克阿瑟将军用这种特殊的方式,向两位尽职的失败者表示尊敬和理解；向他们为保全同胞的生命而作出的个人名望的巨大牺牲和所受的苦难表示感谢。

要想成为一名出色的管理者，不能只重视那些圆满完成任务的人。你必须认真对待那些已经尽力甚至作出了巨大牺牲，但出于其他无法克服的原因而未能完成任务的下属。一次失败可能使他们丧失了自信，没了斗志，如果你能适时地鼓励或者表扬一下，让他们明白自己的心血没有白费，他们肯定会重新恢复自信，找回自我。那么，下一次他们很有可能就不再是失败者了，而会是成功者。

员工都渴望被认可

英国女演员和诗人乔吉特·勒布朗说："人类所有的仁慈、善良、魅力和尽善尽美只属于那些懂得鉴赏它们的人。"

任何一个人都希望得到别人的肯定，尤其是上级的认可。

美国著名的企业管理顾问史密斯指出，每名员工再不显眼的好表现，若能得到领导的认可，都能对他产生激励的作用。

但是，现实工作中有很多员工竭尽全力地把工作做得很出色，却从未得到过哪怕是一声"谢谢"，绝大多数的管理者想当然地认为将事情做得出色是应该完成的工作的一个组成部分。

保罗·莫任在他的管理职业生涯中曾经一度认为应该就是这样的。他解释说："过去，我常常忽略了对我团队成员的成就（以及我自己的成就）予以表扬，因为我个人对于这方面从来没有重视过，因此，我就往往忘记了对别人的成就给予表扬。相反，我认为他们所取得的成就只不过是他们规定工作中的一部分，而规定的工作是不需要特别认可的。"

但是，当莫任到太平洋贝尔公司工作之后，他对给予他人认可及对成功给予表扬的重要性有了新的认识。他发现，事实上，这对于其他人来讲是蛮重要的，因此，他决定改变自己的领导习惯。为了提醒自己公开认可的重要性，他编制了一张认可他人的优先性列表。每当他的团队取得一个关键的成就的时候，他都会亲自走到项目组的每个人面前，和对方握手。他会挑选出几个重要的团队成员，带他们出去吃午饭，他会亲自打电话给每一个团队成员，感谢他们在项目中付出的努力。他会邀请大家共同参加一个小型的办公室聚会，一起享用蛋糕和咖啡。

在开始采用这些富有激励性的领导方法之后，很快地，莫任就看到生产率上升了，缺勤率降低了，同事之间正在形成更轻的人际纽带。而且，由于和人一起工作的其他人开始有更大的主动性，他自己的工作变得简单了。更加合作的工作氛围带来了更好的沟通，员工之间的冲突减少了。

激励胜于管理，激励使员工的激情高涨，激励使团队更加精诚团结，善于激励员工的管理者更能赢得员工的信任和尊重。

1.只需说声谢谢你

一项又一项研究发现，这一点实际上非常重要。在针对员工流动的调查发现，人们选择离开的最主要原因就是他们得到了"很有限的表扬和认可"。当问到他们认为他们的管理者应该发展哪项技能以使管理工作更加有效的时候，员工将"对他人的贡献给予任何和感谢的能力"放在了首位。

人们都希望自己的工作被领导认可，最希望得到的精神奖励是"谢谢你"。我们可以从欣赏、致谢、表扬以及一些简单的传达了注入"我关心你和你在做的事情"的手势和语言开始。不管形式是一句简单的谢谢你还是精心准备的庆祝，激励就是反馈——正反馈，是传递"你选对道路了。你确实做得很好。谢谢你"的信息。管理者拒绝给予员工正反馈的礼物就是拒绝成功的机会。

2.随时随地赞美员工

赞美是一种鼓励，赞美是一种肯定。赞美可以让平凡的生活变得充满魅力,赞美可以把世间的不协调声音变成美妙的音乐,赞美可以激发人的自豪感和上进心。

赞美的力量是无穷的。卡耐基说:"历史是由会夸赞的人来做的令人心动的脚印,赞扬具有神奇的魔力,它不仅会带来欢乐更是会带来无穷的力量。"

赞美激励法是管理者最常用的,没有时间、地点、环境的限制,你可以随时随地地对你的下属进行赞美。

韩国某大型公司的一个清洁工,本来是一个最被人忽视、最被人看不起的角色,但就是这样一个人,却在一天晚上公司保险箱被窃时,与小偷进行了殊死搏斗。事后,有人为他请功并问他的动机时,答案却出人意料。他说:当公司的总经理从他身旁经过时,总会不时地赞美他"你扫的地真干净"。就这么一句简简单单的话,就使这个员工受到了感动,并以身相许。

很多管理者以为只有巨大的成就和功劳才值得赞扬,好像赞扬就一定要用"很好""不错"之类的话,而且在现实中还有不少的管理者显得很矜持,或是觉得心里其实也觉得很好,但总是开不了口来赞扬员工,或是在工作中管理者们过度追求完美,哪怕员工处理一点小的差错都会被人揪住不放,批评都避免不了,更别提要表扬了。

其实只要用心,表扬要比批评更加容易。因为任何事情都要一分为二地分析,好的方面总是比值得批评的地方多一些。因此,管理者们不妨热情一些,不要吝啬自己的表扬。发自内心的、真诚的赞美会感动对方。

国外一位著名的企业家说过这样一句话:"如果我看到了一位员工杰出的工作,我会很兴奋,我会冲进大厅,让所有的其他员工都看到这个人的成果并且告诉他们这件工作的杰出之处。"

美国企业家老托马斯·沃森在对公司巡回管理时,每每见到下属们有创新和成就时,就当场开支票进行鼓励,并立即贴出告示公开予以表扬。

著名的管理专家鲍勃·纳尔逊表示:"在恰当的时间从恰当的人口中道

出一声真诚的谢意，对员工而言比加薪、正式的奖励或众多的资格证书及勋章都更有意义。这样的奖赏之所以有力，部分是因为经理人在第一时间注意到相关员工取得了成就，并及时地亲自表示嘉奖。"

3.懂得为员工鼓掌

某王爷手下有个著名的厨师，他的拿手好菜是烤鸭，深受王府里的人喜爱，尤其是王爷，更是倍加赏识。不过这个王爷从来没有给予过厨师任何鼓励，使得厨师整天闷闷不乐。

有一天，王爷有客从远方来，在家设宴招待贵宾，点了数道菜，其中一道是贵宾最喜爱吃的烤鸭，厨师奉命行事。然而，当王爷挟了一条鸭腿给客人时，却找不到另一条鸭腿，他便问身后的厨师说："另一条腿到哪里去了？"

厨师说："禀王爷，我们府里养的鸭子都只有一条腿！"王爷感到诧异，但碍于客人在场，不便问个究竟。

饭后，王爷便跟着厨师到鸭笼去查个究竟。时值夜晚，鸭子正在睡觉。每只鸭子都只露出一条腿。

厨师指着鸭子说："王爷你看，我们府里的鸭子不全都是只有一条腿吗？"

王爷听后，便大声拍掌，吵醒鸭子，鸭子当场被惊醒，都站了起来。

王爷说："鸭子不全是两条腿吗？"

厨师说："对！对！不过，只有鼓掌拍手，才会有两条腿呀！"

身为管理者，要懂得为员工鼓掌，鼓励和奖赏是非常重要的，它能使你的员工感悟到工作的意义，得到有尊重感的满足。管理者的鼓励并不要求太多，可以是一句肯定的话、一句真诚的赞美，也可以是一个善意的微笑、一束期待的目光，只要是真正地发自管理者的内心，员工一定会干劲十足。

员工需要精神激励，渴望被认可，当你真诚地表扬和感谢员工的时候，你会发现自己的精神也被鼓舞了，振奋了。而员工则感到受到了欣赏，得到了应该得到的荣誉。

把谢意送进员工的心坎

刘备是激励人心的鼻祖。据《三国演义》中记载，当阳长阪之战是曹操、刘备两军的一次遭遇战，骁将赵云担当保护刘备家小的重任。由于曹军来势凶猛，刘备虽冲出包围，家小却陷入曹军围困之中。赵云拼死刺杀，七进七出终于寻到刘备之子阿斗。赵云冲破曹军围堵，追上刘备，呈交其子。刘备接子，掷之于地，愠而骂之：为此孺子，几损我一员大将！赵云抱起阿斗连连泣拜：云虽肝脑涂地，不能报也。

刘备成功"燃烧"了赵云。这把火点在赵云的心里，再也没有熄灭过。

某饮料企业有一名销售人员兢兢业业，取得了很好的业绩，年终总经理把他单独叫到办公室，对他说："由于本年度你工作业绩突出，公司决定奖励你10万元！"业务员非常高兴，谢过总经理后带上门就要离开。

这时，总经理突然叫住他："回来，我问你件事。今年你有几天在公司，陪你妻子多少天？"这个业务员回答说："今年我在家不超过10天。"总经理惊叹之后，拿出了1万元递到业务员手中，对他说："这是奖给你妻子的，感谢她对你工作无怨无悔的支持。"

总经理又问："你儿子多大了，你今年陪他几天？"这名业务员回答说："儿子不到6岁，今年我没好好陪过他。"总经理激动地又从抽屉里拿出1万元钱放在桌子上，说："这是奖给你儿子的，告诉他，他有一个伟大的爸爸。"这个业务员热泪盈眶，千恩万谢之后准备走。

这个业务员激动得正要离开的时候，总经理又问他了："今年你和父母见过几次面，尽到当儿子的孝心了吗？"业务员难过地说："一次面也没见过，只是打了几个电话。"总经理感慨地说："我要和你一块去拜见伯父、伯母，感谢他们为公司培养了如此优秀的人才，并代表公司送给他们1万元。"这名业务员这时再也控制不住自己的感情,哽咽着对总经理说:"多谢公司对我的奖励,我今后一定会更加努力。"

同样是13万元,如果企业老总直接将钱发给这名销售人员,那效果可想而知。但是用心地稍微下点工夫,起到的效果就非同一般了。员工心想:我能在这样的企业遇到这样体贴、关心自己的好领导,哪能不感恩戴德,在工作上给予企业最大的回报和支持呢。

有时候企业激励员工不是多么困难的事情,只要企业的领导真的为员工着想,真诚地感谢员工,感谢员工的家属,把一份谢意送进员工的心坎,就是最好的激励。

利用好胜,激发潜能

一位成功的领导者应善于用口才激发下属的好胜心,因为这确实是使人们振奋精神,接受挑战的可靠办法。激发好胜心可以使下属斗志高昂。

艾尔·史密斯曾任美国纽约州州长,他曾经成功地使用好胜心而创造了一个奇迹。

一次,史密斯需要一位强有力的铁腕人物去领导魔鬼岛以西最臭名昭著的辛辛监狱,那里缺一名看守长。这可是件棘手的事。

经过几番斟酌,史密斯选定了新汉普顿的刘易斯·劳斯。

"去领导辛辛监狱怎么样?"史密斯轻松地问被召见的劳斯,"那里需要一个有经验的人去做看守长。"

劳斯大吃一惊,他知道这项任务的艰巨。他不得不考虑自己的前途,考虑这是否值得冒险。

史密斯见他犹豫不决,便往椅背上一靠笑道:"害怕了?年轻人,我不怪你,这本来就是个困难的岗位,它需要一个重要人物来挑起担子干下去!"

这句话激起了劳斯的好胜心，他最终接受了挑战，并在辛辛监狱待了下去。

后来，劳斯对监狱进行了改革，帮助罪犯重新做人，成了当时最负盛名的看守长，他创造了奇迹。这个奇迹本身也可说是史密斯巧妙利用了好胜心，激发下属的潜能而创造的。

好胜与挑战是人之天性。对于许多工作，只要你善于激励，他们一定会以最大的热情去干，并干好这些工作。

有一家暖气机制造厂，由于员工一直完不成定额，经理非常着急。为此他几乎使用了所有的方法，说尽了好话，又鼓励又许愿，甚至还采用了"完不成指标，开除你"的威胁手段，但还是毫无效果。

最后他只好向总经理做了如实汇报。随后，总经理就走进了工厂。当时，日班马上就要结束，他问一位工人说："请问，你们这一班今天制造了几部暖气机？""6部。"那位工人回答。总经理没再说话，只是拿了一支粉笔在地板上写下一个大大的阿拉伯数字"6"，然后转身离开了车间。夜班工人接班时，看到了那个"6"字，便问是什么意思，那位准备交班的日班工人说："老总刚才来过了，他问我们制造了几部暖气机，我们说6部，他就把它写在了地板上。"

第二天早上，总经理又来到了工厂，他看到夜班工人已把"6"字擦掉，写上了一个大大的"7"字。日班工人接班时当然看到了那个很大的"7"字。他们毫不示弱，发愤抓紧干活。那晚他们下班时，地板上留下了一个颇具示威性的特大数字"10"。显然情况在逐渐地好起来。不久这个产量一直落后的工厂终于有了很大的起色。

领导者要使工作圆满完成，就必须形成竞争，激起人们超越他人的欲望。

一个成功的领导，应当经常"制怒"，不论什么时候都要保持冷静的头脑，不让一时冲动的感情扰乱理智。但从激励角度来说，领导者又应当学会"激怒"，随时点燃员工的"心头之火"，使自己的团队有高昂的斗志和良好的战斗力。

第3章　协调艺术：有误解和矛盾就要解决

领导要敢于直面冲突和矛盾

冲突是造成和导致不安、紧张、不和、动荡、混乱乃至分裂瓦解的重要原因之一。身为一名优秀的领导，应该知道传统的观点有其合理性的一面，但是将冲突完全化解显然是不现实的，也是一种不够全面的理解。

美国西点军校编的《军事领导艺术》一书对冲突的积极作用进行了深入探讨，并指出，群体间的冲突可以为变革提供激励因素。当工作进行得很顺利，群体间没有冲突时，群体可能不会进行提高素质的自我分析与评价，由此，群体可能变成死水一潭，无法发掘其潜力，通过变革促进成长与发展，群体间存在冲突反倒会刺激组织在工作中的兴趣与好奇心，这样其实反而增加了观点的多样化以便相互弥补，同时提高了紧迫感。

通用汽车公司发展史上有两位重要人物，由于他们对冲突和矛盾所持的不同看法和做法，给通用公司的发展带来了不同的重大影响，第一位是威廉·杜兰特，其在作出重大决策时大致上用的是"一人决定"的方式，他喜欢那些同意他观点的人，而且可能永远不会宽恕当众顶撞他的人。结果，他领导的由一些工厂经理组成的经营委员会在讨论任何一项决策时都没有遇到一个反对者,但这种"一致"的局面仅仅维持了4年。4年之后,通用汽车公司就出现了危机,杜兰特也不得不离开了公司。

第一位对通用公司有重大影响的人是艾尔弗雷德·斯隆,是迄今为止通用汽车公司享有最崇高声望的领导者,被誉为"组织天才"。他曾经是杜兰特的助手,并在后来成为杜兰特的继任者。他目睹过杜兰特所犯的错误,同时他也几乎修正了这些错误。他认为没有一贯正确的人。在作出决策之前,都必须向别人征求意见,他会在各种具体问题产生时阐明自己的观点,但他也鼓励争论和发表不同的观点。这使他取得了极大的成功。

从这件事中引以为戒的是如何看待企业内的冲突和矛盾。对今天的领导者来说,没有冲突的企业是一个没有活力的组织,作为领导者要敢于直面冲突和矛盾,闻争则喜应成为领导者的一种时尚。

被誉为"日本爱迪生"的盛田昭夫则从自己的亲身经历中进一步说明了领导者应如何正视这种冲突。他认为:大多数公司一谈到"合作"或是"共识"时,通常意味着埋没了个人的意见。在索尼公司,我们鼓励大家公开提出意见。不同的意见越多越好,因为最后的结论必然高明。在盛田昭夫担任副总裁时,曾与当时的董事长田岛道有过一次冲突。由于盛田坚持自己的意见不让步,使田岛很愤怒,最后他气愤难当地说:"盛田,你我意见相反,我不愿意待在一切照你意见行事的公司里,害得我们有时候还要为这些事吵架。"盛田的回答非常直率,"先生,如果你我的意见是完全一样的,我们俩就不要待在同一家公司领两份薪水了,你我之一应辞职。就因为你我看法不一样,公司承担的风险才会减少。"

对于领导来说,既然冲突和矛盾是必然的和普遍存在的,就不应回避、抹杀或熟视无睹,更不要为暂时的"一致"所蒙蔽,甚至人为地营造"一致"的现象。总之,任何一个人的认识能力都是有限的,一个人的意见不可能永远正确。而有冲突和矛盾也许正是弥补这一不足的最佳方案,只要协调合理，沟通及时，冲突会为你的成功铺垫基础。

化解三种心理矛盾的技巧

身为领导，当你想要试图说服别人的时候，首先要准确拿捏被说服者的心理，因为被说服者的处境是矛盾的，如果他不服从或不同意你，就会与你产生冲突；但如果他服从你、同意你，又会与自己产生矛盾。在被说服的过程中，人们的心理矛盾有以下几种表现形式。

1.猜疑心理

猜疑心理即使人们彼此之间有信任关系，在感到自己在被对方说服时，也难免疑虑重重。尤其是有些人本身就有疑神疑鬼的毛病，这种情况会更加严重。信任意味着遵守诺言、保密与尊重对方人格等，但在具体情境中，人们的这些信念可能有些动摇，猜疑心理就会油然而生。

美国卡耐基—梅隆大学的罗伯特·凯利博士，1989年对美国400位经理的工作进行了调查，结果发现，在这些经理领导的企业中，有三分之二的人感到经理不能给他们提供对"公司观念的清晰理解，任务及目标的明确解释"。如果员工不能通过某些信息来理解自己工作的意义，其工作就不会有更高的绩效。尤其严重的是，如果领导不去提供信息、解释一下为什么，人们就会自作解释，结果还会产生领导者不能驾驭舆论，弄不好会毁掉领导者的职业前程。

2.防卫心理

防卫心理即戒备心理，这是指一种不作暴露，警觉地注意别人的一言一行，尽量推辞言语及行动上的责任的心理状态。

有效谈话的行为技巧可以医治防卫心理。你如果能造成一种同步的交谈，鼓励对方更多地表达自己的看法，促进他的自我表露，就可以对症下药，找到突破口。另外，开放地表露自己，更多地积极反馈，表明你与对方的相同之处多于分歧之点，这样就可以缩短心理距离，有利于促进双方的理解，形成评价的一致。

3.不安与精神压力

人具有保护自己的精神及人格完整性的本能，即使你不存在控制对方的动机，对方在面对要求作出转变时，也会因为这将可能影响自己的人格完整性而产生不安，承受一定的精神压力；同时，在他面对接受你与拒绝其他人的选择矛盾时，接受了你就意味着自己的态度及行为方式的转变，且需要与其他人的关系进行调整，这时也会承担相当的精神压力。被说服者所承受的精神压力会影响说服的效率与成效，因此他们能躲即躲，实在躲不过，也将不置可否。

在涉及一些对被说服者来说是重大问题的说服时，对方的回避是不可避免的。故而要求说服者：第一，一定要有耐心。刘备三顾茅庐才说服诸葛亮出山辅佐自己，因为对诸葛亮来说，这是人生的重大选择时刻，不能不慎重。第二，交谈中要有策略地进行"信息注射"，不要一次把话说完，要给对方留有余地。第三，要让对方认识到他的不安及压力的存在及根源，并就此进行交谈，逐一予以化解，要为对方设想好解释自己之所以转变的理由。更为慎重的方法是委托第三者去说服。而在无计可施、一筹莫展时，攻击对方背后的"精神领袖"与利益关联者也不失为一种方式，不过，这种方式应有一个道德尺度的约束。

六种协调方式

领导在做协调工作时，主要有以下六种方式。

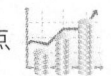

1. "彼此谦让"的协调方式

在一个单位或部门,下属们对某项任务或某个问题在利益和观点上不一致,是常有的事。有时甚至双方会剑拔弩张、面红耳赤,搞得十分紧张。这个时候就需要领导出面进行调停,做双方的"和事佬"了。

有人估计,领导者要花上20%左右的时间来处理各种冲突,但这并不能证明领导工作上的无能或失败。冲突在人际关系中是固有的、不能回避的,必须予以适当的处理,方能形成"人和"的气氛。

这就需要领导者运用调停纠纷和处理冲突的技巧,协调各方在认识上的分歧和利益上的矛盾。那么如何来处理纠纷、冲突和分歧呢?说来并没有现成的公式可循,不过,领导者能不能成功地处理冲突主要取决于三个因素:一是领导者判断和理解冲突产生原因的能力;二是领导者控制对待冲突的情绪和态度的能力;三是领导者选择适当的行为方式来处理冲突的能力。具体来说,解决冲突,保证"人和"的方法一般可以采取"彼此谦让"的方式。

"彼此谦让"的协调方式,就是迫使争执双方各自退让一步,达成彼此可以接受的协议。这是调停纠纷、解决冲突最常见的办法。这种解决办法,关键在于找准协调双方的适度点。无论调停政治纠纷,还是解决日常工作和生活上的冲突,要使双方团结起来,共同行动,就不能采取偏袒一方和压制另一方的做法,而应该运用"彼此谦让"的方式解决问题。

2. "迂回前进"的协调方式

在特定的条件下,对一些无原则的纠纷应采取含糊的处理方法,或者为了解决某些冲突,可作出一些必要的合作、折中或退让、妥协。

比如,鼓励冲突的双方把他们的利害关系结合起来,使双方的要求都得到充分的满足;或者在冲突双方的要求之间寻求一个折中的解决办法,让双方都得到部分满足;或者驱使一方放弃自己的观点、利益去满足另一方的要求;或者用暗示或不管的方式鼓励冲突双方自己去解决分歧,等等。假若双方都是搞派别斗争,为他们各自的小集团的私利而闹纠纷,完全违背整体利益，那么在解决这样的纠纷时，就不必去分清谁是谁非，事实上也无法分清谁是谁非，可采取各打五十大板的办法来处置。

又如，对某些闹事问题的处理，从闹事本身看并不正确，但为了有利于大局的安定，在说清事理之后，可对他们的要求作出一些不损害大原则的妥协，以缓和矛盾。虽然这样处理纠纷的方式看来显得简单和有点不分是非，但仍不失为一种解决冲突的方法。

3."泄愤释怒"的协调方式

当双方发生冲突时，应该让每个人都有机会泄愤释怒，不要让心头的愤怒郁积起来。这就可以缓和冲突的紧张程度，打开解决冲突的大门。日本有的组织和单位搞的"健康管理室"，就是采用这种方式。

比如说，两个人吵架了，产生了很多大的纠纷，就可以去"健康管理室"接受健康管理教育。第一个房间，一进去，对面有个落地大镜子，两个人站着照镜子。双方在吵架时，感觉不出自己的面貌变化，脸红脖子粗，非常激动，一照镜子，威风马上就刹下去了，自己就提醒自己今天有些失控。然后到第二个房间，是一排哈哈镜，双方依次照镜子，通过这些镜子启发双方要正确对待自己，正确对待别人，不能像哈哈镜那样把自己看得很高大，把别人看得很矮小。然后再向前走，进入弹力球室。在地板上和房顶上各有一个钩子，中间用橡皮条紧紧拉着一个球，挂得有一人多高。

让每人用力打三下，由于弹力作用，球弹回来正好打在自己额头上，以此来启发双方认识人与人的关系就同作用力与反作用力的道理一样，你伤害别人，别人就会伤害你。再往下走，是傲慢像室。是用稻草做的非常傲慢的草人，每人用棒打三下，让双方发泄一通，并启发他们否定这种傲慢态度。再往下走，走廊两边挂着许多照片，一边是青年人应该怎样生活、学习，如何正确对待别人、尊重师傅和长辈；另一边是青年人在酒吧间里鬼混、打架斗殴等日本社会的黑暗面。两边对照，启发青年要正确对待生活。最后双方交换意见，互相表态，问题得到解决。

这种方式，在我国的一些单位中也有应用。据报载，某厂设了个"出气室"，"出气室"门前写着这样的话："主人同志，欢迎你。你有什么心事吗？请你讲出来；你有什么好的建议，请不要保留。"厂里的主要领导轮流挂牌值班接待。说来也灵，憋着一肚子火气进去的职工，出来竟然一身轻。两年来，职工来访上千次，件件有登记，桩桩有着落。人们认为，这个厂的经济效益越来越好，"出气室"也有一份功劳。

经得住别人发泄愤怒是很不容易的，尤其是这种愤怒冲着自己来的时候更是滋味难受。现实中就有这样的领导者，以官压人，以权欺人。你有气吗？对不起，他不但不给你出气，反而开口就训，火上浇油，结果激化了矛盾，甚至诱发出恶性事故，闹出大乱子。所以，领导者在这一点上要宽宏大量，要能忍"难忍"之事。如果领导者本人也是冲突的一方时，就必须严格约束自己，要"高姿态"，不要只为自己表白辩护。

4."相互协作"的协调方式

各部门领导之间在强调自己工作的地位和作用时，不能贬低而要同样肯定其他部门的地位和作用。工作的配合与支持不能仅是单向的企求，而应成为双向的给予，并用于取代"鸡犬之声相闻、老死不相往来"的自我封闭状态，以及"各人自扫门前雪，休管他人瓦上霜"的狭隘做法。

各部门领导之间互相支持，是圆满完成组织工作任务的前提。一个由各部门之间相互支持的组织，才是有力量的组织。各部门之间的相互支持，体现在具体的工作之中。当某一部门工作遇到困难和阻力时，主动去排忧解难，在人财物方面给予帮助，是一种支持；当某一部门工作取得了成绩或出了问题，给予热情的鼓励或提出诚恳的批评，也是一种支持；当某一部门与其他部门发生矛盾，不是置之不理而是出面调解，帮助消除误会、解决矛盾，更是一种支持。各部门之间的相互支持，是避免冲突、消除矛盾和友好相处的重要原则。

5. "合理竞争"的协调方式

由于各部门在组织系统中处于不同的地位和具有不同的功能，部门之间不但具有共同的利益和目标，而且还具有各自不同的利益和目标，因此必然存在竞争。组织内各部门的地位差、功能差，既反映了相应的权利和义务，也反映了相应的责任和贡献。这是组织系统各部门在协作过程中存在竞争的客观基础。在组织内部，竞争是一种最活跃的因素和力量，具有使组织系统不断发生变化的功能。这种功能既可以使组织系统发生进步性变化，使组织的作用充分发挥出来，也可以使组织系统发生破坏性变化，造成组织系统的不稳定，产生结构内耗与功能内耗。合理的竞争要求部门之间形成一种正常的竞争关系，最大限度地发挥积极性和创造性，努力实现组织系统的整体目标。

在合理的竞争中，既反对封锁信息、相互拆台、制造矛盾，也反对满足现状、不思进取、得过且过。特别应反对的是那种不择手段、尔虞我诈的倾轧和竞争。

组织系统部门之间出现矛盾冲突时，如果涉及范围小，则可以采取"协商解决法"。即由相互冲突的部门彼此通过协商解决冲突。协商时双方都要把问题摆在桌面上，开诚布公，摆出各自的观点，阐明各自的意见，把冲突因素明朗化，共同寻找解决途径。如果冲突涉及面大，可采用"仲裁解决法"，即由第三者出面调解，进行仲裁，使冲突得到解决。这是部门之间经过协调仍无法解决冲突时，才使用的方法。这里要求仲裁者必须具有一定的权威性，最好是冲突双方都比较信任的，或者社会和法律认可的，否则可能仲裁无效。

不过，不管采用何种方法解决，领导者在此过程中必须保持公平与正直，像天平一样不偏不倚。

6. "接受时间"的协调方式

这是指解决冲突的条件还不成熟，需要维持现状，等待时机给予解决；

或者经过一段时间的积累，由工作或生活本身逐渐地加以调整。采取"接受时间"的方式，让人们经过一段时间后，逐渐放弃旧有的成见，适应新观念和新事实。

这种解决冲突的方法是十分明智的。因为一个人的信仰、观念和立场的改变，往往需要一个体验的过程。如果采取强加于人的做法，常常会使矛盾激化，隔阂加深，损伤人们的感情，产生不良的后果。而"接受时间"，则可以使冲突的解决比较自然和顺畅。

如当有人对组织的决议持不同意见时，组织上允许其"保留意见"，而不滥用组织手段强迫其改变观点。当然前提是在行动上必须执行决定。所谓"允许保留意见"，运用的就是"接受时间"的方式。

第4章　下达任务时的口才：多建议，多协商

身为领导对部属下达任务，发号施令，这是很自然的事情。可是怎样下达命令才会使工作计划得到彻底的实施呢，怎样才能使部下积极、主动、出色、创造性地完成工作呢？重点在于下达命令的方式上。没有人会喜欢命令的口气和高高在上的架势。多建议，多协商，不仅能使对方维持自己的人格尊严，而且能使他积极、主动、创造性地完成工作。即使是你指出了别人工作中的不足，他也会乐于接受和改正。

少命令，多商量

说到命令，人们可能会想到在战争故事中"军令如山倒"，领导下了命令，下级不得不赶紧执行。于是认为以命令方式去指挥下属就办事最快，效率最高，但在实际生活中却不尽如此。

日本松下公司前总裁松下幸之助说："不论是企业或团体的领导者，要使属下高高兴兴、自动自发地做事，我认为最重要的，要在用人和被用人之

间，建立双向的，也就是精神与精神、心与心的契合、沟通。"他看到了领导与下属沟通的重要性，因而在实际工作中身体力行，终于取得了成功。要达成领导与下属心与心的契合、沟通，关键的就是与下属一起交流商量。

一些领导人颐指气使，有事就大嗓门地命令下属去干。他们认为只有雷厉风行才能产生最佳效果，命令别人去干事的时候也不看人家的意见如何，反正一句话："做了再说！"一般来说这样的领导比较有能力，在下达命令之前是经过一番深思熟虑的。如果久而久之，下属对领导产生了信任，就会什么都不问，照领导说的去做，这样反倒失去了积极性和创造性而成为一件只会办事的机器。而有些下属呢，面对领导铺天盖地的命令，连问一句为什么的机会都没有，自己想不通当然就不愿去做了。不愿做的事要被迫去做是很难做好的。

要吩咐下属去办一件事，命令的方式是不可少的，特别是在紧急的情况下，一分一秒都是宝贵的，没有时间给你详细的解释。但更多的时候，最好还是采用商量的方式。

如果采用商量的方式，下属就会把心中的想法讲出来，而领导认为说得有道理，就不妨说："我明白了，你说得很有道理，关于这一点，你看这样行不行？"诸如此类，一方面吸收对方的想法和建议，另一方面推进工作。这让下属觉得既然自己的意见被采用，就会把这件事当作自己的事去认真做的；同时由于热心，自然也会产生良好的效果。

另外，领导在要下属去干一件事时，也可以给下属指出一个美好的前景，他们便会欣然去做。

所以在实际工作的安排中，领导应做到：

①忌凭自己的权力压制他人；

②要仔细聆听下属的意见；

③若同意对方的意见，就可以加以说明："我也是这样想的。"这样会使下属为自己的决策而感到骄傲。

④如果不同意，必须向下属说明理由，不然就是上级把命令下达下去了，下属还是会我行我素。

避免下达强制性命令

权力在手是一件好事，同时对下属发布命令也是一种满足，但领导者一定要把握好分寸，根据不同的对象，行使好自己手中的权力。

试想如果下属听到"不用多问，这是命令"，或者"上级就是这样指示的，照着做就可以了"之类的话，心里会怎样想呢？这样能让他心甘情愿地去做事吗？

像这种不顾实际情况，不管下属的感受，而只管发布强制式命令的做法应该尽可能地避免。因为这样布置工作，只会引起下属的反抗心理，而不会收到预期的效果。

李先生在台湾经营一个有五六百名员工的企业。不管是在业务上或是在管理上，李先生的努力都相当有成效，他运筹帷幄，指挥若定，威风八面，宛如领军千万的大将，好不神气。

可是，他就是对他儿子没办法，他们之间的代沟，怎么样也无法跨越，每次一见面，没讲三句话，就会争吵。这天，李先生又和他的儿子因为一点小事吵了起来。就在双方面红耳赤之际，他儿子突然间就住了口，然后一字一字地说出："爸，再这样吵下去也不是办法，我能不能请你把我刚刚说的那句话说一遍给我听？"

"啊？"李先生一惊，没想到有这怪招。"你说……你说……做父亲的太能干，当然看不起儿子。"

"不对！你再想想看，我是这么说的吗？"

"浑小子！那你怎么说的？你自己说过的话，你自己为什么不再说一次？"

儿子突然笑出声，"你看！从头到尾，我说什么你都没有听，那些话是你自己想的，我可没这么说。我们不是要沟通吗？那么，我说什么，你重复一次给我听，再轮到你说，我来重复。"

"喂！哪有那么多时间在那边重复来重复去！你是真的想气死我啊！"

"爸！我们就试试看吧！否则这种争吵会没完没了的，你再想一想我到底是怎么说的？"李先生想了想，终于承认，"我真的想不起来，你再说一次好了。"

"好吧！我说，父亲很能干，儿子一方面很佩服，另一方面怕自己跟不上，心里多少有点压力。"

李先生冷静一想，他说得合情合理，自己怎么会那么激动？结果，这天晚上，他们父子俩竟然可以谈上两个小时而不吵架，这个效果连李先生也意想不到。一觉醒来，虽然睡眠不足，但李先生神清气爽，一大早就到了公司。

因为早上要开一个重要的采购会议，讨论的是未来所要采购价值1 000万元的机器，到底要用美国货好，还是日本货好。依采购部的报价，日本制的价格便宜，东西也不差，可是工程师却主张买美国货。

会场上，李先生让总工程师发表意见，这是一种表面上的礼貌，总工程师也知道，老板做久的人，多少喜欢独断独行，什么事情早就心有定见，经验告诉他，老板问他只是个形式，谁不想省钱？老板要买哪一种大家早就心知肚明，因此他无精打采，说不到5分钟就说没意见了。

若是往常，李老板总是会在这个时候大唱独脚戏，享受那种权威感，今天竟然是……

"总工程师，我来重复你的要点，你看我说的跟你的意思一不一样：日本制的机器，价格虽然便宜，东西也不错，可是将来如果出了毛病，要他们来做售后服务，问题就来了。他们的人因为语言问题无法跟我们直接沟通，找来的翻译对精密仪器又是外行，机器坏在哪里，我们无法充分了解，下次再发生同样的问题，还是要请他们的人来，说不定还会耽误生产时间，如此算下来，买美国货还比较便宜！"

随着李老板的重复说明，总工程师眼睛渐渐亮了起来，他打起精神，再次补充，就这么你一言我一语的，大家滔滔不绝地讨论了起来……

一个优秀的领导，绝对不会依靠命令来进行管理。作为一个领导，当你的下属不按你的要求去做事的时候，应该找他沟通，而不是以上压下，更不能有任何威胁的语言或举动。如果这样做，即使不是用强制的态度，也足以说明你对下属的不信任。既然是这样，下属又为什么要效忠你呢？他们纷纷离职，也许正因为领导者自身的原因。

怎样让员工接受命令

善于培养职员的领导常常给职员明确的指示和命令，让他们在发挥自己的才干中逐渐成长。因此，一定要善于指导职员如何正确接受领导的命令。领导下命令时语言要做到简练、准确，不需要形容和描绘；使用专业术语，概念清楚，尽可能排除误解；有可操作性；保证传达渠道畅通无误。

例如：要求职员清洁地毯，要讲明是清洗还是吸尘，而且要说明范围和标准。另外，"请大家努力提高认识，加大力度。"这种语言尽量不要出现，因为这句话几乎无标准，也无准确的概念。

从员工方面来说，如果想很好地接受上级的命令，必须注意：在接受上司命令时，要准备好一个笔记本，随时简明扼要地做好记录，如有问题要等上司说完之后再提问题；提问题要谦虚，根据实际情况提出问题，希望上司对自己提出的问题给予重视；执行命令时要做好准备，抓住时机，执行过程中要多汇报，多和同事及上司商量，最后要认真总结并写出报告。

对领导来说，对下属下达的命令要有时间性。《差距》一书中说"时间是命令的生命"。它举了一个例子：土地肥沃的巴格达人与印度人都可以在自己高兴的时节播下稻种；但泰国人由于气候的关系没有一个适当的时节，而必须制定周密的计划好好地进行，由于台风会来袭，所以收割的时期也要先决定好，如果迟了，长期的辛劳就会付诸流水。于是，就要拟定由届期倒算的周密计划。这就是命令的时间性。有的公司里老板与部下过于客气，用一种"麻烦你给我做这个"的拜托方法。虽然说"好"，但过了很久的时间仍没有做，而拜托的人也因此忘记，这样的例子很多。因此有必要对要做的工作规定明确的时间，并加以核对。一旦有过这种训练，则目标与实绩就可相互对照。

第5章 主持会议时的口才：体现领导者的素质和能力

成功主持会议的八大准则

很多领导都认为，会议只不过是一种形式而已，主持会议很容易。其实，这是一种误解。要真正主持好会议，充分调动与会者的积极性，达到预期效果，并不是件容易的事情。

领导是会议的"舵手"，要随时把握、驾驶好会议之舟，启发引导大家，始终遵循会议既定的议题、日程，进行充分的研讨，才能如期达到预想的目的。这就要求领导必须使与会者充分了解议题。开始就要讲明会议共有哪些议题，怎么个开法，有哪些要求，与会者要承担什么任务等诸多环节，无论哪个环节处理不好，都会影响会议的效果。有效地主持好会议，是领导说话水平的一个重要方面，也是领导的一项基本功。

其中，哪一项应由与会者在会上作出决定；哪一项只需听一听与会者的意见，以便进一步补充；哪一项只是告知性地打打招呼，介绍一下情况，暂不讨论；哪一项与会者必须和上级保持一致，只研究怎么协调行动等等。而要与会者听得明白，那么，主持会议的领导者就必须讲得清楚，把会议的目的、要求、内容诸项一一交代给大家，层次要清晰，逻辑要严密，表达要准确，中心要突出。切不可主次不分，轻重不分，内容庞杂，使听众不知所云，无所遵循。因此，要做好会议的主持工作，领导者需注意做到以下几点。

1.会议要准时开始

这是主持会议人最容易贯彻的一条原则。而由于种种历史原因，又是难于贯彻的一条。人们由于缺乏会议意识，有的是觉得会议不重要，9点通知10点到；有的是为了显示身份，如张天翼创造的著名典型：华威先生为了与众不同，故意姗姗来迟。在这种情况下，领导应以身作则，这样才能使会议有个良好的开端，也是提高会议效率的第一步。

2.声音洪亮，语调多变

领导者在会议上讲话，要让自己说出的每个字、每句话都传到与会者的耳朵里，这是最为基本的要求。我们说话的声音洪亮，不光是指音量，还包括说话应该有力度，吐字清楚，节奏感强，能在声音中表现出领导的自信以及奋斗的力量。领导讲话如果声音有气无力，语调平铺直叙，就显得缺乏活力。领导者通过语调的变化，能表达出丰富的思想情感和观点，使与会者在思想情感上产生一种共鸣，使自己的讲话有较强的感染力、震撼力。庄重、严肃的会议，要求语调平缓、稳重；欢快、轻松的会议，要求语调轻快、随意。

3.务必让每个与会者都发言

务必让每个人都参加讨论，参与决策。如果你知道某个与会者喜欢发表会后议论，设法让他在会上发言，明确表态。这样，会后他再也不能说不同意了。这点要取得其他与会者的配合。这是一种领导艺术，这种领导艺术能节省许多开会时间。

开会时私下交谈只会引起冲突和不和。主持会议者不能允许任何人把会议分裂成一个个小组讨论会。应使所有与会者都能听到每个人的发言。如果窃窃私语者继续存在，可以把大家的注意力引到他身上，和蔼地请他把所讲的告诉大家。

4.应付分歧

对分歧不要视而不见,也不要设法回避。承认分歧,并提请与会者注意。把分歧意见公布于众,供与会者进行明智的选择。可以问争论的双方:"你到底站在哪一方?"然后再问:"你为什么采取那个立场?"最后问:"你建议我们应做些什么?"这样,他们坚持自己观点的强烈度就会减弱。

5.防止冷场

一发现要出现冷场,立即用评论、提问或解释的方法,鼓励大家继续讨论。要知道与会者发表的意见逐步减少,意味着他们对处理问题的紧迫感和能力也随之下降。

6.经常归纳提醒

开会时往往有这种情况:有时大家意见比较集中,而会议主持人却不能及时总结,提请大家转入另一项议题,出现了冷场,拖延了时间;有的在征求大家意见时,有的人一声不吭,有的人翻来覆去,谈不到点子上,越扯越远;也有时人们争论不休,互不服气。

归纳是向大家报告会议进展情况的一种技巧。主持人也可以把分歧意见进行归纳,以提请与会者注意。否则,不同意见在讨论中会被忽视。如果到会议结束时才冒出来,会使大家感到沮丧。

7.注意掌握说话的分量和分寸

语言的分量是由词义和态度两个主要因素构成的。词义是指语言的本意,态度是指表达时所持的表情和情绪。比如,主持会议的领导,要批评下级人员的工作差错或较大的失误,这里就有个分量问题。如果是个别的、一般性的差错,而批评的分量过重,未免有小题大做之嫌,本人不服气,大家也不满意。如果是较大失误,而批评分量过轻,既达不到教育本人的目的,又给大家一种袒护当事人、文过饰非之感,不能使闻者足戒。这也是"度"的一种要求。

当然,不做具体分析,以理服人,而是无限上纲,乱扯一通,也不会有好效果。因此，根据问题的性质、程度，在讲的时候，就有一个轻重之间怎样才算适宜的分寸问题。

分寸是衡量语言分量的尺度。而要把握好分寸，一是注意词意上的细微差别，尤其是同义词、近义词之间的细微差别。二是注意态度和语调的区别，这种分寸也是会影响到分量的。我们的目的是，既要弄清问题，又要教育同志。指出问题的严重性，进行严肃的批评，不一定非要高门大嗓、声色俱厉。语言尖刻，态度粗暴，甚至出口伤人，以挖苦、讽刺、嘲笑人为快事，必定造成对方的反感和抵触，不利于问题的解决，也不利于团结。

8.会议要适时而止

会议议程一经发出，不要更改，不要超过规定的时间。如果会议程序拖延了，要立即采取行动。明确告诉大家，要在规定的时间内开完会。此举最得人心。

处理会议意外情况三大准则

领导在进行任何会议的过程中，都有可能出现一些意想不到的情况。对这些情况，主持人一定要沉着冷静，靠自己的应变能力恰当地加以处理。

1.如何应对会议开始的冷场

冷场，是会议活动中一种常见而又使会议主持者颇感难办的问题。冷场的原因很多，我们应针对不同的原因，采取不同的措施。

（1）与会者无思想准备，一时难以发言。特别是事先没有打招呼，临时召开的会议就很容易出现冷场，这时会议主持者可以鼓励大家先谈不成熟的意见，在讨论中再补充完善。也可以让大家先做短暂的准备，然后发言。

（2）与会者对所讨论的议题不理解、不明白而感到无从开口，会议主持者应详细、明确地交代议题，对与会者进行耐心启发。

（3）会议议题直接涉及与会者多数人的利益，因为有太多顾虑而造成的冷场，会议主持者应先启发与其利益关系不太大的，或者是大家公认比较正直、公道的人发言，然后再逐步深入。只要有人开了头，就不会冷场了。

（4）会议议题有一定的难度和复杂性，一时不易提出明确意见而出现冷场，这时会议主持者可以由浅入深，启发大家开动脑筋，逐步接触问题的实质，也可以选择分析能力强、比较敏锐的同志率先发言，打开突破口再引导大家讨论发言。

2.巧妙打破部分人的沉默

当一部分人在会议上沉默时，主持者应当思索沉默的原因，有针对性地采取对策。会议中的沉默通常有以下几种情况：

（1）顾虑、害羞的沉默。对此，会议主持人要寻找机会鼓励这些人发言，表示出对他们的发言很感兴趣，促使他们大胆发言。

（2）持少数意见者的沉默。当会上多数人同意某种意见，出现了一边倒的情况，持少数意见的人知道自己的意见已经被孤立，也就不讲了。在这种情况下，主持者不应急于表态同意多数人的意见，而应当耐心地、热情地鼓励有异议的人讲出自己的见解，以便比较。

（3）无所谓的沉默。当会议议题与部分人关系不大时，有人会认为议题与己无关，抱着无所谓的态度而不愿开动脑筋。会议主持者应采取恰当的方法把他们引导到会议议题上来，促使其思考问题。

（4）对立的沉默。有的人对会议主持人或会议议题有对立情绪，会出现不予理睬的态度。如果他们的意见确实有必要公开出来，会议主持人应主动、热情地引导他们发言，即便是对立的意见也应给予鼓励支持，对以后引起言词激烈的意见也不要介意。

当然，会议中还有一些出自其他原因的沉默现象。如有的人不吭声可能是表示同意，有的暂时不表态可能是想听别人意见后再说，有的人不表态是没有新的意见等，这些情况均属正常，不必在意。

3.善于控制离题发言

在会议发言中还常会出现跑题的现象。这种现象与冷场恰恰相反，可以算是会议"热烈"得有些过了火。离题时不可强扭，也不能不扭。强扭会挫伤积极性，不扭就可能开成无效的会议。出现离题发言主要有两种情况：

一种是闲话式的离题。会议讨论中谈论传闻、轶事及与议题无关的闲话，而且喜欢海阔天空、津津有味地谈论，越扯离议题越远。这种现象通常是因为与会者认为议题与自己无关，不感兴趣而出现的；也有的认为议题不好发言，而沉湎于题外的话。这时，主持者应采取措施：一是接过讨论的某句话，顺势巧妙自然地引回到正题上来；二是联系议论的某一层意思，提出新的话题引入正题中；三是用一句善良的话或风趣的话截住议论而引入正题。

另一种是发挥式的离题。发言者为表示自己的才能，或显示自己的见解，自觉或不自觉地讲与议题无关的内容。对这种离题现象的处理也不能简单粗暴，而应尽可能采用不影响情绪和气氛的方式，用礼貌的形式提醒发言者。

如何主持好政策性会议

一般来说，政策性会议又被称为产生思想观念的会议，是指制定一个组织未来发展的方针、目标的会议。主持这种会议，领导者应注意做到：

领导者和与会者要建立平等的关系。这种会议上，一般与会者都是为了组织的前途来出谋划策，因此在地位上没有上下级之间的关系，与会者是不分级别、一律平等的。只有这样才能使大家开阔思路，制定出一个令人满意的蓝图。领导者不应限制讨论的问题范围，要鼓励和引导与会者充分地表达他们的想法。

在对某个计划的可行性进行讨论时,论证范围一定要广,论证一定要充分,虽然这样有可能导致与会者之间产生分歧,但只要会议主持者能善于发现新问题、新观点,并促使与会者公开论战、论证,以充分认清各方的观点,这样才能作出合理的决定。但是要注意,这种争论是应该建立在不影响与会者之间感情基础上的,所以,领导者还要注意对讨论气氛的把握和控制。

会议的形式一定要开放。政策性会议,最主要的是集思广益,因此要鼓励所有人都发表自己的意见。领导者一定不要简单地作出肯定或否定的意见,从而封闭了与会者的思想,而应该尽量让大家发挥自己的创新能力。

应注意促进各方取长补短、团结协作。产生政策的会议,虽然不一定在会议上当场确定,但依然有明确的目标。领导者在会议开始时,应当强调会议要想达到目的要靠与会者的共同力量,让他们形成一个共同的愿望,这样可以避免一些不必要的相互争执。

会议即将结束时,主持会议的领导者还应系统归纳与会者的意见,强调会议的成功并对大家的努力予以肯定。这样可以增强与会者的归属感和自豪感,一旦以后决定实施这些意见时,会对具体的执行工作有很大的帮助。

如何主持好总结性工作会议

在会议即将结束时,领导要对会议召开的有关情况及所取得的成果作出全面、客观的总结,对不能确定的或未解决的问题作出解释说明。对会议总结得如何,是衡量领导水平高低的重要方面。有的领导能把会议的有关情况总结得很精练、很概括、很有高度,让人一听就明白;而有的领导则不善于总结,对会议的精华把握不准,要么一再重复别人的话语,要么说些不着边际的话,既没有深度,也没有高度。会议总结要体现简明扼要、全面准确、重点突出、实事求是的特点。好的总结可以帮助与会者加深对会议精神的理解和把握，有利于会议的贯彻落实。

1. 内容

会议总结虽然没有一个固定的模式，但其内容大体应包括以下几个方面。

（1）会议基本情况

这一部分主要是讲会议的进程和与会者的表现。会议进程主要是对会议进行几个重要环节的综述和分析，对每个环节实施情况作出评估；与会者在会议期间的表现如何，要列举典型实例进行评述。要对会议进行了多长时间，进行了哪些议程，办了哪些事情，办得怎么样，与会者的参与程度等情况向与会者作出说明。

（2）会议的主要收获

这一部分是会议总结的重点。主要讲通过大家的共同努力，会议统一了哪些思想，提高了哪些认识，研究解决了哪些问题。要高屋建瓴地概括归纳出几条，让人听了觉得条理清晰，便于记忆。谈收获时要紧扣会议主题，突出反映问题，切实符合会议的实际情况。每条收获都应有具体的事例加以说明，要注意引用与会者的发言，特别是一些好的意见、建议及具体的措施和打算，给人以具体生动的感觉。

（3）今后工作意见

这一部分主要是根据会议总的精神，结合工作实际，提出实施会议主题的意见。就是对会议的传达学习、贯彻落实提出具体要求，对会议确定的目标、任务、政策措施进行分解，落实到有关责任单位和责任人。

2.方法

会议总结要得法，一般可采用如下方法。

（1）直叙法

就是简要概括地回顾叙述会议办了哪些事，达成了哪些共识，解决了什么问题，加深与会者的印象。比如，"这次会议我们传达学习了哪些文件，研究讨论了哪些决定，某某领导作了重要讲话，对下一步的工作作出了具体安排和部署：一是……二是……三是……这些意见完全符合我们的实际，对于促进工作具有重要意义，希望大家认真抓好落实，切实抓出成效。对贯彻好这次会议精神，我再提几点意见：一……二……三……"

（2）归纳法

就是在简要回顾会议的基础上，对整个会议进行高度归纳、概括。比如，"我们这次会议开得很成功，概括起来有几个特点：一……二……三……我们这次会议形成了几个方面的共识：……初步解决了几个方面的问题：……现在，对解决这几个方面的问题，大家都形成了一致意见，拿出了具体的对策措施，下一步关键是抓好落实"。

（3）鼓动法

对会议不作全面总结的情况下，用鼓舞人心的话作总结，对大家提出希望和要求，号召大家为实现某个目标或完成某项任务而努力工作。

对会议的总结是详细还是简要，这要根据会议的要求、会议气氛、与会人员、时间安排等情况而定。可以根据上述介绍的一般结构和方法进行调整、完善，灵活掌握。

第四篇 销售口才——帮助你提升销售业绩

销售工作就是要通过说服客户来达成交易。如果销售人员欠缺相应的口才技巧，就无法与客户进行有效的沟通，也就谈不上对客户的说服，进而也就无法成功地达成交易。

"交易的成功，往往是口才的产物"，这是美国的"超级推销大王"——弗兰克·贝特格近30年推销生涯的经验总结。因此，对于销售人员，哪里有声音，哪里就有了力量；哪里有口才，哪里也就吹响了战斗的号角，进而也就有了成功的希望。

第1章　开发客户：客户就在你身边

把握好客户的购买心理

客户的购买心理包括：客户为什么会产生这样的动机？为什么会对商品产生兴趣并且买下来？他们需要某种产品，为什么他们选择这种产品而不选择那种产品？这些问题就是客户的购买心理在起作用。在开发客户时，能对他们的心理有所了解，就能有的放矢。

客户的心理类型不是单一的，按照不同的划分标准有着不同的分类。

1. 求"实"心理

讲求实用是人们的普遍心理，尤其在我国。首先是因为中国老百姓的生活水平还不高，消费观念还是保持着中档水平，以求实用为核心。他们购买商品主要还是因为这些商品能满足自己衣、食、住、行等方面的基本需要。提起中国人民，人们总会想起"勤劳""俭朴"之类的字眼，因此，我国消费者普遍存在的购买心理首先要求这件商品实用，能够满足他的需要，即具有实用价值。

2. 求"真"心理

追求"货真价实"是每一位消费者的基本需求，每一位顾客都希望获得

诚实的对待。由于信息的不对称，顾客对商品的品质和价格所知晓的信息一定没有商家多，所以顾客对商品"真实性"的要求显得更为迫切。

3. 求"美"心理

对于不同的商品，"美"的表现也许不尽相同，但有一点是相同的，那就是——看起来悦目。一件衣服的"美"体现在它的颜色、款式上；一件家具的"美"体现在它的设计和色泽上；家用电器，人们愿意选择外观漂亮的；手机，人们喜欢颜色和外观小巧的或者大方的……对美的追求是人的一种本能和普遍的需求，爱美是人的天性。

4. 求"利"心理

随着市场经济的发展，各种商品层出不穷，对价格的要求也渐渐成为顾客继上述三大要求之后的最迫切的要求。许多商家在产品的质量和产品的造型外观等方面无法获得竞争优势，就转向提高技术，降低成本，从产品的价格上来进行竞争，这正是从顾客的求"利"心理出发而采取的竞争策略。

5. 求"新"心理

再"实"、再"真"、再"美"和价格再低的商品，一旦它们在款式等方面缺少变化，同样会让顾客产生审美疲劳。尤其是在服装、食物或者高新技术产品上，很多顾客都有追求"超前"和"时髦"的消费心理。特别是在服饰上，有些衣服虽然质量和面料与其他的衣服没有什么区别，但是新颖、奇特的设计让顾客耳目一新，从而获得他们的认同，满足了他们的求"新"心理。

6. 求"名"心理

很多顾客在购买商品的时候，往往受品牌的影响，喜欢追求名牌。因为这些顾客认为自己的身份、地位高或者自己的经济条件好，所以他们竭力想把自己和别人区别开来，或者说，他们想通过商品这些外在的东西来显示自己的身份、地位和声望。那么购买昂贵的、让人望而却步的商品就成了他们的首选方式。比如开一辆"宝马"或者"奔驰"车；住一套昂贵的套房或者别墅；穿一身国际名牌；出差住五星级宾馆；吃饭选一流的饭店；喝酒必然是中国的"茅台"或者洋酒"人头马"等。

7."跟风"心理

很多人追赶时尚是迫不得已或者说是出于一种跟风的思想，他们害怕自己在衣、食、住、行等方面落后于他人，落后于社会的普遍行为或者说是自己所处的某一个小集体的做派，所以不得已跟风或者出于强烈的妒忌心理看到某人的做法而产生了一定要超过他人的想法。

8."安全"心理

"安全"心理是很多顾客都有的，因为人都有自我保护的心理。"安全"心理在不同条件下会有不同的反应。人们去某些服务行业接受他们的服务，就可能会担心自身的安全。比如你去餐厅吃饭，担心他们的餐具是否卫生；你去药店买药，担心药品是否是假药；你到超市买食品或者酒水饮料，你担心它们是否过了安全食用期，或者担心它们是否是毒大米、假酒或者卫生不合格……每个人都有这样的自我保护的心理，顾客也不例外。

9."隐私"心理

很多商品涉及顾客的隐私，所以这类顾客在购买物品的时候，常常抱着一种"隐私"心理来买。受"隐私"心理的影响，他们在选择商品的时候，常常会选择合适的时间去购买。比如女性买卫生用品时常躲躲闪闪，在价格方面也不会很在意；而有些男性在买一些补肾用品时，也显得很不自在，因为他们害怕别人的异样眼光，特别害怕会碰到自己的熟人、老朋友或者其他的女性、男性顾客。

此外，对于服务行业，比如美容、洗浴、餐饮等行业，人们还有其他的购买心理，如求舒适、求干净、求方便、求卫生、求尊重、求健康等心理。

所以说，如果销售人员能够准确地把握住顾客的购买心理，再去接近他们，去说服他们，那么成功的概率就会比较大了。

寻找准客户的三个基本方法

销售人员在寻找准客户时不能太盲目,必须掌握一些基本方法。这些方法其实也很简单,最重要的就是用心和坚持。市场是最大的课堂,客户是最好的老师。所以,销售人员要懂得在实践中去学习、去总结,注意多听、多看、多思考。

寻找准客户的方法有以下三种。

1. 企业内部搜索法

在大多情况下,搜索准客户,首先应该从本企业内部获得有关客户的信息资料,这样既准确快捷,又省时省力,可以说是一条切实可行的捷径。

2. 人际连锁效应法

(1)介绍法。通过现有客户来挖掘潜在客户。在现有客户的配合协助下,常常就可以找到许多准客户。因此,销售人员千万不要忽视老客户的作用,要学会培养一批忠诚的老客户,并运用这些客户的力量获得更多的准客户名单。因为,每个人背后都有很多朋友。

(2)交换法。与其他公司的销售人员交换客户名单。

3. 市场调查走访法

从市场调查中寻找准客户,是指在更大的区域和更广的视野内实现销售战略的一种方法。打个比方说,如果从企业内部和从已有客户及亲友中寻找客户是"用渔竿钓鱼",那么,从市场调查中搜索准客户则是"用网打鱼",这种方法覆盖面广,往往容易取得较好的销售绩效,找到更多的潜在客户。

假如通过上述方法都不能如愿,那么销售人员就需要进一步扩大搜寻区域,这就需要通过市场调查走访来开拓潜在客户。

市场调查走访法要求我们一定要做到以下两点。

第一，随时随地寻找准客户。一个优秀的销售人员会随时随地寻找准客户。而各类的社交活动就是寻找准客户的最佳时机，比如喜宴、葬礼、座谈会、演讲会等。陈小姐大学毕业后来广州工作，在一家电器公司做推销员。初来乍到，人生地不熟，于是她在周六、周日必去登山，演唱会、音乐会等也一定去，可谓每会必到。由此，在短短的时间内认识了很多准客户，业务做得很红火。

第二，大范围地发送名片。每一位推销员都应设法让更多的人知道你是干什么的，推销的是什么商品。这样，当他们需要这些商品时，就会想到你。

你可以利用一些有益的社交活动认识一些人，让更多的人知道你，在这个时候就要利用你的名片了。制作的名片一定要有特色，让它不至于被对方忽视或遗忘，或在发放给别人的第二天在垃圾桶里找到它。

每一个人都使用名片，但乔·吉拉德的做法与众不同：他到处递送名片，在商场购物时递，在餐馆就餐付账时递，甚至利用看体育比赛的机会来推广自己。他订了最好的座位，带去1万张名片。当人们为明星的出场而欢呼的时候，他把名片扔了出去。他认为，正是这种做法帮他做成了一笔笔生意。当人们要买汽车时，自然会想起那个抛撒名片的推销员，想起名片上的名字：乔·吉拉德。他的成就正是来源于此。

有人就有客户，如果你让他们知道你在哪里，你卖的是什么，你就有可能得到更多的机会。

请人介绍来拓展客户

对很多销售人员来说，感到最头痛也最吃力的事情，就是开拓潜在客户。其实事情远远没有想象中的那么困难，你现有的客户群就可以好好再开发。

注意分析一下你收集来的客户资料，你将不难发现，在现有客户群中，还隐藏着很多潜在客户，存在很大的客户市场，等待你去开拓。那该怎么开拓呢？

有一种很好的方法叫作转介绍，也就是让现有的客户帮忙介绍新的客户。

这是开拓潜在客户最为有效的方法之一，也是保证你不断获得潜在客户的重要资源。通过转介绍，还可减少初次拜访的陌生感，同时有现有客户的认可，更具有先入为主的说服力，可赢得潜在客户的认可，促成交易。于是，你的客户群就像滚雪球一样，越滚越大！

1. 让客户认可你

销售人员可以向客户提出请求，并解释什么是转介绍。只有得到客户的认可时，客户才会把朋友的近况及家庭情况告诉你。

具体来说，获得客户认同要做到两点：

（1）要有责任感，笃守信誉，有责任心。在经营活动中，一定要重信誉、讲信用，以实际行动赢得客户信任，客户才乐意做转介绍。

（2）给客户提供满意的服务，只有以真诚服务打动客户的心，才会获得客户的认可，客户才会放心地把这种服务介绍给朋友，把你推荐给朋友，自愿反馈朋友的信息。

让客户认可你，这是很重要的一步，迈出这一步，后面的事情就好办了。但如果你遇到拒绝提供转介绍的客户，就应该尽快找出客户拒绝的原因，打消客户的顾虑，解除客户的担忧。

2. 获得潜在客户的资料

当你获得客户的认可后，他会把一些潜在客户的详细资料提供给你。你在收集这些资料时，主要掌握潜在客户的姓名、年龄、家庭及单位地址和电话号码、教育背景及未来计划。同时还能获知潜在客户的兴趣，掌握潜在客户的情感与性格。这样，你就对潜在客户有了大致的了解和认识，为之后拜访潜在客户奠定了基础。

3. 准确锁定潜在客户

根据掌握的资料，认真对潜在客户进行筛选，选择最具有可能性和最具购买实力的潜在客户做拜访，锁定其为主攻对象。锁定客户后，选择恰当的拜访时间、拜访方式、拜访话题，精心为潜在客户设计计划。

虽然是陌生拜访，但对客户资料了如指掌，就能做到介绍得心应手，句句说到潜在客户的心坎上。再则是经朋友介绍来的，潜在客户不会拒你于千里之外，更不会为难你，甚至还会产生一种亲切感、信任感。可以借助自己为客户提供的服务，用事实证明自己的信誉与能力。如此双管齐下，作用更为明显，相信会事半功倍。潜在客户也会接受你的观点，成为你的客户，最后促成交易。

先了解客户再去"攻城"

一些销售人员在接近客户前，从不有计划地收集客户的资料、了解客户的情况。他们总是匆匆忙忙地敲开一位客户的家门，急急忙忙地介绍产品；遭到顾客拒绝后，又赶快去拜访下一位客户。他们整日忙忙碌碌，所获却不多。聪明的推销员知道与其匆匆忙忙地拜访10位客户而一无所获，不如认认真真做好准备打动1位客户。

在一些销售人员眼里，接近客户，只是跟客户聊聊天，吃吃饭而已，没有必要做什么准备。这是那些没有经验的销售人员常有的心态。他们往往很自信，觉得自己完全有能力使客户驯服。其实，这是一种错误的想法。如果不了解客户，不做必要的准备，当接近客户时就有可能不知所措，使自己与客户的见面成了一种尴尬。比如说，当你推销化妆品时，提到某一明星，而这个明星正是这个客户讨厌的人，那么，推销的结果可想而知了。

不知道该客户的家庭情况，也就不知道客户家里的真正需求。销售人员可能会向家庭并不富裕的客户介绍一些价格偏高又没有太大实用性的产品。也可能客户正想买一些护肤品，可是销售人员却向其介绍家居用品，客户没有需求，当然不会购买了。所有这些，归根结底都是因为销售人员事先没有收集客户的资料，不了解顾客的需求。

推销员扮演着资讯传达者的角色，就像一个导体一样，串联着公司业务和终端使用者。只有事先了解了客户的情况，才会知道客户所在的行业，所从事的工作或者受教育的程度，才可以根据相应的情况准备几套不同的解说词，以适应不同层次的客户，提高他们的兴趣。

所收集的资料往往会决定整个推销过程的成败。有些推销员倒是知道收集客户的资料，却不知道收集其他竞争者的资料。在推销过程中，有的顾客会向销售人员提出一些有关竞争对手的问题，比如他们会问到其他品牌产品和这个产品相比有什么劣势。这个时候，推销员因没有收集相关资料，只能保持沉默或敷衍了事，这样做的最终后果就是白白失去了成交的机会。

从客户身边的人入手

那些没有经验的销售人员在搞客户攻坚战时总是直驱而入，不懂迂回。

有一位医药公司的产品推销员，他的客户中有一家小药店。每次他到这家药店的时候，总是先跟柜台的营业员寒暄几句，然后才去见店主。有一天，他又来到这家药店，店主突然告诉他今后不用再来了，不想再买他们公司的产品，因为他们公司的许多活动，都是针对大客户设计的。这个推销员只好离开商店。他开着车子在镇上转了很久，最后决定再回到店里，把情况说清楚。

走进药店时，他照例和柜台上的营业员打招呼，然后到里面去见店主。店主见到他很高兴，笑着欢迎他回来，并且比平常多订了一倍的货。推销员十分惊讶，不明白自己离开药店后发生了什么事情。店主指着柜台前的一个小伙子说："在你离开店以后，柜台的小伙子过来告诉我，说你是到店里来的销售员中唯一会同他打招呼的人。他告诉我，如果有什么人值得做生意的话，应该就是你。"从此，这个店主成了这个推销员最稳定的客户。

重视客户身边的人，自然也包括重视客户的孩子、配偶甚至亲朋好友。通过客户的孩子，把自己的积极态度传染给你的购买决策人，从而激起客户的购买意愿。有人说过："我非常赞成不时地为客户或客户的孩子帮一点忙，同时认为在商务活动中，这是一个被人们普遍忽略了的手段。在商务关系中，间接地把客户的孩子包括进来，就会给孩子留下深刻的印象。被人记住，被人欣赏，从长远的利益来看，通常能得到报答。"

第2章 拜访客户：与客户面对面交谈

每次拜访都是一场盛宴

"只要肯干活，就能卖出去"的观念已经过时了，取而代之的是"周详计划，省时省力"。与客户第一次面对面的沟通，有效地拜访客户，是迈向成功的第一步。只有在充分准备下的客户拜访才能取得进展。

你是否愿意去做精心准备，以及你是否有能力进行精心的准备，这对于你将来是否成功和是否能够获得你想要拥有的财富至关重要。我们的原则是：只要存在疑问，就一定要进行过量准备！你一定不会对你为拜访客户所做的大量前期准备而后悔。你在准备上付出的努力往往会是拿到那单生意的关键因素。

对于一个新手来说，精心准备还有更多的好处：有了计划，才会有面谈时的应对策略，因为有时在临场的即兴策略成功性很小。事先考虑周全，就可以在临场变化时伸缩自如，不至于慌乱。有了充分的准备，自信心就会增强，心理就比较稳定。

1. 拜访前的调查准备

这一阶段,你应尽可能多地收集客户或潜在客户所在公司的信息。通过网络、当地图书馆、报纸或其他渠道收集这些信息。而且在你收集某个公司信息的时候,你可以前往那里进行拜访,或者请那个公司的人将他们近期用来开拓本公司市场的产品信息小册子以及其他销售资料寄给你。拿到资料后,通读这些材料,并对其中的主要观点做好笔记。你的前期调查研究工作做得越充分,最后坐下来和客户交谈时,你的发言就会越发显出你的信息灵通、思维睿智。

如果你面对的客户是个商业企业,那么尽你所能去了解这个公司的产品、服务、发展史、竞争对手和现在进行的商业活动。我们的原则是,如果信息尚未准备得足够充分的话,那么不要向你的潜在客户提出任何问题,没有什么比"你们公司是做什么的"这样的问题更能在瞬间破坏客户对你的信任了。

这种问题一问出口,就告诉了潜在客户:在拜访前,你并没有花费任何力气去做调查研究。在第一次与客户接触时,这绝对不是你想要向客户传达的信息。

如果你面对的客户是个人,如销售保险,作为营销员,不仅仅要获得潜在客户的基本情况,如对方的性格、教育背景、生活水准、兴趣爱好、社交范围、习惯嗜好等以及和他要好的朋友的姓名等,还要了解对方目前得意或苦恼的事情,如乔迁新居、结婚、喜得贵子、子女考大学,或者工作紧张、经济紧张、充满压力、失眠、身体欠佳等。这些情况,你可以从推荐人那儿尽量多了解,也可以前往其小区,从邻居那儿打听,或从其所就业的公司网站上了解一些信息。总之,了解得越多,就越容易确定一种最佳的方式来与客户谈话。

对于渠道销售员而言,在拜访客户前,要提前了解对方属于重点客户还是一般客户,从而制定拜访策略。比如,销售员计划到某超市拜访经理,出

发前就要对该超市的大概情况了如指掌，包括超市的采购决策者、市场销售情况、资信情况等。

要充分掌握自己公司的销售政策、价格政策、促销政策，尤其是在公司推出新的销售政策、价格政策、促销政策时，更要了解新政策的详细内容。当公司推出新产品时，营销人员还要掌握新产品的特点和卖点。有关本公司及业界的知识、本公司及其他公司的产品知识等。

2. 拜访前明确目的

设定此次拜访的目的。通过这次拜访你想达到一个什么样的目的，是实现增进感情交流，还是促进客户进货。

我们必须非常清楚地明确一点，推销人员每一次拜访的目的都不是一样的，有礼节性的拜访、产品说明和演示、签单促成、收款、售后服务、抱怨处理、索取转介绍等。据美国推销协会统计，80%的推销个案的成功，需要5次以上的拜访，48%的销售员1次就放弃，25%的2次放弃，仅有10%的人坚持5次以上。这个统计数据告诉我们，推销员通过一次的拜访就达到签单目的的少之又少，从第一次接触到促成签单大约要经历五个步骤，每一次的拜访如能达到一个目的就不错了，所以不要急功近利。

你将要与谁见面？你将要问他什么事情？通过这次拜访你希望得到一个什么样的结果？这是拜访前你要明确的目的。在这一阶段，你应该预先对拜访的各个细节进行仔细思考，认真计划。

最好将你要问的写在纸上，以便在你和客户交流的时候，把这些问题提出来。客户们喜欢那些精心准备了书面提纲的拜访者。

这里有一个非常了不起的技巧，它已为大多数顶尖销售专家所采用，即在拜访客户之前准备一个"问题清单"。依照从全面到具体的顺序，将你所要问的问题列在一张清单上，并在这些问题之间均留有空隙。

当你会见潜在客户时，要说："谢谢您在百忙中抽出时间来见我。我知道您时间宝贵，所以我为我们的这次见面拟定了一个日程安排，我们可以就上面的一些问题逐项进行探讨。这是您的那份。"

  这样做表明了你尊重客户的时间，而且对于这次会面你预先进行了准备。然后你就依照这个问题清单，逐一拿出你的问题对客户进行询问，并且在此期间你所产生的新的疑问也可以随时提出。如果这个办法得到正确实施的话，那么这将有助你成为一名真正的咨询顾问，而不是一名产品销售人员，这对你的未来将有极大的帮助。

3. 外部形象

  服装、仪容、言谈举止乃至表情动作上都要力求自然，就可以保持良好的形象。

4. 计划开场白

  如何进门是我们遇到的最大难题，好的开始是成功的一半，同时可以掌握75%的先机。

5. 工具准备

  "工欲善其事，必先利其器。"一位优秀的营销人员除了具备锲而不舍的精神外，一套完整的销售工具是绝对不可缺少的战斗武器。台湾企业界流传的一句话是"推销工具犹如侠士之剑"，凡是能促进销售的资料，销售人员都要带上。调查表明，销售人员在拜访客户时，利用销售工具，可以降低50%的劳动成本，提高10%的成功率，提高100%的销售质量。销售工具包括产品说明书、企业宣传资料、名片、计算器、笔记本、钢笔、价格表、宣传品等。

6. 时间准备

  如提前与客户预约好时间应准时到达，到得过早会给客户增加一定的压力，到得过晚会给客户传达"我不尊重你"的信息，同时也会让客户产生不信任感，最好是提前5～7分钟到达，做好进门前的准备。

7. 拒绝问题演练好

  销售就是从被拒绝开始的。准客户拒绝的理由五花八门，多得数不胜数。通常有以下几种：价格太贵，别的产品更便宜；产品质量不好；服务不周到；公司不可靠；没钱；要和家里人商量一下；考虑一下再说，等等。因此推销人员在出门之前对如何回答这些问题必须做到胸有成竹，见面时才会应付自如。

8. 内部准备

（1）信心准备：事实证明，营销人员的心理素质是决定成功与否的重要原因，突出自己最优越的个性，让自己人见人爱，还要保持积极乐观的心态。

（2）知识准备：上门拜访是销售活动前的热身活动，这个阶段最重要的是要制造机会，制造机会的方法就是提出对方关心的话题。

（3）拒绝准备：大部分客户是友善的，换个角度去想，通常在接触陌生人的初期，每个人都会产生本能的抗拒和保护自己的方法，找一个借口来推却你罢了，并不是真正讨厌你。

（4）微笑准备：如果你希望别人怎样对待你，你首先就要怎样对待别人。

许多销售人员总是羡慕那些成功者，认为他们总是太幸运，而自己总是不幸。事实证明好运气是有的，但好运气也总偏爱诚实且富有激情的人！

9. 拜访后的分析

我们把拜访后的分析也作为准备，因为这次拜访结束，就是下次拜访的开始。为成功实现销售，拜访后，你应该拿出一些时间来回忆刚刚结束的这段谈话中的每一个信息，并将它们写下来。不要过于相信你的记忆力，也不要等到一天的工作结束后再去回想与客户谈话的情况。将你所能够回忆起来的每件事情都写在本子上，以后你会发现，这样的记录对于你将一位潜在客户发展成真正的客户会有多大的帮助。

之后，当你再次拜访这位客户时，花几分钟的时间回顾一下你所记的东西。一旦你这样做了，你就会思维敏捷，对于这个客户和他当前的状况胸有成竹。

容易忽略的五个拜访细节

除产品外,销售人员在拜访客户中的一些细节处理,对销售的成功率也有重要的影响。

1. 只比客户着装好一点

专家说:最好的着装方案是"客户+1",只比客户穿得好"一点",既能体现对客户的尊重,又不会拉开双方的距离。着装与被访对象反差太大反而会使对方不自在,无形中拉开了双方的距离。如建材销售员经常要拜访设计师和总包施工管理人员,前者当然要衬衫领带以表现你专业形象;后者若同样着装则有些不妥,因为施工工地环境所限,工作人员不可能讲究着装,如果你穿太好的衣服跑工地,不要说与客户交谈,可能连坐的地方都难找到。

2. 与客户交谈中不接电话

电话多是销售人员的特点,与客户交谈中没有电话好像不可能。不过我们的大部分销售人员都很懂礼貌,接电话前会在形式上请对方允许,一般来说,对方也会大度地说没问题。事实上,对方在心底里说:"好像电话里的人比我更重要,为什么他会讲那么久?"所以销售人员在初次拜访或重要的拜访时,绝不能接电话。如打电话的实在是重要人物,也要接了后迅速挂断,等会谈结束后再打过去。

3. 把"我"换成"咱们""我们"

销售人员在说"我们"时会给对方一种心理的暗示:销售人员和客户是在一起的,是站在客户的角度想问题,虽然它只比"我"多了一个字,但却多了几分亲近。北方的销售人员在南方工作就有些优势,北方人喜欢说"咱们",而南方人习惯说"我"。

4. 随身携带记事本

拜访中随手记下时间地点和客户的姓名头衔；记下客户的需求；答应客户要办的事情；下次拜访的时间；自己的工作总结和体会。对销售人员来说这绝对是一个好的工作习惯。还有一个好处就是当你虔诚地一边做笔记一边听客户说话时，除了能鼓励客户更多说出他的需求外，一种受到尊重的感觉也在客户心中油然而生，你接下来的销售工作就会顺利很多。

5. 保持相同的谈话方式

关于这一点，年轻的销售新手要特别注意。年轻人思路敏捷、口若悬河，说话不分对象像开机关枪般快节奏，碰到客户是上年纪的人思路就会跟不上，根本不知道你在说什么，容易引起客户反感。有一位擅长项目销售的销售人员，此人不善于言辞，销售技术方面也未见有多少高招，但他与工程中的监理很有缘，而监理一般都是60岁左右将要退休的老工程师，而且他对老人心理很有研究，每次与监理慢条斯里谈完后必有所得。最后老工程师们都成为该产品在其工程中被采用的坚定的支持者。

二十种借口让你再见到客户

想要更有效率地达到推销的目的，再访客户的借口就非得好好研究不可。以下有二十种不同的再访借口，若能好好加以运用，一定可以增加许多再访的机会。

1. 以送名片再次拜访

一般的销售人员总是在见面时马上递出名片给客户，这是比较传统的销售方式，但是却难免流于形式，偶尔也可以试试反其道而行的方法，不给名片，反而有令人意想不到的结果。

2. 故意忘记向客户索取名片

这也是一种不错的方法，因为客户通常不想把名片给不认识的销售人员，尤其是不认识的推销新手，所以客户借名片已用完或还没有印好为由，而不给名片。此时不需强求，反而可以顺水推舟故意忘记这件事，并将客户这种排斥现象当作是客户给你的一次再访机会。

3. 印制不同式样或是不同职称的名片

如果有不同的名片就可以借更换名片或升职为理由再度登门造访，但要特别注意的是，避免拿同一种名片给客户，以免穿帮，最好在客户管理资料中注明使用过哪一种名片或是利用拜访的日期来分辨。

4. 不留资料下次奉送

当客户不太能够接受但又不好意思拒绝时，通常会要求销售员留下资料，等他看完以后再联络。这时候有经验的销售员绝对不会上当，因为这只是一种客户下逐客令的借口，资料给了之后很可能不用多久就被丢到垃圾桶，所以就算客户主动提出要求也要婉转地推辞，但要在离开之前告知下次再访时补送过来。倘若忘了留下再访的借口，也可以利用其他名目，例如"资料重新修订印制完成，特送来给您参考"或"客户索取太踊跃，所以公司一再重印，等我一拿到就送过来了"。

5. 亲自送达另外一份资料

这份资料必须是客户未曾见过的，专业的销售人员应当有好几份不同的宣传资料，才可以针对不同的客户需求提供不同的资料。

6. 提供有帮助的信息

如果发现报纸或杂志上刊登着与商品相关的消息或统计资料，并足以引起客户兴趣时，都可以立即带给客户看看，或是请教看法。

7. 将资料留给客户再取回

销售人员在离开前必须先说明资料的重要性，并约定下一次见面的时候取回，若客户不想留下也无妨，放下就走，客户就算不看也不敢把资料丢

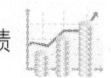

弃。切记，约定下一次见面的间隔时间不可太长，否则可能连你也会忘记有这么一件事。

8. 借口路过此地，登门造访

说明自己恰巧在附近找朋友或是拜访客户，甚至是刚完成一笔交易均可，但千万不可说顺道过来拜访，这点是要特别注意的，以免让客户觉得不被尊重。同时还要注意，不需要刻意解释来访的借口，以免越描越黑，自找麻烦。

9. 找一个问题请教客户

这不是要考倒客户，而是要了解客户的专业知识，所以千万不要找太难的问题，最好是能够给予客户发表空间的"议论题"为佳。

10. 陪同新同事或上司联袂拜访

通过第三者的造访会给客户带来压力，尤其是你的上司陪同前往时，更能提高说服力。因为上司协助销售人员开拓业绩，会使交易达成的可能性大大提升。

11. 逢年过节小礼物馈赠

这是接触客户最佳的时机和最佳的运作方式。当然，礼物的大小要自己把握，非常有希望成交的客户才能送较重的礼，否则可能赔了夫人又折兵，这是需要先判断清楚的。

12. 免费赠与公司刊物

运用免费赠予客户公司刊物的机会，作为再访的借口也是十分恰当的。例如，某些公司会出一些月刊、周刊、日刊或市场消息，过年时送月历、日历等资料。

13. 提供新产品组合供客户所需

推销的商品可以搭配成许多不同的组合，有人称为"套装"商品，不同的组合与搭配会有不同的效用，可以借此向客户请教某些问题，询问他有何观点或建议。

14. 以生日作为温馨的借口

若能适时记住客户或其家人的生日，到时候再去找客户并送上一张生日贺卡或鲜花，也不失为有效打动客户的方法。

15. 举行说明会、讲座，并特地亲自邀请

如果可以提供最新商品的资讯说明会，加强客户对商品的了解，或是提供免费的奖品，相信会吸引很多人前来参加。销售人员在送给客户邀请卡时，可以稍微解说讲座的内容，并在临告辞前请其务必光临指导。

16. 运用客户填写问卷调查表

设计几份不同的问卷调查表带去请客户填写，问卷的内容主要是了解客户对于推销商品的接受程度与观念，或是对于商品喜好的程度。

17. 在市场突然公布消息时给予第一手资料

利用市场发布重大消息的机会，提供市场人士或是自己的看法给客户参考，使客户有倍感尊荣的感觉，从而拉近彼此间的距离。

18. 提供相关行业的资料给客户作参考

"知己知彼，百战不殆。"收集相关行业的动态信息作为参考，不但可以成为自己商品改良的依据，同时也可以举例说明别人成功的经验。

19. 采用特别优惠办法或特卖方式

以利益吸引客户接受商品价格，从而引发其购买商品的欲望。例如，某些商品在特卖促销时，经常会用"买一送一""买1 000送折价券"的策略；又如，信用卡公司推出消费送积分以换取赠品的方式，都是能够引发客户购买欲望的方法。

20. 不用借口，直接拜访

与其费尽心思为自己的行动找理由而踌躇不前，不如直截了当地登门拜访更加有效。虽然比较唐突并可能碰壁，但也不失为训练自己能力与胆量的机会。

第3章 应对借口：把拒绝变成销售机会

 应对"我很忙"的借口

"我现在很忙，请你改天再来吧！"

当客户这么拒绝的时候，销售人员该怎样"应付"呢？

一般而言，这只不过是客户的一种借口罢了。所以，销售人员要迅速而准确地看出究竟是"真忙"还是"假忙"。如果对方是"真忙"，应该采取下列两种方法来应对。

1."约定时间"洽谈

"看您工作这么繁忙，打扰您还真是不好意思呢。这样吧！就5分钟，请您抽出5分钟听我说几句话，好不好？说完我立即就走。"

真正忙碌的客户，如果你事先和他约好"5分钟"，他也可能愿意抽出这5分钟时间听你说明。否则，"这个人不知道要跟我啰唆多久"的心理，将使得他犹豫不决。

2.适时离开

当客户推辞的时候，销售人员宁可先说："打扰您真抱歉。那我就改天再来拜访了。"而不要等客户说:"我说不要就是不要!"之后才离开。

重要的是,你已经说过"改天再来",这不仅告诉你自己,更告诉了对方:不久之后,你会再次登门拜访的。同时,千万要记住,离开时的态度要好,不要令对方感到厌恶。

应对"改天再来"的借口

在推销过程中,销售人员也可能经常会遇到这样说的客户:

"请您改天再来吧!我今天不买。"

"我现在不需要,过几天再说吧!"

通常情况下,进行这般推辞的客户,都属于下面两种类型的人:

第一种类型:感觉敏锐,能照顾对方的立场,很讲究礼貌。

第二种类型:优柔寡断,不能给予对方明确的答复。

1. 对付第一种类型客户的方法

这种客户看来沉静且易于接近,但是事实上,要说服他们得花费相当多的工夫。在经过双方的简短交谈后,如果对方"请你改天再来吧"的意愿仍然未变,销售人员就要改变策略了。

"冒昧地打扰您了,真是抱歉。那么,我就改天再来拜访您吧。"

销售人员第一次拜访的时候,吃客户的"闭门羹"是很平常的事。所以,还要再接再厉进行第二次拜访,但如果第二次得到的答复仍同第一次一样,那么,这笔生意成功的希望也就不大了。

2. 对付第二种类型客户的方法

当这种类型的人在推辞的时候,销售人员要虚心地接受其意见:"喔,是这样的啊,也难怪,现在物价上涨,谁买东西都要计划一下的。"

如果你接着说"不过……"那么其效果就会大打折扣。遇到这种情形,经验丰富的推销员应该这么说:"考虑?这是当然的,一台空调几千元,再怎么样,也不能随随便便就决定买。国家相关部门曾经作过一项统计,统计结果表明,在咱们这里76%的家庭都有空调,这倒是相当惊人的。"

"76%"这个数字,无形之中会使客户产生"那我家就包括在剩余的24%里头了"的心理,从而引起客户购买的欲望。

总而言之,访问客户一切都要按实际情况而定,或是"坚持到底"或是"适时告辞"。当然,最保险的方法莫过于先将商品的说明书交给客户,过两天后,再去拜访。

应对"再考虑考虑"的借口

在面对销售人员的推销时,即使是那些确实有需求的客户,也会常常说出"我要考虑考虑""让我想一想"诸如此类的话。要知道这些话只是一个借口,而不是真正的拒绝理由。推销员只要找出真正的拒绝理由,并有创意地加以解决,就有推销成功的可能。

那么当客户说出:"嗯,这份计划看来相当不错,我考虑看看。"这时,销售人员该如何应付呢?

1. 找出问题的关键所在

俗话说"趁热打铁"。做推销也是一样的道理。假定客户说"我再考虑考虑"这样的话,销售人员应该在此反对意见刚萌生之际,立即想办法进行化解。这时你可以说:"实在对不起。请原谅我不大会讲话,一定是我的介绍使您有不明了的地方,不然您就不至于说'让我再考虑考虑'了。可不可以把您所考虑的事情跟我说一说,让我知道一下好吗?"这样,既显得认真、诚恳,又可以把话头接下去,使客户愿意继续谈下去。

销售人员也可以直接对客户说:"您先不要这么想,您先看看这个样品，看看再说吧。本产品的特别之处就是……"这也是在进一步激发客户的购买欲，一步一步引导客户购买。可能客户从你提供的资料介绍中迅速抓住了一些关键疑点，正是这些疑点，使客户下不了决心。这时销售人员就应该站在客户的立场，从他的利益出发，同客户一道来考虑解决问题的办法。

比如说，销售人员可以用暗示的方法跟客户讲："这是一个很重要的问题，我们一道来研究好不好？"

或者说："的确，正如您所看到的，这就是最重要的地方，而这也恰恰是我要向您推荐这个产品的独特之处。以前使用的减肥食品都需要配合节食，使人难以忍受，但这种营养素却在您实行健美计划的同时，随心所欲，且不会产生副作用……"

此外，还可以说："对不起，我知道您很忙，可是我没办法每天都来呀。我想您所担心的也许是交付问题吧！若不妨碍您的话，我们还是仔细谈一谈吧！"

2. 紧追不放

在有些情况下，当客户要求销售人员下次再来时，你就应该紧追不放，要直接对客户说："先生，请您好好考虑吧。我将在这里等候您考虑后的决定。"并且提醒他，自己一定会回答他所有的问题，直到他作出决定。

"先生，您是否喜欢我为您设计的这份寿险计划？"等待对方表示肯定后，就可以继续说："如果您说不喜欢这份计划，那我就马上回去，不再打扰您。如果您确实喜欢这份计划，我就必须留在此地等候您签约。"

3. 巧用问句促使客户购买

销售人员要询问客户要再考虑的缘由，进行针对性解决，促使客户购买。

一位销售人员试图将一台新复印机推荐给客户。客户看起来也很有兴趣，但是他说要考虑一下。

"好极了！想考虑一下就表示您有兴趣，对不对呢？"

说完这句话后，一定要记得给客户留下时间作出反应，因为他们作出的反应通常都会为销售人员下一句话起很大的辅助作用。

客户通常都会说："你说得对，我们确实有兴趣，我们会考虑一下的。"

接下来，销售人员应该确认客户真的会考虑："先生，既然您真的有兴趣，那么我可以假设您会很认真地考虑我们的产品，对吗？"（注意："考虑"两字一定要慢慢地说出来，并且要以强调的语气说出）

然后销售人员可以举很多的例子，因为这样能让客户知道自己得到的好处。最后，销售人员问："先生，有没有可能会是钱的问题呢？"

如果对方确定真的是钱的问题，销售人员已经打破了"我会考虑一下"定律。而此时如果销售人员能处理得很好，就能把生意做成。

应对"我要向朋友买"的借口

当推销员上门推销时，很可能会碰到这样的客户，他会先问一下产品的名称和制造厂商，然后说：

"谢谢你，你很辛苦。不过很抱歉，前几天已经买过了。"

"很对不起，我不能跟你买，因为制造工厂有我的朋友在那里，不向我的朋友买好像说不过去。"

针对客户的这种借口，很多销售人员往往束手无策，最终也只能知难而退，放弃推销。

其实，这种失败显示了销售人员对于这种相反论调的处理方法缺乏研究。的确，碰到这种"立场坚定不移"的客户，会让人不知如何开口，尤其是对新手来说更是无所适从。当遇到客户的这种借口时，千万不要知难而退，而应该试着去确定一下此话是否属实。

"是吗？很好，能够向自己的朋友买再好不过了，你们是认识多年的好朋友吧！"（稍微停顿一下）

这时客户倘若善于应付销售人员的话，当然另当别论。但是，一般的客户都会说："哦！大概是这样子的吧！好多年了！"或说："叫我怎么说呢？"或说："你管太多了！我的朋友与你有什么关系啊！"

在上述情形下，你都可以安心了，因为你知道对方的相反意见，无疑是拒绝的托词。此刻，你可以说："这个请您做参考好吗？"一边拿出产品说明书、图样来给他看，或一边操作示范机器；同时劝导客户买下来。

但是万一这相反论调是事实，你断定应付起来较为棘手，可以根据那句"我那里有熟识的朋友"，判断出客户还有购买商品的可能，不妨向他说：

"是这样啊？您跟公司的王先生是朋友啊？××电器公司的产品在这一行是数一数二的，信誉卓著（即使是竞争的同行，也不可说它坏话，称赞人家就表示对自己公司的产品有信心）。不过我们公司出的产品也不落人后，请您看一看吧！我们这个连接器保证绝不输于××电器公司的连接器。我知道贵公司一向都是使用高级品的，最合适不过了。为了求得进步，您采用我们公司产品试试，也不会对不起朋友的公司呀！是吧？"

一旦客户说："好吧！那就用一次试试看。"那很可能就大功告成了；但是如果商品完全相同，客户一点儿也没有改变心意时，推销员必须想办法游说，或作个长期计划，先慢慢成为客户的朋友，再逐步进行推销事宜。

应对"我想到别家再看看"的借口

当销售人员刚刚向客户将产品的每项优点都解释清楚之后，客户却说："我想到别家再看看。"这实在是一件很令人气馁的事。不过在面对这种情况时，优秀的销售人员会利用各种技巧，转变客户的看法，当场完成推销。

1. 强调产品的品质

当客户说出"我想到别家再看看"这句话时，首先要分辨出他想到别家看的究竟是什么？是价格，是质量，还是服务，只有在弄清楚这一点后才能对症下药。

如果客户是出于价格的因素，就可以这样对他说："先生，每个人都希望买到物美价廉的商品，您到别的公司去看，他们的价格可能真的比我们的价格低。但是我可以打包票地说，绝没有第二家能以这个优惠的价格来给您提供这么高质量的商品和优良的售后服务了。"

在说完这句话后，最好给客户留下足够的反应时间。因为你所说的都是实话，客户几乎没有办法来反驳这个事实。那么接下来，你就可以这样对客户说："先生，您不认为以这个价格来购买我们的产品和服务，是一种很划算的交易吗？"

因为你的产品的品质和服务确实符合这样的价格，所以你的客户如果不是故意刁难，应该不会作出否定的回答。然后，你可以继续问："先生，购买商品时肯定要考虑价格，但它并不是首要的，有时多花些钱来获得真正想要的优质产品，绝对是值得的，您说是吗？就像有些公司的采购人员只是致力于从供应商那里尽量获得最低的价格，而并不考虑产品本身的质量和以后的服务。我们知道，有时低价位产品产生的问题往往比它能够解决的问题还要多。而那些资深的采购人员，更愿意获得最高品质的产品，而不是那些低价位的产品。先生，我想您肯定不会为了贪图那么一点儿便宜，而不顾产品质量的好坏和服务的优良与否吧？您肯定会为了您的长期利益着想，对吗？"

2. 对客户的要求表示理解

某客户需要买一台笔记本电脑，以便生意上的沟通能够更方便、更快捷。他跟销售人员通了电话，听了介绍后，他说想再到别家问问。

在这种情况下，就应该设法让客户说出他真正反对的理由。此时销售人员可以用下面的办法。

销售人员："先生，跟您一模一样，很多客户在购买我们的笔记本电脑之前，想再到别家比较比较。我肯定您也一样想以手头现有的钱买到最好的笔记本电脑以及最好的售后服务，对吗？"

客户："那当然是肯定的啦。"

销售人员："您可不可以告诉我，您想看些什么或者比较些什么呢？"

客户："……"（这时他说的第一句和第二句话，应该都是真正的反对理由——除非他只是想摆脱你）

销售人员："在您跟别家公司做完这些方面（一个个说出来）的比较之后，发现我们的最好，我想您一定会回来跟我购买的，对吗，先生？"（好了，这会儿是让客户说出打算的时候了）

3. 不妨摆出一种高姿态

"不好意思，我只是想试一下，我想到别家再看看。"

"既然您对这种商品的效用有点疑虑，那么我现在就给您比出效果来。您看，这是50元的，我们现在来跟这100元的比一下（做演示）。您看这效果是明显的不一样。如果您还是不相信的话，也可以再到别家问问，反正我的商品不怕试，也不怕比。即使您到别家去，我相信您还是会再来的。"

在这里，销售人员就是向客户摆出一种高姿态：我们公司的东西不论从质量还是价钱方面都是最棒的，您随便到哪家问，哪家比，都还是会回来购买的。在实际的推销中这种方法是比较有效的，客户一听推销员这样说，很可能就不会再犹豫了。

应对"我得和领导商量商量"的借口

如果客户告诉销售人员"我得和领导商量商量"之类的话，说明销售人员对客户的求证工作做得不够。当这笔交易还需要其他人的认可时，除了事先对客户的求证之外，还需要采取以下三个步骤。

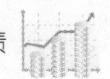

1. 取得客户的私人承诺

要得到客户的完全的认同，销售人员就要弄清楚几个问题：

（1）商品客户满意吗？

（2）价钱客户满意吗？

（3）服务客户满意吗？

（4）公司客户满意吗？

（5）我的表现让客户满意吗？

例如：

"先生，如果只是您一个人，不用和别人商量的话，您会不会购买？"

客户差不多都会回答"会"。

2. 加入客户的阵营

"我们"这一类的措辞可以让销售人员加入客户的阵营，让客户感觉到你是和他站在同一立场的，这样更容易将产品推销给客户。

如果使用下面的句子，客户更能接受。

（1）"您认为我们公司的合伙人对这个产品满意吗？"

（2）"我们要做些什么？"

（3）"我们什么时候可以把他们凑在一起？"

（4）"我们怎么让他们聚在一起？"

（5）"小组什么时候开会？我是否出席是很重要的，因为我确定他们一定会问一些问题，而且我想他们一定也希望有人能够回答他们的问题。"

（6）"能为我介绍你们公司其他相关的人吗？"（把每个人的个性写下来，试着了解每一位决策者的个人特性）

3. 主动安排时间与所有决策者见面

推销员小吴在向客户郑先生推销他的产品，在成功说服郑先生之后，郑先生说："我得跟我的上级领导商量一下。"

小吴问道："那下周我来见您和您的上级怎么样？我们可以一块儿坐下

来谈谈产品的事情。"

郑先生说:"我想我们今晚就可以谈,我会向我的上级解释的。"

"如果我今晚给您一份您满意的建议书,您会马上就签字吗?"

"哦,当然我得先跟上级说一声。"

"我明白了。那他理应参加我们的会谈,所以我想见他。"

"但我自己可以向他解释。"

"我花了几个月的时间才详细做了一份向您建议购买的策划书,并经过这么久才向您解释清楚,我想您要在一晚上彻底弄清楚并向别人解释不是件易事。"

"不是很简单吗?"

"问题是,如果您的上级不满意其中的一些条款,您该怎么办?"

"那我猜他不会买的。"

"但如果我在场,我会答复他的疑问,并告诉他可以按照他的想法修改,而且保证产品让他满意,我想应该坐下来跟他谈谈。"

小吴接着说:"我不想让您向您的上级推销产品,因为那是我的工作。您已经告诉我这种产品对您的公司提高效益很有益处,您想尽快购买,对吗?"

"我想是的,我马上给他打电话。"郑先生答道。

过了一周,小吴跟郑先生和他的上级见面了。他用了一两个小时回答了客户领导的问题,并且成功说服了对方购买自己的产品。

应对"先把资料放在这儿吧"的借口

一位推销员到了一家公司,开始向该公司的总经理推销他的笔记本电脑。这位总经理平日应付的推销员够多的了,所以他只是很随便地说了一句："知道了，那你先把相关的介绍资料给我吧。"

很明显，该经理根本就没有购买的意思，只是随口敷衍了一句。虽然表面上客户并没有说没有兴趣，但是他只是冷淡地让推销员把资料留下，就表明了他根本对此没有兴趣，留下资料后翻看的机会也很小，那么面对这种情形推销员应该怎么应付呢？

可以看一下下面的几个解决方案。

方案一："先生，我们的资料都是精心设计的纲要和草案，都是专业术语，必须配合人员的说明和解释，而且要对每一位客户分别按个人情况作修订，等于是量体裁衣。所以，如果您今天没有时间的话，那我星期四或星期五过来给您具体讲解。您看是上午还是下午比较好？"

方案二："是的，先生，是这样的，正因为您的时间很宝贵，所以如果让我先跟您讲一下，再把资料留给您的话，您在看资料的时候可以有重点地阅读，这样可以节省您更多的时间。您放心，我不会超过10分钟的，不知道您是星期一晚上还是星期二晚上方便呢？"

方案三："是的，介绍人赵小姐特别告诉我，说您是这方面的行家。不过，我们所要谈的不是如何做这份工作，而是在经营一项事业，是非常特别的；很多人到我们公司来以前，想法都和您一样，但听过我们的说明以后，他们发现这是一个新生的事业，不知道您是星期一晚上还是星期二晚上方便呢？"

第4章 催收货款：回款才是硬道理

催收货款的口才基础

回款既是销售人员平步青云的垫脚石，也是销售人员寝食难安的紧箍咒。

对于销售人员来说，销售成交并非代表任务完成，回款拿到手中才是根本。对于企业而言，资金是企业运行的血液，而销售回款则是血液的源泉，回款几乎能决定着企业的生死命脉。销售人员面对的压力不仅是把商品销售出去，更重要的是能够把货款如期收回来。所以，作为一个优秀的销售人员不但要善于把产品推销出去，还应该懂得如何去催收货款。

决定讨款行为成功或失败的因素是多方面的，是十分复杂的，但是，大量的事实证明，讨款人的讨款口才技巧对讨款的成败有着很大的影响。有些原本是很容易讨回的货款，却因不善于"说话"而宣告失败；相反，有些原本是很难讨到的货款，却因讨款人善"说"，而获得成功。

当然，这个"说"必须是针对不同的情况或不同的人而灵活运用的变换方式和技巧。那么销售人员该如何灵活地运用自己的口才，采取不同的方式和技巧，成功地催回债款呢？销售人员在去"说"服客户前应该做以下准备工作。

1. 做好催收货款的心理准备

销售人员在催收货款时的心态是发挥自己的口才技巧和催收能力的一个重要因素。一个人的思想很容易影响到他说话的语气、语言的选择，这是我们大家都明白的一个事实。

销售活动是将销售开始至收回货款视为一个完整的循环，所以销售人员在面对将要收回的货款时，应该抱有这样一个信念："收回货款是正当的商业行为！"

既然客户购买了产品，归还货款自然也是理所当然的事情，所以，销售人员应该抛弃那些不必要的心理负担，在催收货款时要尽量保持一种坦然的态度。

2. 催收货款的口才技巧基础

任何一个销售人员，哪怕你巧舌如簧，业务精通，在催收货款这种工作中，还应该记住这样一个前提：还债是建立在对方有相应能力的基础上的。因此，在销售工作中，销售人员应遵循以下原则，才能为催款扫除不必要的障碍。

这些原则可以归纳为以下几点：

（1）充分调查对方的支付能力，选择能够按时缴款的客户。

（2）签订合同时，要清楚地向对方说明支付的时间期限。

（3）只顾自己利益的销售，是难于收回货款的根源。

（4）用金额计算客户的信誉度，无限制的赊销是导致死账的根源。

（5）松懈无力的要求只能涣散对方如期支付的义务感。

（6）到议定收回资金的日期，就一定如期收回。

（7）对于和那些已经延期付款的客户再次交易要慎之又慎。

（8）对由于一时不便，延时付款的客户，要尽快进行支付资金的洽谈。

（9）对于已不可能付款的客户，要果断处置，以最大限度地减少损失。

在明白了以上的一些基本知识之后，销售人员应该认真地把握好，因为以上的任何一点都会直接影响到催收货款的效果。

把握催收货款的制胜因素

销售人员在催收货款时要抓住制胜因素。归纳起来，回款的制胜因素有以下几种。

1. 利

客户为什么愿意回款？很多时候客户能忍受厂家大力度的"吸款""压货"，其实最根本的原因在于一个"利"字。

如果厂家品牌有一定的市场影响力，产品在渠道终端能顺利卖掉，能适应市场状况经常做些传播推广，能为商家提供良好的售后服务，不定期地出台大力度的优惠政策，且派销售人员帮助商家做市场，客户就会积极回款以维护良好关系。

2. 理

很多时候，销售人员得把账给客户算清，道理给客户说透，给他找到回款的理由，让客户"理"所应当地回款。

3. 情

客户都是在市场的"枪林弹雨"中发展起来的，不懂市场规则，是不可能获得现有地位的。销售人员要用真情去打动客户，从而在不知不觉中感化客户，主动配合你的工作。

在这方面，销售人员至少有三情可用：一是公司领导跟客户的情，即保持公司领导与客户沟通顺畅；二是销售人员跟客户的情，天天低头不见抬头见，人情做到了，事情也就迎刃而解；三是销售人员跟客户具体工作人员的情，尤其是采购和财务，千万别小看这些人，关键时刻，说不定就有画龙点睛之效。

4. 压

就是给客户制造一定的压力。

在品牌众多的市场上，很多时候，如果销售人员发现客户总是不把自己的品牌当回事，就应该适当地给他加加压。一种是"硬"压：不回款，就砍批发权、缩区域、扣返利、拖资源等。一种是"软"压：不回款，无论客户抱怨什么，想申请什么，不赞成也不反对，采取拖延战术。这么一来，客户自己就会清楚哪些地方做得有些过分，自然也就会适当收敛，赶紧回款。但要注意把握这种压力的"度"，过了头，就会伤害与客户的关系。

5. 迷

这也是那些经验丰富的销售人员惯用的一招。

一种是从"上"迷，例如，"公司产品即将涨价，别的区域客户都在抢货，你还不回款备货？""畅销型号都要断货了，你还不抢？到时别怪我，你就是拿钱给我，我都没货给你。""这个月你回80万元，下个月我打个专项报告，一定帮你把5 000元的运输补贴拿到手"，等等。

另一种是从"下"灌，例如，"这个月，我又给你开了4个网点，他们不久都要提货了。你还不打款，现在仓库里那点货哪够卖？"或者找几个关系较好的分销商，让他们给上游打电话要货，造成一时市场繁荣之象，或者设别的"套"，等等。

通过一系列上拉下推，督促客户回款。

6. 导

很多时候，客户并不是不愿意回款，而是怕进的货卖不掉，或者卖得太慢，资金周转不开挣不到多少钱。关键时候，销售人员要帮他们做些实实在在的事情，先帮其把产品分销出去，把下游的钱收回来，再让客户回款。

唯有如此疏导，整个销售渠道和体系才能处于良性的运营中。

7. 挤

客户的流动资金本来就不多，销售人员要说服客户给竞争品牌少投点，把资金抽出来投给本品牌。客户的资金被你占用得越多，你就越主动。更何况，你不占用客户的资金，别的品牌也会下手。

8. 激

把握客户的心理，激发其危机感，促使其尽早回款。在回款工作中，客户一个普遍心态就是等、观、拖。如果销售人员能在适当的时机、适当的场合"激"一下客户，很多时候也会有意想不到的效果。

9. 纵

打破常规思路，欲擒故纵，将市场和客户掌握在手中。品牌较为强势时，客户回款没有达到要求，销售人员可以故意摆出拒收票据的姿态，让客户承受巨大压力，以免客户开了一次坏头，以后将麻烦不断。

再如客户出款一般都在月底，此时各品牌都在激烈拼抢，销售人员或者能换个思路，改为月头收一部分，月中收一部分，月末再去收一部分。这么做，回款风险将会小得多。

10. 缠

发挥"黄蜂"精神，紧紧"缠"住客户不放。客户要是不愿意回款，他总会找到借口，销售人员还真需要点"缠"劲才能把钱收回来。当然，这里说的"缠"也不是胡搅蛮缠，而应该讲究一些方法和策略。

机智应对欠款人的借口

在生意场中，销售人员要学会识别欠款人的借口，在催款之前，预先做好对付各种借口的准备。美国企业家 C.S.Frischer 总结了11条欠款人常用的借口和应对方法，很值得借鉴。

1. "由于电脑故障，我们无法立即打印支票"

当欠款人说他们的电脑失灵时，就应当能够准备说出何时将有人来修理，电脑修好后，销售人员再打电话去催款，不要让这个期限超过两天。

2. "我从未见过这项产品（或服务）的账单"

幸好有现代技术的帮助，只需要拨个电话，销售人员就能把醒目的发票传真给欠款的客户。

3. "我们只能根据发票的原件付款，传真件不行"

在95％的场合，销售人员都可以认为这是借口。这个借口在法庭上是站不住脚的。销售人员应该给欠款公司送去发票的另一份原件，还需要向对方说明，一旦收到原件，立即付款。

4. "支票已经在邮寄途中"

首先，要弄清楚欠债人发出支票的确切时间，以及是否寄往正确的地址；其次，要了解支票是怎样寄出的。在支票发出两个星期以后，如仍未收到，则要求对方取消这张支票，重新签发另一张支票。

5. "我们遇到了严重的现金周转问题"

销售人员必须尽快找出该公司出现现金周转问题的确切原因，这类公司可能没有足够的奖金付清所欠全部款项，但他们肯定能偿还部分欠款。可以制订一个还款计划，同对方约定时间能够付清余额。

6. "我们一个月后将收到一张大额支票，届时就可以偿付你的全部款项"

销售人员绝对不要相信这个借口。这些欠款人要求你安心等待一个月，如果你同意了，只不过是多给他们一个月时间编造另一个借口。

7. "我们对发票有争议"

没有哪一家公司从不出错，然而，如果只是在打电话催款的时候听到了这种抱怨，欠款人很可能是利用发票来拖延时间。这种说法是站不住脚的。

8. "我们对这项产品（或服务）有争议"

销售人员可以向客户询问他抱怨的是什么，他从什么时候开始对产品或服务不满，是否向你的哪位同事表示过，如果他记不清楚，就进一步询问细节问题，再据理力争，收回欠款。

9. "我们在等候批准"

弄清楚需要谁批准这份账单,为什么仍未批准,什么时候能够批准,告诉他过了期限所要承担的后果。

10. "我们公司在90天之内付清"

这个借口通常出自大公司。这些公司一般都是能够付款的好客户,只不过要按照他们的时间表,打电话给对方的当事人,说明你们自己的苦衷,他们的时间表也不是一成不变的。

下面的案例可以给销售员的催款业务提供经验。

王老板:"小张,你们最近到底有什么好的政策?"

小张:"你不说,我还忘了,这个月政策没什么变化。以后不要道听途说,搞得那么紧张。"

王老板:"那现在的政策到底是什么?"

"还是每个月返利,按照这个阶梯来返。"小张边说边递上表格。

王老板:"刘经理还在干吗?这个政策是不是他定的,好久没有看到他了。"

小张:"还是经理,不过也有些官僚了。"

王老板:"谁当了领导都这样,不信你试试?"

小张:"还要你支持我才行呀,你不上量,我怎么能上去?"

王老板:"哈,要上量还不容易?多做促销不就行了,我是靠你吃饭的。"

小张:"促销,应该怎么搞?这个月你还差5万元就能达到返利最高要求了,王总,多可惜?"

王老板来了兴致:"是啊……可是……要不这样,我再回款10万元,你看看能否再为我多争取点促销费用,让销量'火上浇油'烧一把?"

小张:"王总,款办好了吧,我马上过去拿?"

王老板:"我给财务讲了,不知办得怎么样了?"

第四篇 销售口才——帮助你提升销售业绩

小张："呵呵，王总啊，公司大了，人员也难管理了！"

王老板："小张，这话什么意思？"

小张："没什么，办款这样的小事还要你亲自操心去问，不主动给你汇报。"

刘经理："小张，和你开个玩笑，款已经办好了，促销政策给我争取得怎么样了？你马上到我们公司来拿。"

几天后，小张再次来到经销商王老板办公室。

小张："王总，怎么只有8万元啊？"

王老板："小王，真不好意思，昨天公司账上只有6万元现金，我还是借钱才凑到8万元，你要理解我啊，小兄弟。"

小张："我已经给领导打过包票了，我担心领导看到会不高兴。"

王老板："是吗？我给刘经理打个电话，不就差2万元吗？又不伤大雅！"

小张："那就好，这样我就省心多了，你也应该多和我们领导聊聊天。"

王老板给小张的领导刘经理打电话。

王老板："你好，刘总，我是创新实业的老王。"

刘经理："王总，好久不见了，真对不起，好久没去看你这位老大哥了，不会兴师问罪来了吧？"

王老板："怎么敢？刘总，就是打个电话增进增进感情。和你商议件事，不知小张和你讲了没有，就是关于回款和促销的事情。"

刘经理："回款和促销的事情，出了什么纰漏？小张给我打包票说你一定能再回款10万元，难道……"

王老板："没什么大事，汇票小张已经拿走。刘总，你也知道，我这个月已经连续回款50万元了，压了一仓库的货，请你帮帮忙，多给些促销支持。"

刘经理:"王总啊,促销的事情,小张会给安排好的,放心吧。"

结果,王老板在第二天就把2万元打到了小张所在公司的账户上了。

就这样,小张通过挤压的方法有效地争取到了王老板的回款,同时督促其落实。当王老板少了2万元没兑现时,抓住关键找王老板解决。同时刘经理又把王老板谈起的关于促销的事情,反推给王老板去找小张解决。王老板8万元的汇票已被小张拿走了,如果现在因为2万元钱而损失促销支持就得不偿失了,所以只好再回款2万元补齐。

第五篇 辩论口才——三寸之舌强于百万之师

"一人之辩,重于九鼎之宝;三寸之舌,强于百万雄兵。"战国时期纵横家苏秦凭借三寸不烂之舌,游说六国,终于身挂六国帅印,结成抗秦联盟;其同窗好友张仪则凭其口舌之才,游说六国亲秦,最终拆散了合纵,与苏秦一同演绎战国末期群雄"混乱"的场面;三国时期军事家诸葛亮仰仗旁征博引之口,舌战群儒,促成吴汉联盟……

对于大多数人来说,他们缺乏的不是知识、智慧和韬略,而是辩论的方法和技巧。辩论需要辩论者妙语如珠,逻辑严谨,同时,辩论也需要辩论者具有奇谋妙计。在辩论中,当我们面对强大的对手时,怎样能够神机妙算,以弱胜强?当我们面对骄横的对手时,又怎样诱敌上钩,给对手一个下马威?当己方陷入困境时,又怎样能够巧施妙计,化险为夷?这一切,都需要有制胜的辩论口才。

第1章　辩论中的心理术

辩论者的类型

辩者有许多不同的类型，根据不同的心理素质，可以把辩者分为老练型和稚嫩型、权威型和非权威型、感情型和理智型等类型。

1. 老练型和稚嫩型

老练型的辩者由于富有辩论经验，胆大心细，处变不惊，能够很好地适应论战的变化，一旦出现困境，也容易迅速寻找出解脱办法。因而老练型辩者的心态，往往是成竹在胸，充满自信，镇定自若，沉着应战。而稚嫩型的辩者，大多临战经验少，底气不足，缺乏自信，一旦遇到意外情况，容易惊慌，缺乏应变能力，摆脱困境的方法也少。然而老练型的辩者也容易囿于经验，束缚其发挥创造性；稚嫩型辩者倘若能有初生牛犊不怕虎的精神，倒容易放手发挥能动性与创造性，有时反而会使对手出乎意料，难以招架，从而出奇制胜。

不同类型的辩者，都各具长短，倘若在辩论实践中不断提高修养，避其短扬其长，继而补其短扬其长，那么不论是什么类型的辩者，都能将自己培养、锻炼成为雄辩家。

2. 权威型和非权威型

权威型的辩者，往往有一定的知名度，比如是专家、学者，或者是雄辩家。由于权威的弥散效应，权威甚至也包括一些担任领导职务的人。虽然他们并不见得是某方面的行家里手，也不见得具有高超的辩论修养，只因为他们是领导，也会被人们视为权威型的辩者。权威型的辩者对于对立方的辩者，容易形成一种压力，使之产生一定的畏惧感，这就便于权威型的辩者在辩论中取得主动。对于受众，权威型的辩者也容易受到尊重与信任。这些都是权威型辩者优于非权威型辩者的地方。但是权威型辩者往往自己也有一定的心理压力，他会担心一旦有所失误就会损害自己的权威形象，所以这种权威性会成为他的负担，他的辩论往往会显得拘谨，可能影响他的辩才的充分发挥。加之，正因其是权威型的辩者，对手可能会更加慎重地进行充分的辩论准备，更加周密地谋划策略，更加谨慎地应付他们之间的辩论，这样就会使权威型的辩者面对更加严峻的辩论情势。另外，正因为他是权威型的辩者，所以受众对他的期望值也高，倘若他不能满足这种期望而使受众失望，那么就容易失去支持，而置自己于窘境，终至败北。因此，权威型辩者参辩，取胜的难度自然也会增大。而非权威型辩者，却不像权威型辩者那样存在种种心理负担，也不会具有那些难度，反而显得无拘无束；倘能无所畏惧，保持良好的竞技心理状态，则更容易充分发挥自己的辩论才华。

3. 感情型和理智型

感情型辩者的情绪很容易处于高度兴奋之中，不仅在语言上，而且在非语言表达上，感情色彩都非常强烈。他的语言充满感情，面部表情和体态动作也有丰富的感情，常常能够感染对立方的辩者，也能使受众为之动容。感情型的辩者能够使辩论气氛非常活跃，给人以深刻的强烈的印象。但是感情型的辩者，由于高度兴奋，感情奔涌，往往容易离题，旁逸斜出，而且在论证时也易于忽略逻辑的严密。受众虽然可能受其感染而感情激荡，却不一定能够真正抓得住他的辩论的精华；对手呢，虽然也可能在感情上接受他的影响，但稍加镇定，冷静下来，不难发现其论证的弱点和破绽，而组织有力的反击。感情型的辩者不易使对手完全折服。

理智型的辩者并非毫无感情色彩，而是他们能更多地运用智慧，以理服人。他们的辩论往往逻辑性强，论证也头头是道，让人感到合情合理，无懈可击。但是理智型的辩者进行辩论时，不能像感情型辩者那样使气氛活跃，往往显得有些呆板，不易唤起受众的兴趣。但理智型的辩手却常常能以他们严密的逻辑力量震慑对手。

感情型辩者的辩论对于受众的影响往往立见成效；而理智型辩者的辩论对于受众的影响，一旦发挥作用，就会相当稳定地使其形成与自己共同的趋向。

辩论的控制能力

辩论最需要的是理智，越是在辩论最激烈的时候越需要理智，绝不能让辩论纯受感情的支配。

1. 控制场面好成功

双方平等、理由充足、服从真理是辩论的三原则。辩题必须具备现实性、可辩性和生动性。求同存异是合作的基础，而辩论过程就是求同存异的过程。然而，由于辩论的任何一方都想推翻对方的看法，树立自己的观点，所以辩论在日常生活中是带有敌意的语言行为，唇枪舌剑极易沦为意气之争。

控制场面，不仅有利于辩者充分发挥才智，更有利于对合作的探求。

辩论必须在友好、和谐、宽松的气氛中进行，一边说话，一边观察对方和其他听众的反映，并且注意环境的变化，以适时调整演讲内容和方法，使对方和其他听众愿意听下去。

遵循下列原则，构成了辩论控场的有效机制：

道德。辩论是为了交换意见，交流信息，加强对论题的多层面理解，而不像培根所批评的那样，"只图博得机敏的虚名，却并不关心对真理的讨论"。辩论双方应持诚恳、谦虚、互相切磋、取长补短的态度。只有这样才会胜不骄，败不馁，才不会计较个人得失，才会树立起良好的"辩德"。

心理。辩论者一般存在着两种心态：一是"说服欲"；二是"表现欲"。这就需要辩论者在辩论中少用武断语言，而代之以力量更大的温和语气，尽可能不要伤害和激怒对方，万一对方激动起来，最好的办法是沉默。

审美。辩论是一种艺术，具有审美价值。见解精辟，论辩机智，妙语连珠，风趣幽默，这些都能给人以美的享受，使人折服。除此之外，举止大方、文雅、且有风度美，同样能使人易于接受。

2. 辩论者应有的自控能力

摆脱压抑情绪。辩论中，辩者处于失利的境地，或是在口头辩论中，现场受众情绪低落、丧失接受兴趣等，都可能使辩者产生压抑情绪。这种情绪可以涣散辩者的斗志，削减辩者的勇气和趣味，严重者可以使辩者丧失论辩的力量。所以辩者的自控，摆脱压抑情绪也是非常重要的。

摆脱冲动情绪。辩论激烈时，陷入困境时，论敌激将时，受众激动或冷漠时……辩者都可能会出现情绪冲动。这时辩者或眉飞色舞，兴高采烈；或垂头丧气，流露不满；或捶胸顿足，怒气冲天；或手舞足蹈，得意忘形……这时辩者往往缺乏冷静，失去理智。这样，辩者情绪和辩论内容就不可能保持协调一致，效果必然不佳，所以必须摆脱这种冲动的情绪。

摆脱冲动情绪的方法有三条可供参考：

学会克制。在辩论中无论出现什么情况，都要泰然处之，绝不冲动。也可以采取自我提示的方法。比如说安放座右铭（这在书面辩论时较为可行），或是用受众难以觉察的掐手指、捏耳朵等动作提示自己克制。

事前做好准备。防止大喜大怒，保持头脑冷静。

明确与人为善。对论敌、对受众都要摆正关系。与论敌的辩论是为了探寻真理，只要他不是真正意义上的敌人，就应亲切自然，和蔼待人；对受众更应亲切友善，努力适应，积极争取，遇到受众不满、厌烦、抵制甚至吵闹起哄时，应多自省，迅速调整自己的辩论方式、方法，以满足受众的需要。

辩论要克服紧张

心理紧张的人不仅不敢表明自己的观点，而且难以接受别人的批评、忠告和建议。正因为如此，心理不紧张的人能够勇敢而坦然地接受论辩的失败，并在论辩中认识真理。

有一位穷人到郊外去赏花，看到附近住满了生活奢华的人，不禁感慨地说："我身上穿的衣服，脱下来还不如他们的抹布呢！"房东听到这句话，立刻反驳说："把每个人身上的皮都剥下来，大家都只剩下尸骸与骨头，没必要自卑！"

在我们的种种辩论场合中，其实有不少人和这个故事中的穷人一样。他们当然知道敢辩是论辩成功的先决条件，而敢辩的心理基础是"自信"，自信是成功的第一步，是理想进取中折射出的生命的灵光，是孜孜不倦追求路途中永恒的生命潮汐，是成功碑塔下第一块灵活辩证的基石，但他们就是自信不起来。

心理学家的调查表明，人们一生中最怕的事情之一，就是与人发生论辩。在众人面前表达自己与众不同的观点，首先遇到的问题就是非常紧张。人人都可能在说话前后或说话过程中出现紧张、恐惧心理。性格内向者如此，天性活泼者如此，能言善辩者也不例外。

据闻，日本某演员临近拍片的时候就想上厕所，甚至一去就是5分钟，否则就会紧张得不能进入角色。美国某播音员，最初每临播音，都要先到浴池去洗一次澡，不这样，播音时就不能镇定自若。

　　学者发现，造成紧张心理的原因主要是事前没有充分的准备，没有足够的经验，不知道该如何组织说话的内容。其实，我们根本就没有什么好怕的。试想，一个不善言辞的人和一个能言善辩的人一起发表意见，谁的压力比较大呢？应该说，后者所面临的压力比前者要大得多。

　　紧张几乎是每一个论辩者上场前的一种正常反应。认识到这一点，我们的心里就会踏实多了，也会理解为什么人们在辩论中常常幽默，常常讽刺，常常插几句歌词，来几句调侃，发挥奇特的想象，组装一些古怪的例子——原来，它们都是为了让形象渗入理念，让微笑汇入思想，让活泼切割严肃，让轻松化解紧张。

　　紧张其实是正常的，这是因为辩论本身就是一种紧张刺激的惊险活动，一旦置身辩论场合，你的神经不自觉地绷紧，脑袋像一台高速运转的计算机，把不同的语言符号排列组合成各式各样的作战方案和防御系统，自己与自己在灵魂深处进行猛烈的交战，直到东风压倒西风，或是用自己的矛戳穿自己的盾，这种神经拉锯战很容易使人变得紧张兮兮，寝食难安。当然，它也让人莫名兴奋，使人以全部的心智投入辩论，享受辩论难以名状的乐趣。

　　情绪紧张大多因辩论对辩者的心理压力而引起。紧张会使辩者生理和心理都失去平衡，像呼吸、血液循环、内分泌、内脏运动、肌肉运动等都会失常，从而导致思维、语言、动作的稳定性和协调性下降，严重者甚至可能失去控制。对于参加书面辩论的辩者，可能会失去辩论的勇气，思维迟滞，语言混乱，心理畏惧，无力再继续参辩。出现了这种情况，要么宣告失败，要么逃避论战，自行退出辩论。对于参加口头辩论的辩者，就可能出现怯场，心情紧张，表情惊慌，声音不清，语无伦次，动作失调，手足失措，严重者可导致完全丧失辩论能力。

　　排除紧张情绪的方法很多，主要途径有三个。

1. 做好充分准备

辩者对自己辩论所需要的各种材料要十分熟悉,并要充分估计到可能发生的种种情况,制定好辩论谋略,准备好应急措施,选择好辩论技巧,做到胸有成竹,轻松愉快。这样上阵以后,才能从容不迫,应付自如。

2. 培养自信意识

辩者要清楚地理解辩论的目的,对自己所要宣扬的观点和主张,要有坚定的信念。对自己的辩才、辩论技巧及获取辩论的胜利要充满信心,这样才会精神焕发,斗志旺盛,神态自若,使自己的辩才得到充分发挥。

3. 努力调节心境

努力调节心境就是要想方设法防止、冲淡、转移紧张情绪。调节心境的方法很多,或放松呼吸、松弛肌肉;或以增加信心进行自我暗示;或转移注意力,缓冲紧张心理;或回避对手和受众的目光;或排除不良的外界刺激等,以使自己减轻心理负担,保持良好的心境,轻装上阵,去争取胜利。

原世界重级拳王穆罕默德·阿里,每次比赛前都要为自己写一首赞美诗,宣誓一定要击倒对方,然后再上场。此举为他赢得了"吹牛大王"的称号,其实这正是阿里特有的心理战略——通过宣布自己的比赛目标,在比赛前就在心理上先给对方重重的一击,使自己占据优势。

攻心术的运用

辩论作为攻心战,辩者特别要掌握攻心术。攻心术的基本原则是:顺应对方,情理结合,以己之长,攻人之短。具体的战术很多,一般可以在诱、激、拖、化四个字上下工夫。

1. 诱

诱,就是引诱,步步设防,诱敌深入。一般是使用伏笔,设了一个技巧，环环紧扣，步步为营，直将对手诱入圈套，再行穷追猛打。像我们介绍的辩论技巧中的欲擒故纵、关锁要害等，皆属在诱字上下工夫。诱就是要将对手引入我方所设下的迷阵，让他们按照我方规定好的路线前进，直至为我方所擒。

2. 激

激，就是激将。这就是要充分了解对手的实际需要，顺水推舟，攻其弱处，以达己方之目的。《三国演义》中描写诸葛亮智激周瑜，促其下定抗曹决心，完成孙刘抗曹联合阵线的情节就充分表现了"激"的作用。

诸葛亮见周瑜年轻气盛，又明知小乔为周瑜之妻，便故意背诵曹操所写的"揽二乔于东南兮，乐朝夕之与共"的文句，去激怒周瑜。周瑜果然中计，大骂曹操："老贼欺我太甚！"并说："我与老贼势不两立，望孔明助我一臂之力，同破曹贼！"

攻下了周瑜这个关键人物，孙刘的抗曹联盟便大功告成。激将，就是要激发对手的情感波动，使其超出理智的控制，从而达到己方所需的目的。

3. 拖

薛地是靖郭君的属地，他要在那里修筑城池，属下纷纷劝阻，靖郭君根本不听，并命负责传事的官员，不准再替来劝阻的人通报。此时，门客中有一齐人，求见靖郭君。他说："我只讲三个字，如果多讲，甘愿受烹刑。"靖郭君想看看他的本事，便命他讲。齐人只说"海大鱼"三字，转身便跑，靖郭君不解何意，便派人追上他，让他说清。齐人说："我不敢拿性命当儿戏。"靖郭君急于要明白真情，就说："没关系，我让你说明白。"齐人才慢慢道来："您知道大鱼在深水的地方，网儿兜不住它，钩儿也钓不上它，可是一到了没水的地方，就连小小的蚂蚁也能任意欺侮它。现在齐国是您的'水'，您只要能得到齐国的保护，又何必在薛地修筑城池？若是您失去齐国的保护，您的城池再高也没有用。"靖郭君点头称是，于是放弃了筑城的打算。

齐人妙就妙在故意延宕,给靖郭君制造了悬念,激起他的好奇心,这就减弱、排除了靖郭君对劝谏的抵触情绪和排斥心理,以达到进谏劝阻的目的。安东尼的事例也是利用延宕,他提及凯撒的遗书,却又迟迟不念它的内容,故意引起群众的焦急渴望,待群众已经完全站到凯撒一方,开始对布鲁图产生愤怒时,他抓住这有利时机,才公布凯撒遗书的内容,达到了煽动群众复仇情绪的预期目的。

拖,就是拖延。把该摆出来的辩论内容故意地延宕,偏偏不摆出来,这样就可以制造悬念。这会勾引起对手迫切的期待感,使之更加关切这延宕的内容,这就是卖关子。待这悬念积累到一定程度,辩者再摆出这延宕的辩论内容,就能收到攻心的作用。

4. 化

化,就是化解。或动之以情,或晓之以理,或诱之以利,来化解对手的对立情绪和逆反心理,或削弱对手的谈锋。例如《战国策》中触詟说赵太后的事例,触詟以国家利益为重,甘冒被赵太后"唾其面"的危险,要说服她将其爱子长安君送到齐国去作人质,来换取齐国出兵助赵御秦。触詟对怒气冲冲的赵太后就采用了避开正题,首先寒暄,问候健康,接着转入有目的的闲谈,使感情融洽,平息了太后的敌对情绪,破除了她的心理防线,然后才晓以大义,使之接受劝谏。《左传》中的"烛之武退秦师"也说明了化解的攻心作用:

晋侯、秦伯围郑。以其无礼于晋,且贰于楚也。晋军函陵,秦军氾南。佚之狐言于郑伯曰:"国危矣。若使烛之武见秦君,师必退。"公从之,辞曰:"臣之壮也,犹不如人;今老矣,无能为也已。"公曰:"吾不能早用子,今急而求子,是寡人之过也。然郑亡,子亦有不利焉。"许之,夜缒而出。见秦伯,曰:"秦、晋围郑,郑既知亡矣。若亡郑而有益于君,敢以烦执事。越国以鄙远,君知其难也。焉用亡郑以陪邻?邻之厚,君之薄也。若舍郑以为东道主,行李之往来,共其乏困,君亦无所害。且君尝为晋君赐矣，许君焦、瑕，朝济而夕设版焉，君之所知也。夫晋，何厌之有。既东封郑，又欲肆其西封。若不阙秦，将焉取之？阙秦以利晋，唯君图之。"秦伯说，与郑人盟。使杞子、逢孙、杨孙戍之，乃还。子犯请击之，公曰："不可。微夫人之力不及此。因人之力而敝之，不仁；失其所与，不知；以乱易整，不武。吾其还也。"亦去之。

烛之武说秦君，则是晓以利害。以"焉用亡郑以陪邻，邻之厚，君之薄也"，说明亡郑有害；以"若舍郑以为东道主，行李之往来，共其乏困，君亦无所害"，说明舍郑有益无害，并用"君尝为晋君赐矣，许君焦、瑕，朝济而夕设版焉"的往事，说明晋惯背秦，与之共事，断无益处的道理，终于促使秦王决定退师。这便是用晓以利害来化解敌方的典型事例。

保持良好的竞技心理

任何一种竞技活动，竞技者都要谋求良好的心理状态，因为它是竞争取胜的重要条件。辩论作为一种竞技，当然也不例外。每一个辩者的竞技心理状态是否良好，直接影响到辩论谋略、技巧的选择和实施，影响到辩者的才华的显现与发挥，影响到辩者辩论行为的成败。辩者良好的竞技心理包含以下几个方面。

1.自信意识强

基于充分精神的与物质的准备，辩者对自己辩论成功充满自信，但又不轻敌，不盲目乐观。

2.战斗意识强

在进入辩论实战以前，辩者就能以战斗的姿态对待这场辩论。不论是进行书面的还是口头的辩论，辩者要充分意识到在辩论中时时刻刻努力压倒对手，努力争取受众。辩者既要有战略意识，明确辩论的指导思想和原则，并在辩论实践中以顽强拼搏的精神去具体灵活地加以贯彻；又要有战术意识，在辩论中针对具体情况和发展变化的实际需要，以机智勇猛的姿态，随时变换辩论策略，发挥自己的辩论技巧，而最终去获取胜利。

3.控制意识强

辩者能够充分地认识到辩论是一场攻心战。要做到顺应对手和受众的心理要求，因势利导，使之就范，同时也要不断努力排除和摆脱自身的情绪波动和不良的心理，保持稳定的情绪。这样就可以掌握主动，驾驭辩论局势的变化，稳坐钓鱼台了。

4.责任意识强

辩者要明确自己进行辩论，肩负的是探寻真理的光荣使命。所以在辩论中不要斤斤计较一时一事的得失，不逞强争胜，不玩弄伎俩，不进行攻讦，不盛气凌人，而应堂堂正正、踏踏实实地去争辨是非，判明真伪，衡量优劣，从而扩大我们的眼界，发展我们的认识，使我们能进一步了解客观事物的本质，发现规律，掌握真理，坚持真理，为推动人类的社会进步作出贡献。

有了以上四条，辩者就可能具有高度的责任心，目标明确，斗志旺盛，既敢于战斗，又善于战斗；能够精力充沛，勇猛顽强，攻守得当，进退自如地应付和驾驭辩论，立于不败之地。

在辩论中气急败坏地大声喊叫，不但不能表现出力量，反而说明了自身的虚弱。在辩论中对对方的任何嘲弄和轻蔑，都只能激起对方更大的恶感。至于在辩论中使用威胁、恐吓的语言就更是一种虚张声势，对方绝不会被吓倒；正相反，对方会从他的威吓中看到他的空虚。这些做法只能表明辩论人的浅薄和缺乏最起码的修养和气度。

伤害了对方的自尊心，使对方失去理智的控制，辩论便毫无意义了，有时甚至会产生恶意。即使对方确实错了，我们也不要在辩论中过早地向对方宣布结论，强迫对方接受，更不能直接指责对方毫无道理、胡说八道，我们有时不妨这样说：

①"我看你讲的也确有道理。不过……"

②"你刚才说的这一点对我很有启发，可问题在于……"

③"其实在这一点上我们的意见是一致的，我想我们的分歧只是在……"

最糟糕的是有人在辩论时因失去理智的控制而引起感情的冲动，在感情冲动的支配下，可能连眼神也变得凶狠起来，在脸上显出鄙夷对方的神色。如果被这种感情冲动所支配，那么辩论便改变了性质。有的人在辩论中离开了主题去揭对方之短，以逞一时之快，把辩论搞成了人身攻击，等于宣告了自己的失败。

第 2 章　辩论中的谋略术

 怎样了解辩论对手

　　1959年，美国前总统尼克松赴前苏联主持美国一个展览会的开幕典礼。此前，美国国会刚通过一项被奴役国家决议，以此攻击前苏联。当尼克松与前苏联领导人赫鲁晓夫会晤时，赫鲁晓夫质问尼克松说："我不理解你们国会为什么通过这种决议。这使我想起俄国农民的一句谚语：'不要在茅房吃饭'。"赫鲁晓夫怒气冲冲地说，"这个决议臭极了，臭得像刚拉下来的马粪，没有比马粪更臭的东西了！"这里，赫鲁晓夫怒火中天，难以自控，出言鄙俗，有损形象，使尼克松也尴尬不已。但尼克松知晓赫鲁晓夫年轻时当过猪倌，他决定以此回敬对方。他盯着赫鲁晓夫的眼睛，用很平静的口气说："我想主席先生大概搞错了，比马粪还臭的东西是有的，那就是猪粪。"赫鲁晓夫听了一时无地自容，无言以对。

　　这里，尼克松面对赫鲁晓夫的无礼，抓住其痛处，机巧反驳，击其不备，取得了辩论的主动。

　　辩论是一种双向的言语表达方式，只有明确自己，了解对方，做到知己知彼,才能保证论辩的质量,取得辩论的成功。

辩论时,我们会遇到不同的对手,知识的差别,性格的不同,年龄的出入,气质的差别,有相识的,有不相识的。相识者,我们知其底细,辩论时自然方便;不相识的,要靠我们认真观察,全面分析,正确推理,仔细揣摸对方的知识程度、言辩特色、表达风格、应变能力、辩论思路和战术安排,从而采取相应的战略和对策,掌握主动权,从容应对。

聪颖灵活者,他们机动灵活,思维敏捷,与他们辩论要快速直接,发挥唇枪舌剑之威力。

迟钝木讷者,他们反应缓慢,理解力差,与之辩论要陈述清晰,阐释圆满,缓缓道来。

刚愎自用者,他们自以为是,好高骛远,与之辩论要导引适体,妙用激将。

顽固强硬者,他们固执己见,不善配合,与之辩论要独辟蹊径,寻找他们感兴趣的话题,使之思路转化。

气躁兴奋者,他们追求新奇,厌恶陈旧,与之辩论要简洁直率,干脆果断。

收集充分的材料

审题与立论是确定辩论战略的关键,辩论材料则是实施战略的基础,它对于夺取辩论胜利具有重要意义。材料是证明辩题、构成辩词的依据,如果没有材料,命题就会成为无源之水、无本之木,那么,这时候再美妙的语言也是空洞无物的。

为了取得辩论的胜利,在搜集材料时应尽可能广泛一些,宁可想到而不用,勿使有用而忽略,否则,在构思时就会感到捉襟见肘。所以,凡是有助于对辩题内容作全面、深入了解的资料，以及能够增强辩题说服力的证据，均应广泛搜集，以备临场使用。

有一天，某大学的两个女学生走进一家装饰华丽的个体餐馆。女学生甲翻开桌上的菜单，突然眼前一亮：

"看！熊掌！每盘20元，来两盘怎么样？"

"人们都说熊掌名贵，价钱也不贵，OK！"

于是她们叫来了招待员，点了熊掌两盘，还要了些其他食品。一会儿，菜上齐了。她们吃完之后，叫来招待员结账，招待员开出账单：

"一共4 025元。"

"什么？你没搞错吧？"一学生几乎吓昏了。

"熊掌每盘2 000元，你看菜单。"招待员说。

另一位学生翻开菜单一看，果然是2 000元，中间没小数点。这下她们急得几乎要哭了。这时，老板走出来，看了几眼付不起钱的女学生说："没钱，把证件留下吧。"她们乖乖地交出了学生证。学生会出面跟老板交涉，看是不是能少收一点钱。老板斩钉截铁地说："一分也不能少，如果3天之内不把钱付清，我就立即向法院起诉。"

两位女学生只得忍气吞声，多方筹措，凑齐4 025元，第二天把钱送去，赎回了学生证。

一星期后，有个律师知道这件事，决定为她们挽回损失。他叫两个学生到餐馆向老板索取了两盘熊掌价4 025元的发票，律师拿着发票来到工商局。他们研究了有关的法律条款后，便一起来到该餐馆。工商局的同志对餐馆老板说："有人指控你出售熊掌，违反了《野生动物保护法》，必须处以2万元罚款！"

老板想赖是赖不掉的，有刚开出的发票为证。老板耷拉着头，他的狼狈相不亚于一周前交不起钱的两个女大学生。他低声说："我拿不出这么多钱。"

"拿不出钱就停止营业,吊销营业执照。"

"同志,事情是这样,我们这里根本就没什么熊掌,所谓熊掌都是用牛蹄筋冒充的。"老板供认道。

"既然你用牛蹄筋冒充熊掌,敲诈顾客,根据情节,也应罚款2万元,同时将顾客的钱退回,另外还应赔偿1 000元的精神损失费!"

在以法律为武器的严厉进攻面前,老板只得乖乖地缴械投降。

在准备搜集材料时,无论哪类材料都应符合以下要求:一是要准确。事实材料一定要真实可靠,要有根有据;引述理论材料一定要准确,不要断章取义。二是要典型。即要能说明问题,能反映问题的本质,在同类近似的材料中具有代表性,能够有力地支持辩题。要防止使用个别的、偶然的事实材料。三是要新颖。新的总是吸引人的,材料要有最新的信息价值和时效性,这样才有吸引力。四是要生动感人。材料应尽量具体形象,让听众感到亲切自然,容易被接受。

辩论谋略制订的基础

谋略不同,采取的辩论战术不同,谁的谋略正确,谁就有可能取得最后的胜利。辩论的结果往往取决于对抗双方的智力和谋略水平的高低,因此奇谋妙计是论战制胜的关键性因素之一。

1. 制定谋略要考虑的因素

一般地说,辩论的奇谋妙计预定方案有两种,一种是比较稳定的战术策略,这种策略主要用于己方立论过程。这种较为稳定的预定方案,在实战的过程中将得到较全面的贯彻,变动也比较小。第二种是比较灵活的战术方案,这种方案主要用于驳论交锋过程,在实战中应根据实际情况,相机而动,因而,这种方案往往有较大变化的可能。

无论采用哪一种策略，下列这些因素是在制定策略战术时必须考虑的：双方的论点、底线；双方主战场的预测；反击突破口的选择；具体的战略战术、进攻路线和演变步骤，具体目标的设定；如何发挥己方优势，确定重要材料运用时机和运用条件；应对失误的方案和摆脱困境的措施。

在整个谋略方案策划过程中，必须对上述因素进行综合思考、权衡、比较、运筹，可以涉及多套方案，反复进行对比、优化，最终把确定的指导思想具体化为最佳的战术方案。

2. 确定辩论主战场

所谓辩论主战场，也就是通常双方在辩论的过程中最大可能涉及的内容范围。不同主战场的确定，关系到次战场的选择和攻防方略的制定。所以，在制定辩论策略时，必须对双方的主战场进行判断和预测。否则，就可能因主战场不明确，不能攻击对方的要害，或陷入对己方不利的泥潭中，以至于被动挨打。

在辩论之前，双方辩论的主战场并不全是已知的定数，因为主战场范围的大小取决于双方的立论底线，而对方的立论底线这时还是一个未知数，所以这时候就必须把工作的重点放在对对方主战场的预测上。为什么要把工作重点放在对对方主战场的预测上呢？所谓"知己知彼，百战百胜"，辩手和教练这时候可以站到对方的立场上，多考虑对方的立论底线，把各种可能性都考虑到，这样，所制定的策略就可能涵盖涉及问题的最大外延，并就此进行准备，尽可能做到万无一失。

3. 确定战略战术的目标

任何一种辩论基本上都是以驳倒对方的观点、树立己方观点，并使对方或第三者（评委）接受己方的观点为战略目标的。辩论的战略目标对策略的产生和实施具有激发、调整等功能，常常是谋略行为的动力。在制定谋略的过程中，为了追求战略目标的实现，不仅应考虑目标本身，而且要考虑与实现这一战略目标相关的各种因素，思考接近这一战略目标的方法、途径，从而形成有效的战术。

从辩论的实际情况分析，辩论的性质不同，所要达到的目标也不完全相同。比如，辩论赛中，辩手的目标并不是真理，而是自圆其说，征服评委和观众，夺取比赛的胜利。在法庭辩论中，公诉人的目的是指控被告人有罪或罪重，揭露被告人的犯罪事实，制服伪证者，说服辩护人，同时维护被告人的合法权益；而被告辩护人则依法从无罪或罪轻的角度，追求量刑的准确。决策辩论的目标则是求得方案合理，减少决策上的失误，不存在谁胜谁负的问题。所以，我们要根据辩论性质的不同确定明确的目标。

在辩论的过程中，辩论者时时刻刻不能偏离战略目标。具体地说，不但要警惕对方有意识地使你偏离战略目标，还要克服由于自己头脑一时发热忘乎所以而偏离战略目标，从而使整个辩论始终有明确固定的战略目标，又有阶段性小目标。随着阶段性小目标的一个一个实现，就向着战略大目标一步步地逼近了。

制定己方的战术预案

概括地说，辩论战术的制定通常有三种方案。

1. 先发制人

这是一种包容涵盖的战术，也是一种"进攻是最好的防守"战术。其具体做法是，在一开始提出己方论点时，就要把对方可能论述的观点涵盖到己方的立论之中，使其成为己方立论的一部分，提前把对方要说的话说了，这样对方立论的前提条件就不存在了，那么对方的任何论证都只能是片面的。这种战术的优点在于具有相当强的突然性，对对方的打击力度很大。

2. 埋伏奇兵

这是一种后发制人的战术。具体做法是，开始时不显山露水，只进行一般论证，并不引人注意，甚至给对手造成己方软弱无力的错觉。等到对方错觉已经形成，突然派出一支或几支奇兵，打对方一个措手不及，彻底打乱对方的阵脚。例如，在辩论"烟草业对社会利大于弊"中，这个辩题在经济方面对正方十分有利，而在人的健康和价值方面却于反方十分有利。在具体的辩论中，反方就设计了埋伏奇兵的战术：前两个辩手只在有利于己方的领域与对手周旋，开始时没有过人之处，给人一种平平常常的感觉，可是到了三辩，话题突然转向经济领域，指出烟草业的利税是国家专卖垄断的结果，并非烟草业本身的功绩，这一行业的利税高正说明了国家控制烟草业发展的态度。接着，四辩站在人的价值上又狠狠一击。这样就在对方以为对己方有利的领域里突然出现一支轻骑兵，彻底扰乱了对方的阵脚，打乱了对方的部署。

3.稳扎稳打

这是一种正规战术，又是一种基本战术。其论证过程是，提出己方的论点后，按照一定逻辑顺序，从各个不同的侧面进行论证，最后完成己方的立论建构。这种论证的优点是思路比较清晰，同时容易给人逐层留下印象。缺点则是突然性、隐蔽性较差，当己方提出论点后对手很容易就找到了应对的办法。稳扎稳打战术适宜在己方立论的优势明显、材料充实时使用，也就是说，当己方已经占据了辩论的明显优势，可以稳稳当当、从容不迫地使用这种战术。

灵活机动的战术方案

据说，在"二战"期间，美、英、苏三国首脑在德黑兰举行首脑会议，斯大林不断对罗斯福和丘吉尔施加压力，通过的决议全是斯大林提出来的。罗斯福和丘吉尔总感到不舒服，决定戏弄斯大林。

第五篇 辩论口才——三寸之舌强于百万之师

一天早上,在例行会议之前,丘吉尔说:"我昨晚做了个梦,梦见成了全球的主宰!"

罗斯福接着说:"我也做了个梦,梦见我成了宇宙主宰!斯大林元帅,你梦见什么?"

斯大林慢条斯理地答道:"我梦见,我既没有批准对丘吉尔先生的任命,也没有批准对罗斯福先生的任命。"

丘吉尔和罗斯福瞠目结舌,无言以对。

在上述例子中,可以说斯大林处于非常不利的境地。因为按常理说,宇宙是人类所能想象的最大空间,如果斯大林仍沿着他们的思路,想要去想出一个比宇宙更大的空间,那要么是徒劳,要么会闹笑话。而这时,斯大林却转换一下思维角度,采用灵活机动的战术,从人对人的控制关系中把握"空间",从而"置于死地而后生",不但解除了自己的困境,反而倒过来戏弄了二巨头一番。此可谓:"山穷水复疑无路,柳暗花明又一村。"

辩论是一种即时性很强的艺术,在辩论交锋中,不确定因素很多,战局变化莫测,所以确定战术方案时,不能定得太死。可根据敌我双方的情况、战略目标、优势与劣势,以及各种定数和变数,制定大致的战术方案。特别是要对对手的思路进行判断预测,看其将如何立论,优势在哪里,弱点在哪里,然后确定己方攻击点和攻击方式,或强攻或智取,拟定战术方案。

辩论中常会出现某种困境,使你进退两难,要么"背水一战而后生",要么"俯首称臣而后亡"。这时,就必须采用灵活机动的战术。

概括地说,设计辩论战术可参考以下几种方案。

1. 诱敌上钩式

使辩论沿以下路线展开:己方示弱—对方中圈套—己方组织反击—扩大战果。这是针对对方心理,故意在辩论中露出破绽,诱敌上钩,出奇制胜打击对手的战术。

2.将计就计式

使辩论沿以下路线展开：对方诱问—己方识破—将计就计—对方追击—己方反击成功。这种战术有一定的随机性，关键是能识破对方的计谋，顺势而行，才能成功。

3.穷追猛打式

使辩论沿以下路线展开：己方进攻—对方回避—己方追击—对方招架—己方总攻。这是在己方占有优势的情况下，针对对方弱点突然发起猛攻，获胜后，乘胜前进，连续作战，扩大战果，直至最后胜利。

4.肉搏式

使辩论沿以下路线展开：对方进攻—己方迎战—对方再进攻—己方再反击。这是一种硬拼硬的战术。面对攻击，己方正面应战，兵来将挡，水来土掩，彼此拼实力、拼材料、拼心理，直至夺取胜利。

此外，在设计战术方案的同时，还应设计己方失利或遇到意外情况时的应急预案。要预先设想到多种情况，准备多套方案，每套方案尽可能周密全面。这样在实战中，就可以随时根据情况变化实施预案，或修正预案，灵活处置。由于各种各样原因，你也许会因错说了某句话而被对方抓住把柄，从而处于十分不利的地位，这时就需要应急方案使你摆脱困境。

捕捉辩论的信息

在辩论阶段，辩论者的思维高度紧张，双方攻防态势变化多端，难以预测。所以，辩论者必须善于审时度势，准确把握辩论场上的变化、双方的动态，权衡利弊，只有这样才能驾驭整个辩论进程，使辩论向着有利于己方的方向发展。因此，辩论者不仅要善于语言表达，而且要十分注意捕捉辩论场上的信息，具体地说，就是要会听、会看、会思。

1. 仔细倾听

这里说的倾听不是指一般的听，而是要心耳并用，把听的过程变成获取与理解信息的过程。一般来说，仔细倾听不可能自发地发生，需要主观的努力，排除干扰，才能听到本质，抓住要害。具体地说，一方面要留心对方辩手的发言，听出关键在哪里，话外之音是什么，听出对方的漏洞、失误；另一方面还要监听己方辩手表述内容的失当之点。

2. 认真观察

要仔细观察辩论对手的表情举止，观察第三方如观众、评委的情绪变化，捕捉有关信息。

3. 准确判断

对于捕捉到的辩论场上的语言信息、情感信息、时空信息，要综合起来思考，迅速处理，作出准确判断。比如说，对方偏激的语言，通常是受某种观点蒙蔽，一时难以转弯；对方用夸大失真之词来维护自己的主张，表明他受这种思想的支配；对方说话不集中，说明此人没有前后一致的主张；对方说假话、作伪证，言语往往游移不定；如果对方论证难以站住脚，开口时一定不能理直气壮等。

如此听其言，察其色，析其心，判断对手，有助于确定正确的辩论对策。

抢占制高点，争取主动

辩论是攻防的统一体。从实战情况来分析，反驳是辩论的主要手段。没有反驳进攻，没有双方唇枪舌战的交锋，就不应叫辩论。如同拳击比赛一样，一个选手不能一味地进攻，必须还有严密的防守，否则，将自己的要害完全暴露给对方，进攻也会失去依托，并可能在对手的进攻中败北。

所以，成功的辩手总是善于根据战略意图，从辩论双方实力和战局出发，灵活采取攻防行动，把两者紧密结合起来，做到攻防兼备，这样方能万无一失。

在竞赛辩论中，有时候会出现"论"而不"辩"的情况，具体地说，就是表面上看起来很热闹，但实际上双方没有交锋，也有的各自立论，自圆其说，但彼此对辩题内涵理解不同，双方各执一端，形不成真正的交锋；还有的面对对方攻势、诘问，充耳不闻，不作正面回答，只是沿着自己的思路说开去，也难以形成交锋，所有这些都是不善处理攻防关系的表现。辩论如果没有交锋，自然也就很难分出胜负。

有助于抢占制高点的因素有：了解论战全局，能预测战局走向，并采取得体对策；能把矛头直指对方立论的"命门"，或指向对方的漏洞、薄弱环节；要扬长避短，把对手引到自己熟悉的地形上去打；在被动状态下，要沉着冷静，少立多驳，伺机反攻。

在抢占制高点，掌握论战主动权问题上，一定要当仁不让。当己方处于优势时，要"得理不饶人"，乘胜追击；当己方陷入不利境地时，则要设法转入对己方有利的阵地上，对对方实施反击；当双方处于胶着状态时，应快刀斩乱麻，跳出来引向一个新的领域。

随机应变，灵活发挥

辩论是与对手面对面的交锋，战局变化莫测，没有固定程序，不可能在事前对进程作出准确预测和安排；但是，辩论中对手之间唇枪舌剑，又不完全是打乱仗，其中有些战术又带有一定规律性。这种规律性，正是人们事先精心准备和设计预案的依据所在。但是，预案只是预案，具有不确定性。在辩论过程中，有些预案是可以用的；而战局的不确定性，又要求辩手不能照搬预案，要临场处置，随机应变，表现出极大的灵活性。具体地说，临场发挥，随机应变应做到以下几点。

1.预案不能一成不变

打仗前制定的作战方案，不可能与战场上的情况一模一样，辩论前制定的预案不可能原封不动地照搬套用，必须根据现场情况，进行改造使用。可以根据实际情况，把原方案化整为零，或者重新整合，形成更符合现实情况的新形式、新战术，灵活运用。只有这样，才能在辩论中立于不败之地。

2.预案从实战出发

要根据辩论实战要求实施既定的、有利的预案。辩论前的准备，比如立论底线、材料、技法、策略等不少是深思熟虑、符合规律的。特别是一些诱敌深入战术、有威力的论据等秘密武器，在辩论过程中一旦条件成熟，与预案对口，就要迅速照预案行事，有效地打击对方，以达到预期效果。

3.准备一套应急方案

在辩论的实战中，有很多情况是事先一点没有预料到的，比如己方的预谋策略严重失算，对方的攻击大大超出己方预计的范围，或对方突然抛出秘密武器，攻势咄咄逼人，己方不得不转入战略防御等，在这些新情况面前，己方应调动智慧，应急处置，灵活机动，决定对策，组织语言，运用技巧，迎击对手，表现出很大的灵活性和突击性。最理想的是辩论前准备一套应急方案，以备出现意想不到的局面时使用。

总而言之，要把有备的优势与应变的威力有效地结合起来，以提高获胜的系数和可能性。

第3章 辩论中的应变术

见风使舵,随机应变

著名京剧表演艺术家谭鑫培,在一次饰演《黄金石》中的田单时,因为赶戏匆忙,出场后才发觉忘戴乌纱帽。台下观众一见,正感诧异,不料他灵机一动,不慌不忙地念道:"国事乱如麻,忘了戴乌纱。"

还有一次,谭鑫培在《辕门斩子》中饰杨六郎,但这天饰焦赞的演员于匆忙间忘了挂须,上台后自己并没有察觉,谭鑫培一见,便生气地说:"你父哪里去了,快快与我唤来。"那演员一时警觉,赶忙下场挂须,观众顿时叫绝。

在生活中,给人造成不利的情形各种各样,不可能有一个放之四海而皆准的化解方法。因此,如果你对某人的工作作风、处世方法不满意或有看法,就需要针对当时的具体情况随机应变。

有一些场合中,人们总是会碰到一些意想不到的事情,也许是自己言语失态,也许是周围环境令自己始料不及,也许是对方反应不如事先预料的那样敏捷。在这种情境下,人们有必要学会控制局势,也就是要随机应变,才

第五篇 辩论口才——三寸之舌强于百万之师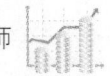

不致使自己进退两难。

前苏联诗人马雅可夫斯基在一次大会上对形形色色的听众演讲，幽默的话语不时引起台下阵阵笑声和掌声。结束时，忽然有个瘦高个挤到台前，伸长着脖子喊道："您讲的笑话我不懂！"

"您莫非是长颈鹿！"诗人感叹道："只有长颈鹿在星期一浸湿了脚，到周末才能感觉到呢！"

"我应当提醒你！"瘦高个吼道，"从伟大到可笑，只有一步之差。"

"不错。"诗人边说边用手指着自己和那个人，"从伟大到可笑，正是一步之差。"

"你的诗骇人听闻，不能使人沸腾，不能使人燃烧，不能感染人。"瘦高个说。

"我的诗不是开水，不是火炉，更不是鼠疫。"诗人笑着答。

"您自己说应当把沾满尘土的传统和习性从自己身上洗掉，那么您既然需要洗脸，这就是说您也是肮脏的了。"瘦高个得意地挖苦道。

"那么，您不洗脸，就以为自己是干净的吗？"诗人反唇相讥。

瘦高个辩不过马雅可夫斯基，气急败坏地说："您这样写诗是短命的，明天就会完蛋，您本人也会被人忘却，您不会成为不朽的人。"

诗人接着那人的话把顺势说："那好，请您过一千年再来，到那时我们再谈吧，如果您还没有腐烂的话！"

诗人面对论敌有计划、有目的的系列发难，沉着冷静，思维敏锐，应对巧妙，或反推对抗，或故作愚言，或采用博喻，既幽默风趣，又气势逼人，显示出非凡的应变才能和无可辩驳的逻辑力量。

辩论有时会出现不便于直接回答的问题，或者出现别有用心的议论，或者出现暗含侮辱的诘难……倘若应对不当，常常会使自己陷入难堪的境地。于是，机辩术便成了这时候必不可少的利器。它在回避、辩辱、规劝、解窘等方面，都能发挥出一些特殊的作用。

圆智是清代乾隆年间宁波天童寺的当家和尚。他虽无点化之术，却颇有应变之才。

那年，乾隆皇帝只身微服南下。来到宁波后，便独往天童寺而来。圆智闻知此事，马上到山脚下等候。不一会儿，乾隆皇帝便来到了眼前。圆智在他身前合十躬身轻声道："小僧天童寺住持圆智接驾在此，万望恕罪。"

乾隆问道："你既然知道朕躬行到此，为何不率领众僧，大开山门，跪接圣驾？你这轻轻一揖，莫非有意亵渎圣躬？"

圆智不慌不忙地说："小僧岂敢亵渎圣躬，只因为这次圣上南巡，乃是微服私访。小僧若劳师动众，恐引起游人瞩目，有碍圣上安康，故小僧只身悄悄在此迎候。"

乾隆听他说得入情入理，便恕他无罪，让他前面带路。爬了一段山道后，乾隆对圆智说："大和尚，今日朕躬上山，你能不能把我比上一比？"

圆智闻言，笑着说道："万岁爷上山，好比佛爷领你登天，一步还比一步高。"乾隆一听，心里极不舒服：圆智自比佛爷，上风被他占了，可又无可指责，只好暂时作罢。

乾隆离寺时，圆智送他下山。乾隆便说："我上山时，你说我一步还比一步高，现在我下山了，你可怎么比？"

圆智稍思片刻，即从容笑道："如今又好比如来佛带万岁下山，后头更比前头高啊！"

"啊！"乾隆一听，折服圆智的口才。很有文化修养的乾隆皇帝未尝不知他是一种即兴胡诌，但却很欣赏圆智和尚的机智和处变不惊。

随机应变也常常被用在对概念的解释上。

有一贪官，专爱搜刮民间珍奇。一天，解缙提着一只乌龟路过这位贪官家门前，声称这只龟能活一万岁，剖活龟取胆，还能医治百病，有起死回生之药功，是世上最珍贵的稀有长寿龟。贪官一听，就想买下这只龟。解缙开始佯装不卖，后来以一锭金子成交。

第二天，贪官邀来亲朋好友，请他们来观赏这稀世珍龟。当贪官从水池中捞出乌龟时，乌龟已经死了。贪官气愤地找来解缙，责问道："你为什么骗人？"

解缙说："噢，我根本没有骗你，今天刚好是这只乌龟的一万岁生日。"

随机应变作为一种能力，是需要长期培养，并要具备一定条件的。一般来说，知识越渊博、阅历越丰富的人应变能力就越强。

著名相声演员马季，有一次到湖北省黄石市演出。他在表演之前，有一位演员错把"黄石市"说成"黄石县"，引起了观众的哄笑。在笑声中，马季登台演出。他张嘴就说："今天我们有幸来到黄石省演出……"正当大家窃窃私语时，马季解释道："刚才我们的一位演员把黄石市说成县，降了一级。我在这里当然要说成省，给提上一级。这样一降一提，哈！就平啦！"几句话，引得全场哄堂大笑，马季机智巧妙地给圆了场，使演出得以顺利进行。

塑造环境，借景抒情

不同的情境，有着不同的功用；不同的情境，当然也有着不同的风格。让情境风格适应于我们的说服（或辩论）的目的，往往可以取得事半功倍的效果；反之，只会事倍功半，甚至事与愿违。

晋朝的乐广发现一个好友久不来访，原来是这个朋友上次在乐广家做客，举杯将要喝酒时发现杯里有条蛇，因为不好直说，结果喝下去了，所以现在得了重病。乐广回家查看，发现那间屋子的墙上有一把弓，弓上描画着蛇纹，于是按照上次的摆设重新摆下酒席，复现了上次饮酒的环境，把那个病中的好友硬给请来了，然后问他："你在杯中看见了什么没有？"朋友说:"和上次看见的一样,杯中有蛇!"乐广于是说:"这杯中的蛇就是墙上弓的影子啊!"客人抬头瞧瞧墙上的弓,不再坚持杯中有蛇的观点,病立即就好了。

通过克隆再现特定的具体环境,可以反驳论敌的虚假论题。杯弓蛇影的故事说明了环境对一个人的影响。

1890年,马克·吐温一行20余人参加道奇夫人主持的盛宴。不一会儿,宴会里的人都在跟旁边的人谈话,嗓音越提越高。马克·吐温觉得有伤大雅,而如果这时大声制止也是不合适的,于是对邻座的一位太太说:要让这场吵闹静下来,法子只有一个。您把头歪到我这边来,仿佛对我讲的话非常好奇。我就这样低声说话,旁边的人就会好奇。我只要叽叽咕咕一阵子,他们就会一个个地安静下来。"接着,他就低声讲了起来,讲了没多久,寂静果然蔓延开来。这样,马克·克温就用更轻的声音一本正经地讲了下去,直到餐厅里一片寂静。见时机已到,他才开口说明为什么要玩这个游戏,请他们从此要讲些礼貌,不要同时尖叫。当然,人们以行动同意了他的意见。

借助情境,加以联想,乘势发挥,可以使讲话的主题更加突出,论证更加有力。当然,借助情境的方法无章可循,自由度大,需要一个人卓越的心智。

一个店员把一个正在生气的顾客带到一间安静的房间里,进去之后,还把门给顺手轻轻关上了,准备和这位顾客好好谈一谈,没想到顾客的声音比先前还要大,连连高声叫喊:"到底要做什么?想把我关在这里吗?"原来,这个房间给人的感觉实在是太冷——只有相对而望的两张椅子,还有一张显得孤零零的桌子。窗子有点小,屋子被收拾得异常干净,充满了一种肃穆得叫人紧张的气氛。那个店员经常进进出出,没觉得有什么不妥,但那个顾客却是第一次进来。

无疑,这个忽略环境的谈判最后一定以失败告终。

创造出特定的情境,可以向对方传递出特定的信号,为交际活动起到极好的铺垫作用。

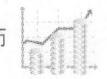

黄炎培任国民参政员时，为推动国共团结商谈，从重庆飞赴延安访问。毛泽东在当时的中央所在地杨家岭大会堂会客室接见了他。会客室的四壁挂着几幅画，其中一幅画有一把酒壶和几只杯子，上写"茅台"，并有黄炎培题词：

相传有客过茅台，酿酒池中洗脚来。

是真是假我不管，天寒且饮两三杯。

这幅画是沈钧儒次子叔羊在国民党掀起第三次反共高潮中，为父亲"画以娱之"的。在请黄题词时，他想起谣传红军在茅台酒池里洗脚，题为讽喻，没想到竟会挂在中共领袖会客的客厅里，因此他倍感亲切，知遇之情顿涌心底，于是敞开心扉与毛泽东进行了促膝长谈，并造成了他人生历程的重大转折。

尺幅的天地就是如此之大，创造论辩情境的天地之大就无须论述了。

在日常生活中，"虚拟"出类似这样的情境，实属无奈之举，但也可偶尔为之。

1936年，在全国一片抗战呼声的情况下，蒋介石的侍从晏道纲到东北军任参谋长，以蒋的化身自居，督促剿共，趾高气扬。东北军将领对此敢怒不敢言，而王明哲军长却借一次宴会之机，醉醺醺地当众发表起演说来：

……我们的老家在东北，被日本人占了！我们以为委员长能领导我们打回老家去，我们从东北、华中，这次又到西北，辗转数万里，无非是想实现打回老家的愿望！……谁想，到陕西打仗，损失得不到补充，牺牲的官兵和家属得不到抚恤，阵亡的遗族流落西安，一点救济办法都没有……张副司令（张学良）的处境更让人伤心，他每月的收支费才10万元，还赶不上胡宗南师长……真令人伤悲啊！

说着，王明哲号啕大哭，泪流满面。在座的东北军将领无不悲痛，晏道纲坐在席间极其尴尬却无法发作，因为大家都以为王明哲醉了。

回家的路上，王明哲问随从："你看我的这出戏演得怎么样？"随从这才恍然大悟，明白他根本就没有醉，而是借着耍酒疯，把东北军想打回老家去的心里话和对蒋介石消极抗日的不满发泄出来。

不同的环境有着不同的意义，在论辩中，只有选择那些和论辩的内容、目的相一致的环境，我们才容易收到预定的效果。

（1）避免到对方的"地盘"去交谈。这个"地盘"主要是指对方的办公室和家里，因为在这些地方，主人易于说服对方。

（2）可以在正规场合与性格内向的人说话，可以在轻松的场合与性格外向的人说话。

（3）宽敞舒适的地方是说服或者论辩的首选。当对方的地位、年龄和实力都在我们之上的时候，我们更应该选择宽敞舒适的地方。

（4）不要坐在人来人往的地方与人论辩，防止双方心慌意乱，情绪波动。

（5）在自己的房间或客厅里谈话，比在别人的房间或客厅里谈话更能说服人。

（6）在上司的办公室，尽量不要坐在上司的正对面。上司的椅子是个权力的象征，忽视它，对双方都有好处。坐在上司的侧面，可以减轻与之交谈的压力。

（7）可以在容易使人赏心悦目的地点与不思悔改或者情绪低落的人说话。

就地取证，适时出击

就地取证就是在论辩过程中及时抓住论辩现场的某些事物和情况作为论据，来反击对方观点、论证己方观点的一种方法。

就地取证可以取静态的事物，也可以取动态的事物，还可以取历史史实。前两者直观性强，后者为当地人所熟知，因此此法具有很强的辩驳力。

在一次以"改革开放的年代还需不需要雷锋精神"为题的辩论赛上，反

方队员坚持提倡有志青年要干大事业、有大作为,不能在细枝末节的小事上花精力。正方队员立即进行反驳:

"大事业是由具体小事积累而成的。就像我们这所教学大楼,是用一块砖一块砖垒起来的,我们地上铺的地毯,是用一根根毛线织成的。很难想象,连一砖一线这样的小事都不愿做的人,能够成就一番大事业!"

这种就地取证信手拈来,通过形象的比喻,雄辩有力,给人留下了鲜明的印象。

要运用好这种就地取证的方法,就必须熟悉现场和当地的情况,要洞察入微,随机应变。

一次,一个小贩在集市上卖豆角,每斤2元,买主还价1元5角。正在僵持不下时,那个买主从口袋里掏出香烟准备吸烟,小贩见那香烟比较贵,就灵机一动,说:"小伙子,你为了争5角钱,花了这么长时间,其实只要少抽一支烟,就足够了。一斤豆角就可以炒一大盘菜,还不到一支烟钱。"

买菜者一听这话,"争劲"顿时没了,掏出4元钱就买了两斤。

小贩思维敏捷,就地取证,巧妙说理,买菜者为之折服。

就地取证由于所引证的事物往往都是论辩者在现场或当地的所见所闻,是大家有目共睹的,生动具体,直观真实,因而这是一种一点就明、一说就透的雄辩方法。这种方法在赛场论辩中使用频率很高。

在论辩中要用好就地取证的方法,就必须熟悉现场的情况,并且善于洞察事态的发展,抓住机遇,随机应变,适时出击。

合理想象,借题发挥

英国诗人乔治·莫瑞是一位木匠的儿子,他很受当时英国上层社会的尊重。他从不隐讳自己的出身,这在当时英国社会是极为少见的。

一天，一个纨绔子弟与他在一处沙龙相遇，嫉妒异常，欲中伤诗人，便高声问道：

"对不起，请问阁下的父亲是不是一位木匠？"

诗人回答："是的。"

纨绔子弟又说："那你父亲为什么没有把你培养成木匠？"

诗人微笑着回答："对不起，阁下的父亲想必是绅士？"

纨绔子弟傲气十足地回答："是的！"

诗人又说："那你父亲怎么没把你培养成一位绅士呢？"

面对纨绔子弟的恶意提问，诗人没有正面回答，而是就势发挥，根据对方的方式进行反问，使纨绔子弟丢脸献丑，偷鸡不成反蚀米。

借题发挥的好处是说理性强，易于使人接受，常常起到绝妙的说服作用。

李白应诏进京后，因见皇帝和权贵只知醉生梦死地享乐，心情沉闷，恰在这时，朝廷召集李白等一班翰林学士赋诗唱和，李白推说身体有病，不肯吟诗。皇帝的大舅子杨国忠，本来因私怨对李白心怀不满，就在皇帝面前有意搬弄是非，他当着众人的面说："曹子建七步成诗，李翰林做诗驰名，今天为什么无诗可作？你如能像曹子建，我杨国忠就五体投地。"

李白早已明白杨国忠的用意，"嘿嘿"几声冷笑说："国舅的话错了，曹子建七步成诗，那是他哥哥曹丕逼的！我李白一无非分之想，二无权势之争，怎能和曹子建相提并论呢！你要我像曹子建那样做诗，却把皇上置于何地？"

杨国忠听了李白的反驳，一时间竟不知说什么好。皇帝见杨国忠无言以对，便打圆场对李白说："国舅是想激激你，你就不要想那么多了。"

李白说："既然皇上无忌，那么国舅要我像曹子建那样做诗也不难。请问，作得出来又当怎样？我李白要和他赌一赌！"

听了李白的叫阵，别人都想瞧瞧热闹，一齐起哄："是啊，国舅敢赌不敢赌哇？"

第五篇 辩论口才——三寸之舌强于百万之师

杨国忠心里暗想：七步成诗，要由我出题目，他李白哪有曹子建的神思？赌就赌，赌注可不能太少了，当着众人的面，一定要让李白出出丑。想到这里，杨国忠说："我没什么家私，不敢多赌，就赌半帑金银吧！李翰林要是能够七步成诗，我就输半帑金银与你！"

半帑金银，众人听了无不变色，就连皇帝也皱起了眉头，帑是钱库，你怎么能夸口拿一半与李白作赌呢？

李白望一眼杨国忠："国舅可真是财大气粗哇！你再说一遍。"

杨国忠还以为李白怯阵了，更大胆起来，对着皇帝和众人夸口说："我出题，只要你李翰林七步成诗，圣上和各位在场，我就输半帑金银与你。天子面前无戏言。"

李白也面对皇帝说："那好，现在就请国舅出题吧！"

杨国忠随口即说："就以'天子面前无戏言'为起句，你做诗吧！"

李白随即起步吟道：

天子面前无戏言，半帑金银重如山；

国舅不会点金术，何来家私万万千。

一首诗吟罢，李白只迈出了三步半，在场众人一齐高声喝彩！

"好诗，好诗！"

"问得好哇！国舅哪儿来那么多钱？"

有的人交头接耳地议论着："杨国忠打这么大的赌，还不是靠搜刮来的不义之财！"

就在众人议论纷纷的时候，李白又吟出七言诗一首，博得了众人更高声的喝彩，曹子建七步成诗一首，李白七步成诗两首，李白吟道：

李白出身最微寒，家徒四壁少吃穿；

赢得国舅不赊欠，天子面前无戏言。

不等杨国忠说话，李白要起账来了。杨国忠大窘，真恨不得地下裂开一条缝，好立刻钻进去躲起来。

皇帝当然是向着大舅子的，他马上来为杨国忠解围了。皇帝对李白说："国舅输给你半帑金银，你要金银何用？寡人保你有吃有喝就行了。"皇帝出面调停，李白不好再坚持，这事才算罢了。

李白在这里就充分利用了"借题发挥"之术：第一"借"，借做诗和国舅打赌；第二"借"，借诗句揭露国舅搜刮不义之财；第三"借"，借第二首诗向国舅要账，让他不下了台。"借题发挥"在李白那里用得天衣无缝。

"借题发挥"是指借用对方的话题，合乎逻辑地加以发挥，合理想象，上挂下连，纵横捭阖，把对方置于不利的地位。

罗蒙诺索夫出生于一个渔民家庭，生活贫困，成名后仍然保持俭朴的作风，毫不讲究穿着。一次，一个爱讲究穿着，但不学无术的人，看到他衣袖的肘部有个破洞，想起罗蒙诺索夫整天只是一心研究学问，便自作聪明地指着他衣袖上的窟窿挖苦地说："从那儿可以看到你的博学吗？"罗蒙诺索夫镇静地回答说："不，一点也不，先生。从这里可以看到愚蠢。"

罗蒙诺索夫借用衣袖上的破洞话题，严正指出用衣袖上的破洞来衡量一个人的学问，正好暴露了其愚蠢无知，对此作了尖刻的讽刺和尖锐的批评。

生活离不开借题发挥。离开借题发挥的生活是无趣的。

据说美国五星上将卡特利特·马歇尔还利用借题发挥娶了一个漂亮的老婆。

马歇尔在他驻地的一次酒会上认识了一位漂亮的小姐，酒会一结束，就请求这位小姐答应让他送她回家。这位小姐的家就在附近不远，可是马歇尔开了一个多小时的车才把她送到家门口。小姐于是问："你来这里不是很久吧？你好像不太认识路似的。"马歇尔微笑着借题发挥说："我不敢那样说，如果我对这个地方不熟悉，我怎么能够开一个多小时的车，而一次也没有经过你家的门口呢？"这位小姐听出了这位心慕已久的将军的意思，于是也"借题发挥"，干脆嫁给了马歇尔。实际上，马歇尔是最初的出题者。

运用借题发挥这一方法,我们可以就对手所提的话题易位思考,让论敌置身于我方的地位,甚至仿照对方的判断,以加倍于对方所使用的力量还击对手。

俄罗斯的一个著名的丑角演员杜罗夫一次正在休息,一个观众讥讽他说:"丑角先生,观众对你非常欢迎吧?"杜罗夫说:"还好。"那个观众又说:"你是不是生来就有一张愚蠢而又古怪的脸,所以受到观众欢迎呢?"杜罗夫于是回答说:"是的。如果我有一张像先生您那样的脸蛋,我一定能够拿到双薪。"那个观众听了,只好灰溜溜地走了,因为他懂得杜罗夫的意思是:如果我不是由于表演艺术而是由于一张又丑又蠢的脸才受到观众的欢迎,那么你的脸加倍愚蠢和丑怪,就可以拿双份薪水了。

谁说"百无一用是书生"!但是,一个书生要在借题发挥中获得胜利,不仅需要敢于讽刺,还要让语言通俗易懂。

清朝的洛阳才子孟习欧一天在某个裁缝处因为衣着平平而受到冷遇,后又因为被认出是个才子而受到敬重,于是应裁缝之请,借题发挥吟"诗"一首:"一条钢针明粼粼,拿在手上抖精神。眼睛长在屁股上,只认衣裳不认人。"裁缝离不开针,而针又和裁缝相类,都是"眼睛长在屁股上,只认衣裳不认人"。孟习欧借裁缝的题和裁缝的针恣意发挥,用极其通俗的语言,对这个裁缝进行了辛辣的讽刺。

假借他物,消除窘况

清代学者纪晓岚,很受乾隆皇帝的宠爱。一次,两人在野外散步聊天。乾隆突然问道:"纪卿,'忠孝'之义何解?"纪晓岚回答:"禀告皇上,君要臣死,臣不得不死,谓之忠;父要子亡,子不得不亡,谓之孝!"乾隆又说:"嗯,说得好,现在,朕想以君的身份要你去尽忠,怎么样?"纪晓岚一惊,少顷,回答说:"臣遵旨!"

纪晓岚说完就走了,皇帝当然知道纪不会去死,不过也想看看他是如何为自己解围的,于是静观其应对方法。不一会儿,纪晓岚回来了。乾隆问道:"你怎么没死,没尽忠啊?""我刚才想跳河尽忠,正在这时碰到屈原了,他不让我死!""此话什么意思?""我去到河边,正要往下跳时,屈原从水里向我走来,他说:'晓岚,你为什么要这样呢?我那时跳河自尽,是因为当时楚怀王昏庸无能;而你现在,听说是开明盛世啊!这样吧,你先回去问一问皇帝,看他是不是说自己昏庸无能,如果说是,你再来跳河,我等你!'这样,我就回来问您了!"

乾隆听后,放声大笑,连连称赞:"好一个如簧之舌,真不愧为当今雄辩之才啊!"

纪晓岚真是聪明绝顶,辩才无碍。他能巧妙地为自己找到一个解脱困境的依靠:屈原。借屈原之语,为乾隆设立窘境,指出"如果皇上承认自己昏庸,我就去死"。皇上当然不会再将玩笑推到此地步,故纪晓岚很自然地把自己从"死"中解脱出来了。

陷入窘境时,可借助别的人或物,为自己找到一个得体的理由,解除尴尬。

有时,碰到一些难以脱身之事,直接说出原因或闭口不表都会给自己带来不利,并把自己推入更为困难的境地。这时,如果借助别的人或物,为自己找到一个得体的理由,可以化解窘况,消除尴尬。

假借他物,"他物"无论是言语还是实体,都要在此时此刻具有一定的权威性,有震撼力。

有一对青年男女正处在热恋中。这天,两人从夜校学习归来,边走边聊,不觉到了男青年的家门口,而此刻时候也不早了。男青年邀女友到家去坐坐,再陪陪他。女友说:"不行,老师告诉过我,放学要早归,否

第五篇 辩论口才——三寸之舌强于百万之师

则会遇到坏人的。"一句话把男青年逗笑了,男青年也不好再强求,目送女友远去。

女青年巧借老师所说,跟男友开了个玩笑,既为自己找到了回家的理由,又能让男友体面地收回不恰当的要求。

第六篇 演讲口才——演讲的力量助你一飞冲天

演讲是一种威力无比的武器，运用它可以捍卫自己，取得竞争优势；演讲是一个重要的途径，通过它我们可以增强勇气，获得斗争的力量。演讲能改写历史，同样也能改变一个人的命运。

精彩的演讲能显示出演讲者学识的广博、举止的优雅、应变的灵活和情趣的幽默。它往往是一个人综合素质的体现。拥有高超的演讲技能是每一个人的目标。

第1章　素质：演讲的无形资本

演讲口才的要求

生活中我们常常遇到这样的人。他们平时心理素质非常好，很能说，经常被认为是口才很好的人。可是在大众场合他们往往不能很好地表达自己的想法。为什么会出现这种情况？演讲口才到底有什么要求？

口语能力，不仅仅是能说会道。它是一个人的智能和语言组织能力的综合体，是通过言语形式表现出来的能力。按照从高到低的级别可以分为描述能力、表达能力、议论能力、驳辩能力、幽默能力。

描述能力是对自己所见之事物和所经历之事能够大体客观地描绘和叙述，使听者较为清晰完整地了解所言内容。

表达能力是将自己的意见、办法、方案、设想、情感、思想和内心感受陈述出来，能使听者接受或受感染。

议论能力是对事件做价值和意义方面的评论，能讲得头头是道，颇令人折服。

辩驳能力是在一个大前提或几项基本原则的基础上同时既做论证又做反

驳性的发言，使对手无法坚持或干脆放弃原先持有的立场和观点。

幽默能力是平时能说笑话，常令听者捧腹喷饭，营造宽松气氛。

演讲口才与这些能力并非截然相异。五种口语能力是演讲口才的基础，按演讲要求稍加规范就能够顺利地转化为演讲口才。如果一个人有较好的描述能力，他做的演讲恰好又是向听众报告自己纯客观的经历或所见，无需做任何主观上的加工，他往往能够轻松应对。可是现实中的情况常常是这样的，台下的各种口语能力，一到台上就受到抑制，感到有些力不从心。这说明，有这五种口语能力的人，固然有了良好的演讲基础，但在一般情况下，这几种口语能力并不直接就是演讲口才，仅仅拥有它们，未必就能做好一场演讲。所谓演讲口才，是这几种能力依演讲要求得到优化的口语才能。

加强心理训练

由于演讲是一种特殊性和复杂性相当高的活动，演讲者一般都要承受一定的心理负担，当然有时很容易出现心理失衡的现象。这就要求演讲者平时加强心理训练，具备良好的心理素质，既热情果断，又镇定自若，而且还能侃侃而谈。一般地说，成功的演讲者一般应具有充足的自信心，较强的自制力。

1. 自信心

所谓有自信，就是对现实目标、圆满完成任务抱有成功的把握；否则，就是没有自信或信心不足。

自信心与成功欲密切相关。强烈的成功欲是人们实践活动的内驱力，是促进事业成功的主观因素。对演讲者来说，它的主要作用是触发心理动机，使演讲者对现实演讲目标的高度关切。然而，希望成功并非自信成功。自信则表现为对实现目标的理性推断，它是通过对客观情况和自我能力统一比较衡量后产生的，是对自我素质和能力的信任。演讲者充分的自信表现为对实现演讲目标持肯定性推断，坚信演讲成功。成功欲和自信心都是形成良好的心理定势的重要因素，是演讲者重要的心理支柱。

自信可以发挥意志的调节作用，坚定意志；可以促使智力呈现开放状态，更有效地发挥演讲者的创造性。演讲者坚信演讲能获得成功，在良好的心理定势作用下，能以满腔热情对付演讲现场可能出现的各种复杂情况，并且始终保持清醒的头脑，砥砺意志，克服障碍。自信心强，很少有心理负担，精力充沛，思维活跃，易于触发创造性思维，左右逢源，能随机应变和临场发挥。自信心强，对自己的力量、气质、风度和技能能恰当地控制。相反，缺乏自信心的人，意志薄弱，时时产生一种消极的自我暗示。越怕失败，越怕人取笑，就越加分心，越加忧心忡忡，无形中束缚实际能力的发挥，导致演讲失去光彩。

演讲者要有意识地培养和树立坚强的自信心。自信心应建立在对自我素质和能力的正确认识上，建立在对演讲基本规律的娴熟掌握上，建立在对演讲内容的深刻理解上。只有在对主观条件和客观情况进行辩证分析，知己知彼，了如指掌的基础上产生的自信，才是真正的自信。否则，就是不切实际的盲目自信。盲目自信是一种非理性的预测和判断，它所产生的支持力是短暂的，是经不起实践检验的。

2. 自制力

所谓自制，就是根据需要，对自我情绪和情感进行调节和控制。这种自控能力，既是演讲者重要的心理能力，也是演讲者意志力的表现。

演讲活动情况复杂，很多因素能引起演讲者的情绪波动，或欢愉，或兴奋，或恐惧，或忧虑。演讲者的各种情绪波动对演讲产生不同的影响，有的积极有益，有的消极有害。

一般来说，责任心、使命感、成功欲以及自信和欢愉是推动演讲顺利发展的积极因素；而忧虑、恐惧、自卑、颓唐等情绪则是阻碍演讲成功的消极因素。只有有较强的自制力，才能对这些有利和不利因素进行质的鉴别和量的控制。

演讲者要善于分辨掌握，该激发的充分激发，该排斥的努力排斥，该调节的适当调节，始终保持自己的情绪与演讲时空环境和谐协调；不能无节制地听任感情的驱使，也不能任凭自我情绪的放纵；要主动地理智地根据实现演讲目的的需要，抑制消极情绪和冲动行为，正确地支配自己的语言和举止。只有这样，才能成功地驾驭演讲进程，在受挫折时，不致泄气和意志崩溃；在顺利时保持头脑清醒，不失常态。否则，就会阻碍演讲的顺利进行。

演讲者要有效地运用和发挥自制力的作用，必须坚定目标指向。目标专注，能凝神集思。当情绪过分激动时，立即以实现演讲目标的坚强信心激励自己，排除自我情绪中消极因素的干扰。演讲者要提高和强化自己的自制力，必须吃透演讲内容，掌握演讲规律。成竹在胸，就不会乱章失控，就能应对自如。演讲者要进行恰当的自我克服和调节，还必须保持头脑清醒。冷静能帮助人保持智慧，再生智慧。快速、准确的判断和分析，只有在沉稳冷静的情况下才能做出。

自信心和自制力关系十分密切，它们同是演讲者应有的良好的心理品质。自信心强可以坚定演讲者的意志，而自制力的强弱正是由意志力的强弱所决定的。所以，演讲者应不断培养和提高自己的自信心和自制力。

演讲的禁忌

正面了解演讲成功的要领对成功的演讲非常重要，掌握一些对演讲影响很大的负面因素对掌握演讲技能的提高同样重要。演讲中如果使用口头禅，演讲内容艰涩冗长，或者演讲冷漠乏味，都将破坏演讲的效果。

1. 切忌使用口头禅

口头禅被认为是不良的说话习惯，指那些令人讨厌的"嗯""啊""你知道的"等与演讲毫不相关的废话。如果演讲者频繁使用口头禅，会干扰听众的聆听。口头禅本身具有一定的特点，它常常在演讲者进行观点、概念转换时出现。

口头禅可以通过下面这种方法克服。

克服口头禅的前提是对其本质有所认识。

就个人而言，首先应该明确口头禅对你的影响到底有多大。关于这一点，你可以利用录音机进行记录并检查或者请其他人帮你听听。采用这样的方法进行检查和练习，会很有帮助，因为你在进行概念转换时会有所提防，而转换本身也因此日益流畅。

2. 忌艰涩冗长，杂乱无章

有人的演讲材料过于庞杂，讲起来像开无轨电车，开到哪里，算到哪里，叫人摸不着头绪。还有的不合逻辑，妄加论断；或者不顾事实，主观臆断。这也是一种常见的问题。

有人演讲用的是书面语言，使人感到艰涩难懂。演讲时要尽量避免使用书面用语，更不要"文夹白"，使用口语，善于用简单明了、群众易懂的语言演讲，坚决抛弃晦涩难懂的词语。文章贵短，演讲也应该长话短说。

3. 忌冷漠乏味，豪言空谈

言之无物、空空洞洞的表达是演讲中的一大禁忌。现实中那些不结合当时、当地实际的空头言论太多了。有的单位一年一度的总结会，会议的开幕词用的是陈年的演讲稿，只把第一届改成第二届、第三届或第四届，内容照旧，年年如此，冷漠乏味，毫无生机。

还有的人演讲时毫无表情，呆若木鸡，甚至肌肉紧绷，脸色铁青，缺乏演讲情趣，语言冷淡，没有抑扬顿挫、真情实感，演讲乏味，如同嚼蜡，严重影响了演讲的质量。

另外，在演讲时忌出奇出怪，要尽量讲清楚讲明白，这也是对演讲最基本的要求。

第2章 材料：演讲的骨和肉

 收集材料的原则

收集材料是演讲非常重要的一个步骤，它是充实演讲主题，充分证明论点的有力条件。收集材料不能盲目进行，要遵循定向、充分、真实、新鲜、典型、具体和感人的原则。

1. 选择真实的材料

所谓真实，就是指材料的客观性，即所选材料是客观世界确实存在的、符合历史实际的。只有真实的材料才最有说服力，才最有利于人们形成坚定的信念。任意臆造和虚构材料，势必与事实发生撞击，势必被揭穿。为了保证材料的准确性和可靠性，必须交代材料的出处，如引用事例必须讲清是什么人、什么时候、在什么地方、干什么事，为什么以及怎么样。即恪守5个"W"和1个"H"——Who（什么人），When（什么时候），Where（什么地方），What（什么），Why（为什么），How（怎样）。这样可增强真实感，提高信息的可信度和影响力。同时要知人论事，既不夸大事件的意义和拔高人物思想，也不低估事件的价值和贬损人物品德。对于选作论据的书面材料，要严格检查、核对；要善于鉴别，去伪存真；切忌抄转讹传，张冠李戴，引起哄笑。

2. 选择典型的材料

选取的材料，既要求真实、新鲜，还要求典型。真实具有可信度，新鲜具有吸引力；而典型则由于其深刻揭示事物本质，具有代表性，有较强的说服力。演讲的目的在于说服人、鼓动人。因而，要认真审慎地收集那些最能说明主旨、最具代表性的事实材料和事理材料，防止和避免材料的平淡化。

典型材料与一般材料是相比较而存在的。只有在充分掌握许多材料的基础上，才有比较余地，分出高下。在与众多材料进行比较时，要发现典型材料，关键在于演讲者的观察分析能力和思想认识水平。比如，为了说明树立正确的审美观和人生观的重要性，有人在众多的材料中选取了一位女大学生自杀的材料。这位女大学生非常爱美，常为自己的单眼皮伤脑筋，后来自费做手术，不料手术无效，眼睛反而显得更难看。她陷入了极度苦恼之中，无法解脱，竟一死了之。显然，这种愚蠢的轻生行为竟然发生在一位正在受着高等教育的人身上，这充分说明树立正确的审美观和人生观的必要性。

3. 选择充足的材料

材料要充足。演讲要求大量地详尽地收集和占有材料，既要纵向了解事物发生、发展的经过，又要横向了解事物各方面的联系；不仅了解事物的正面材料，而且还了解事物的反面材料，以便多方位、多角度进行分析、比较，这样可以避免认识上的主观性和片面性。材料越充分，思路就越开阔，论据就越充分，就越能正确有力地阐明观点，产生令人信服的雄辩力量。特别是学术演讲和法庭演讲，更要求论据充足，旁征博引。材料不足，往往难以言之成理，很难达到预定的目标。

4. 选择具体的材料

具体，是相对抽象笼统而言的。有些材料虽然真实、新鲜、典型，但由于详略处理不当，尽管讲清楚了来龙去脉，也使人感到"不够味""不解渴"。这恐怕就在于叙述太简略笼统所致。出现这种情况的原因,对于事例性的感性材料来说,往往是忽视了对重点材料的必要的渲染;从记叙的诸要素来看,常常是对Why(为什么)和How(怎样)交代得不够。如果把Why和How的内容进行较为详细的阐述,做必要的渲染,就会显得具体,给人留下明晰的印象。比如"他带病坚持工作,最后累倒在车床旁",给人的印象就较笼统。如果进一步把他为什么带病工作,如何做的,怎样累倒的,累倒后又怎样,当时的现场怎么样等作必要的交代和渲染,给人的印象就具体得多。

5. 定向收集材料

收集材料要把准方向,防止盲目性和随意性。生活千头万绪,书报浩如烟海,时间和精力不容我们有见必记,有闻必录,这不仅没有必要,也没有可能。我们必须把准方向,有计划、有针对性地收集。所谓把准方向就是围绕论题进行,根据论题划定的区域范围,按计划、有重点地工作。选择的论题要大小适中,不宜太窄,也不宜过宽。太窄,往往会漏掉与之相关的材料,使用时没有回旋余地;太宽,往往很难抓住主线和重点,造成内容芜杂臃肿,削弱和冲淡主题。例如,做一次题为"岗位成才"的演讲,不妨把收集目标集中在下列方面:从名人先哲的著作中收集有关成才的论述及有关部分和整体关系的论述;从教育学和心理学的图书中收集有关成才理论和有关青年心理特点及其发展趋势的论述;从历史图书中收集有关青年在工作中立志成才的故事;从报刊和现实生活中收集,特别是收集本单位青年在本职岗位上所作贡献的先进事例,等等。确定了这样一个范围和方向,收集材料就会顺利得多。

6. 选择新鲜的材料

新颖别致,是就听众的感觉而言的。新奇感是促使人们注意的心理因素。演讲者立论高妙,演讲材料新鲜,就能较好地激起听众的新奇感,引起注意。这对深化主旨,充实内容都有着十分重要的意义。演讲者"人云亦云"，重复使用别人用滥了的材料，就会令人感到乏味，甚至反感。因此，要尽力防止和避免材料的雷同。要产生新鲜感，一方面要留心收集现实生活中新近发生的事情；另一方面也要善于收集那些过去早已发生但并不为人所知的事例。此外，还要善于观察分析，抓住现实中看似一般的材料，从中挖掘出新意来。这些当然不是信手可得的，而必须有耐心，有韧劲。鲁迅先生在这方面为我们树立了很好的榜样。他常借古讽今，十分生动，如《由中国女人的脚，推定中国人之非中庸，又由此推定孔夫子有胃病》的演讲，运用了大量历史材料和现实材料，古今结合，使人感到异常新鲜、有趣。

7. 选择感人的材料

在演讲活动中，要注意选取能提高听众兴趣和打动听众感情的材料。在现实生活中，许多感人的事情都是看似违背常理，出人意料，不可思议，但又是在情理之中的。例如，有位演讲者在演讲时引用了一位老师上课老是请假跑厕所的事。这种事显然违背常理，令人好笑。可是，当你知道这位老师身患膀胱癌，长期尿血，直到他被抬上病床，大家才发现他揣了一大撂病假条却从不请假时，你会觉得看似违背常理的事情，其实却在情理之中。演讲者用这件事来表现这位老师的高风亮节，十分生动感人。在现实生活中，有许多这样的事例，关键在于要善于发现这种有违常理事例的特殊性。此外，演讲要感人，讲人们的奋斗经历，讲与听众切身利益相关的事，容易达到目的。

总之，收集演讲材料要力求做到定向、充分、真实、新鲜、典型、具体、感人。很多优秀的演说家在这方面为我们作出了很好的榜样。

下面是美国著名的废奴主义者，奴隶出身的弗·道格拉斯于1846年5月在伦敦发表的一次演讲的部分内容：

……这就是美国的奴隶制；没有结婚的权利，没有受教育的权利——福音的光辉透不进奴隶幽暗的心灵，法律禁止他读书识字。如果一个母亲教她的孩子认字，路易斯安那的法律就宣布她将受到绞刑。倘若一个父亲想让他的儿子识几个字母,他立即会受到鞭笞,而在另一场合之下,法庭可以随时把他处死。

奴隶主的残忍是罄竹难书的。……饥饿、血腥的皮鞭、锁链、口衔、拇指夹、猫抓背、九尾鞭、地牢、警犬,都被用来迫使奴隶安于他在美国为奴的处境……(在美国)报上也时常刊登如下广告,叙述有的逃奴颈上戴着铁圈,脚上拴着铁链;有的浑身鞭痕;有的带着火红烙铁烧成的烫伤——他们的主人把自己的名字的开头字母烫进他们的皮肉里。……不久前发生过这样一桩事。一个女奴和一个男奴在缺乏任何法律保护作为夫妻的条件下结合在一起。他们的同居得到了他们主人的同意,而不是由于有权利这样做,他们成立了一个家。主人发现,为了他的利益起见最好把他们卖掉。但他根本不询问他们对这件事的愿望;他们是不予以考虑的。在拍板声中一男一女被带到拍卖台旁。喊声响了:"瞧啊,谁出价?"想一想,是一对夫妇在待价而沽呀!女的被领上拍卖台,她的四肢照例是野蛮地展现在买主们面前的,他们可以像相马一般地任意察看她。丈夫无能为力地站在那里,他对自己的妻子毫无权利;处置权是属于主人的。她被卖掉了。他接着被带到拍卖台上。他的双眼紧盯着走远的妻子;他以恳切的目光望着购买他妻子的那个人,乞求把他一起买去,但是他终于被别人买去了。他就要同他相亲相爱的女人永别,无论他说什么话,无论他做什么事,都不能使他免于这次分离了。他恳求他的新主人允许他去跟他妻子告别,但没有获准。在极度痛楚下,他挣扎着从新买他的主人那里冲向前去,打算同他的妻子话别;但是他被挡住了,并且当头挨了狠狠的一鞭,他马上被抓了起来。他太伤心了,所以当命令他出发时,他像死人一般倒在主人的脚边……

这篇演讲,淋漓尽致地揭露了美国奴隶制度的罪恶,真是催人泪下!这与演讲者精当选材有密切的关系。

准备属于自己的素材

准备自己的素材,这里强调"自己的",虽然念一本书也是一种准备,但并不是最好的方法。从书上找材料,是可以有帮助的,但假如一个人仅想从书本上得到一大堆现成的材料,立刻据为己有而讲给别人听,难以获得听众热烈的掌声。

下面是演讲大师卡耐基讲述的一个故事:

多年以前我为银行界开办了一个公开演讲班。这个班是在每星期五晚上五点至七点上课。某星期五下午某银行的罗先生一看表发觉已经四点半了,可是他还没准备讲什么。他走出了办公室,就在报摊上买了一本杂志,在去演讲班的途中,他挑选了一篇题目为《你只有十年的成功时间》的文章阅读。他阅读的目的只是为了在班上轮到他讲时,他能说点什么,而不至于冷场。

上课一小时后,他站起来试着很有兴趣、很有说服力地叙述那篇文章的内容。然而他并未消化那些内容,因而并未真正成为他自己的东西,只是肤浅的记忆而已,讲出来也就缺乏激情,当然听众难以有较深印象。他提到的只是那篇文章的作者说这说那,但很少有罗先生自己的看法。于是我对他说:"罗先生,我们真正感兴趣的不是这篇文章作者怎么说,而是你和你的意见,告诉我们你本人有什么可说的,如果现在没有,就将这同样的题目留做下星期讲。你可将这篇文章再读一遍,并问自己是否和这位作者意见相同,相同的话就用你自己的经验证明他的见解。假如不同,就讲出何处不同与为何不同,这样讲出来才能吸引人,才能使人印象深刻。"

罗先生接受此建议,重读那篇文章之后,发觉他与原作者的意见完全不相同,于是他反复思考、发挥、整理自己的意见。在下一个星期罗先生站起

第六篇 演讲口才——演讲的力量助你一飞冲天

来又讲这个题目时,讲的就是他自己的材料,是从他自己从"矿源里"挖掘出来的"矿石",因而真实感人,使这次演讲非常成功。

这就是准备,只有自己真实的经验并加上深思的演讲才会成功。

选择精练的演讲材料

演讲材料选择的大致范围确定以后,还要注意选择精练的演讲材料。除了选材要真实、准确,一般来讲,选择精练材料还要遵循一定的标准:选材要紧紧围绕主题,选择新颖的、典型的材料,所选材料最好还要有针对性。

1. 选材要紧紧围绕主题

主题是选材的依据。选择材料必须紧紧围绕主题,选择材料时必须考虑它能否有力地支持主题或为主题服务,否则,再生动的材料也不能用。即坚持这样一条原则:凡是能突出、烘托主题的材料就选用,否则就舍弃。能够有力支持主题的材料一般包括:演讲者自己受感动的材料;演讲者亲身实践证明了的材料;听众感兴趣的材料等。

在公元前44年,古罗马的布鲁图斯等人说恺撒大帝是暴君、有野心。恺撒的重臣安东尼为了驳斥他们的诡辩,在恺撒的葬礼上为恺撒做了辩护,在辩护词中,选择了这样三个材料:

"他从前曾获胜边疆,所得的财帛都归入国库……"(这不是私心,而是公心)

"他听到穷人的呼唤,也曾经流下泪来。"(这不是暴君,应是富有同情心的好君主)

"那天过节时,你们眼睁睁地看着,我三次以皇冠劝他登基,他三次拒绝。"(这不是野心,而是虚心)

这些材料都紧扣主题,直接支持和证明了自己的观点,从而产生了无可辩驳的说服力。

2. 选择典型的材料

典型材料是指那些最鲜明、最有代表性、最能反映事物本质、体现演讲主题的材料。只有这样的材料才能以一当十、以小见大。

陈毅的《代军长就职演说词》中所要阐明的主题是"人民的军队是任何反动派也消灭不了的",他只选择了两个材料:一是"在大革命失败时,朱德总司令只带了800多人上井冈山,就发展成今天的50万大军";二是"新四军的前身是南方各省的游击队……只有200多人,3年后,新四军发展到9万人"。由此推出:"800人没有被消灭,50万大军能被消灭吗?200人没有被消灭,今天9万人还能被消灭吗?"充分证明了主题。

3. 选择有针对性的材料

演讲者在服从主题的前提下,选材还要有针对性。演讲者从听众需要出发,有针对性地选择材料,在组织和选取材料时,"因地制宜,因人施讲",这样才能达到晓之以理、动之以情的效果,才能唤起听众的热情和兴趣。这种针对性包括:

(1)要针对不同场合、不同听众的具体特点、兴趣和爱好选择使用不同的材料。

(2)要针对听众的文化程度,把材料具体化、形象化,多选择听众能看到、听到、感觉到的材料。

(3)要选择符合听众心理和要求的材料,尽量使这些材料和听众的切身利益结合起来。

(4)要选择那些能给听众指明方向、能够教给听众行动的手段和方法的材料。

(5)要选择那些正确、准确、科学性强的材料,使听众相信和服从。

(6)要根据自身的特点,选取那些自己熟悉的、适合自己身份的材料,这样才能将主题表达得充分而深刻。在演讲时才能胸有成竹,具有说服力。

演讲材料的收集和选择是一个问题的两个方面，两者相辅相成，缺一不可。虽有先后之分，却无轻重之说。对此，演讲者应该切实地重视起来。

筛选材料要点的步骤

收集到足够的材料以后，把所有的想法根据演讲题目进行筛选，保留自己满意的部分，然后对它们进行综合，最后做到前后连贯，这个过程涉及很多步骤，主要包括：产生想法，把想法归类，把每类综合起来，然后重新考虑、调整并且理顺各种想法的关系，最终确定下各个要点。

1. 广泛收集想法

在准备演讲时，不要限制自己的思路。把你觉得演讲中可能提到的内容随手记下来，不管这些内容是在收集资料还是整理准备放弃的资料时碰到的。采用头脑风暴法，此时注重数量而不是质量。不要对任何想法心存偏见或轻易抛弃，把它写下来。现在不必为你记录的内容排列顺序。加快工作速度，即使其中有些只是另一种想法的不同表达或者与另外一些想法截然对立也不要在意。除非已经积累了充足的原材料，否则无法着手进行整理。

2. 整理归类想法

你可以采用许多不同的办法进行组织整理，选择适合自己的一种或几种方式，加以组合，起决定作用的可以是视觉效果或者演讲内容。

基础的、可行的提纲。组织演讲内容最传统的办法是采用阶梯形的、缩格提纲的格式。但是在确定提纲的时候不要自我局限，认为只能用正式的、完整的句子列出提纲。用完整的句子列出提纲对你清楚表达要点和分要点很关键，但是运用主题提纲这种比较灵活的形式会更有好处。

因为你可能会尝试采用不同的办法整理思路，因此不要把时间浪费在措辞或格式上。以不同的方式对各项内容加以整理，使得它们能够和谐地组织起来，直到发现一种紧凑而清晰明了的结构为止。

概念图。概念图是一种理清思路的方式，通过它可以直观表示某些概念之间的相互关系。你可以按照其基本形式很快绘制简单的图表，用中间标有说明的圆圈或方框表示，再用线把它们连起来。

从你的核心想法、你的主题入手，在一张纸的中间画圆圈或方框。然后利用整理的想法对其加以扩展，围绕主题写出几个要点，留出足够的空白以备将来补充分要点。围绕你最初的想法会出现若干新想法；把脑海中产生的新想法写下来，用线将相关的要点连起来。

调整可移动的想法。把内容分布在纸上各个部分；它也可以类似于列提纲，用线性方式连接内容。比如，你可以把自己的想法在记事贴上记下，把它们粘在墙上或桌上。你可以根据主题把它们集中起来，把某一组的某些部分移到另外一组，直到你对整体结构感到满意为止。或者，如果你更喜欢以线性方式考虑问题，则可以根据记事贴上的内容制定原始提纲，提纲可以写在任何地方，包括缩格记录的分要点。

从收集资料的笔记卡片入手，在卡片上添加你自己的想法。我们建议在查阅资料时使用笔记卡片，在上面注明标题。你可以从这里着手写下自己的看法、过渡句并再用一些卡片进行综合，把它们插在你认为适当的地方。像记事贴一样，你可以随意改变顺序和模式，变换尝试多种处理主题的方式。

充分展示每种组合方式的优点，不要急于下判断做选择。让自己享有充分的自由，能够随意调换各个部分，直到你认为满意为止。

经过这个过程，你已为自己的演讲准备了好几个可能的要点。下一步是选择最能满足你的演讲目的、效果最佳的要点。

3. 要点应独立且符合主题

一看你的论点陈述句，就应该想到你的演讲中应该包括哪些要点。明确必须作出回答的核心问题。一旦明白主题涉及的内容，你就能用论点陈述句检验提纲中的要点了。

除此之外，还要注意挑选彼此独立的要点。

要点之所以被称为要点不是偶然的，要点是扩展主题的有限几项核心的不可或缺的内容。

为了尽可能明确清晰地说明问题，要点应该彼此独立。每项都应该排除隶属于另一项的可能性。用简单的话来说，这条法则就是我们常说的一句格言"任何东西都有其所归和所属"。演讲者面临的挑战在于找出一种可以恰到好处地把所有内容加以安排的条理。

有时当你尝试把各项内容归为几个要点时，发现有些内容既可以属于一个要点也可以属于另一个要点。出现这种重叠现象时，你就会明白自己还没有理清思路，还没有为所有内容找到一个有效的分类系统。如果你不知道某项内容应该放在什么地方，听众当然也不会明白。

给要点分类的时候要遵循单一的原则，使得所有内容可以归入某个要点，并且只能归入这个要点，这一点最重要。

你往往会碰到这种情况，即某项内容在两个要点之间很难决定把它归入哪一类。对普通听众来说，最好的办法是把问题的范围缩小，排除某些模棱两可的要素，必要时把这些问题留到听众提问时解答。

如果一项内容可以放在两个地方，说明你的要点不能彼此独立。如果一项内容不能放在任何地方，这说明你离题了。

4. 确定要点的数量

虽然这条规则听起来过于武断，但是并不像你认为的那样束缚手脚。作为演讲者，你应该围绕几个要点整理自己的内容和思路。如果把每条思路都作为要点，结果会弄得没有机会扩展其中任何一条。如果分要点过于庞杂，你就无法从中抽象出适合你演讲主题的东西。此外，如果你只有一个要点，那么你基本上只有主题，谈不上所谓的整理和组织演讲。

还有一点值得大家注意，就是要点如果超过五条，听众就记不住了。

重要性相同或逻辑作用平行的要点称为并列要点。用于解释、支持或服务于其他要点展开的逻辑推理过程，重要性较小的要点称为分要点。

你心中必须明白各种要点之间的关系只是相对的。演讲的每条内容都既是并列要点，又是分要点，这也是对其他内容的总括。

逻辑推理类似于说明内容之间从属和并列关系，例如，汽车是一种有效的货物运输方式，因为汽车运输的目的地覆盖范围相当广阔；因为汽车的设计形式多种多样，灵活多变；因为汽车相对易于操作。

显然，原因从属于它们所支持的要点。

安排演讲内容时用于证明要点的论据不能与要点具有同等的重要性，或与要点并列。

第3章 演讲稿：现场演讲的主要参考

演讲稿的作用

许多初学演讲的人认为，演讲稿只要写个提纲，打个腹稿就行，无需完整的准备；还有的人认为有了成文的演讲稿，演讲就会囿于文辞，照本宣科，使演讲失去其生动性和灵活性。这种看法是片面的。虽然照本宣科的念稿式的演讲会使听众厌烦、反感，是拙劣的、不可取的，可是我们不能因为演讲稿可能导致这种消极影响而忽视了它在演讲中的积极作用。事实上，成功的演讲，大都是备有完整的文稿的。具体而言，演讲稿的作用表现在下面几个方面。

1. 保证思路畅通，帮助消除怯场心理

编列提纲为演讲的语流疏理了河床，规定了流向；而成文的讲稿，则具体地描绘了语流的状况。演讲者由于预先设计好了蓝图，心中有底，思路畅通无阻，便可以消除演讲时的种种顾虑和恐惧心理，轻松自如，有利于一心一意加强态势技巧，全力发挥主动性和灵活性，使演讲声情并茂，圆满成功。

2. 避免临场斟酌词句，增强语言的感染力

演讲主要是以有声语言和相关的态势语言来表达思想的。有声语言不仅具有传声性，而且具有表情性。演讲者不仅可以通过声调的高低强弱、语气的轻重缓急生动具体地反映客观事物，而且可以通过声调、语气或动作表情等把"只可意会，难以言传"的东西表达出来，使听众心领神会。然而，在没有讲稿的情况下，演讲者在演讲现场临时把思想转变为有声语言的过程很短，没有足够的时间来斟酌词句，必然会出现一些"嗯""呀"以及凌乱、啰唆、模糊和不必要的重复等毛病。为了防止口头语中的各种偏差，必须减少现场临时斟酌词句的情况，预先写好演讲文稿。因为根据提纲撰写演讲文稿，事实上是把默讲变成书面语言，其实质是把口头语言变成书面语言。在这个过程中，经过认真、仔细的揣摩，那种词不达意、言不及义的现象能得以克服。在正式演讲时再将这种书面语言的讲稿转变为有声语言时，就能达到出口成章，使语言表现力大大增强。

3. 促进演讲规律的研究

演讲是一门独立的学科，演讲稿的写作有别于一般文章的写作，也不同于平常讲话记录。演讲稿虽然是书面表达的形式，却要特别考虑口头表达的需要和临场的需要；它虽然最终用口语发表，但却又具有规范、严谨的特点，有更为明确的目的性和清楚的条理性。无论是从发表形式还是从内容构成上看，演讲稿的撰写都有其个性特征。这种特征是受演讲的特点影响和制约造成的。因此，通过对演讲稿的撰写和研究，还可以促进和加深我们对演讲的各种技能技巧的研究，正如河床规定了水流的走向，而水流的冲刷又对河床的形态产生相应的影响一样。

4. 对选材和提纲的实践性进行检验，进一步保证内容的完善

人们认识问题有一个由此及彼、由表及里的逐步深入完善的过程。演讲者完成了材料的收集、整理和提纲的编列以后，对演讲内容已经有了大体轮廓，但它毕竟只是一个框架，而不是完整的文稿。如果仅仅根据提纲去讲，

第六篇　演讲口才——演讲的力量助你一飞冲天

就有可能因为选材、组材和提纲的疏漏而出现一些不尽如人意的地方；也可能由于认识的原因而出现临时性更改，打乱阵脚；还可能出现对于判断的程度、范围等的表述失当，等等。按照提纲写出讲稿，实际上就等于按照提纲进行默讲。这种默讲不像临场演讲那样，一旦讲出就变成最终形式。在这个过程中，演讲者有充裕的时间对自己的讲话进行修改，使它完美贴切。因此，这个默讲的过程实质上就是对选材、组材和提纲编列是否恰当的一次实践性检验，也是认识进一步深化、思想进一步明朗化条理化的过程。通过撰写演讲文稿，可以进一步修改、完善、充实演讲内容，保证演讲的质量，保证内容的完美，使观点和材料得到高度的统一。

5. 帮助限定时速，避免时间松紧失当

演讲通常限制时间，要在一定的时间范围内完成。如果没有准备好演讲稿，时间往往难以掌握得当。要么前松后紧，开头大肆发挥，扩展内容，到后来就大删大砍，虎头蛇尾；要么前紧后松，开头讲得太简略，到后来拖拖拉拉，画蛇添足，令人生厌。有了演讲稿，可以按字数的多少来计算演讲的时间，演讲者在自己的思维中加进文字之外的语言成分，便可以计算演讲的速度，有计划、从容不迫地在限定的时间里完成演讲。

演讲稿力求有新意

只有创造之花才有永开不败的美丽，观点表述的创新是演讲生命力的源泉。掌握创新的思维方法，提出新颖而富有吸引力的观点，是演讲者水平和实力的真正体现。创新虽不是一件容易的事情，但只要我们熟练地掌握一些创新思维的方法，就能在演讲实践中提出新颖而富有吸引力的观点，从而使我们的演讲更为听众所喜闻乐见。

1. 提升内涵

对待事业，即使有心栽花花不开，也要栽；对待名利，即使无心插柳柳成荫，也无心。有心栽花花不开，无心插柳柳成荫，这句俗话的形式和内涵广为人知，在这里借用它，稍加改动，以表明自己的观点，就能得到听众的认可。

生活中有许多流传甚广的话，如民谣、俗语、谚语等，它们被人们所理解的内涵是相对固定的，如果演讲者能巧妙地借用这些老的形式，并加以改进，赋予它新的内涵，就能为在演讲中进行观点创新，找到取之不竭的宝贵资源，只要演讲者能自圆其说且言之有理，就能在听众的认识上达成一种新的和谐。

2. 破旧立新

一位演讲者在《我们不愿做睡狮》的演讲中说："有人曾预言，中国是一头睡狮，就这样我们被人家当了一百年睡狮，我们也把自己当睡狮自我陶醉了百年。狮子是百兽之王，但一头酣睡的狮子能称得上是百兽之王吗？一只睡而不醒的狮子，一个名义上的百兽之王，并不值得我们为之骄傲。如果我们为这样一个预言而陶醉，就好比陶醉于人家说我们祖上也曾阔过一样，真是脆弱而又可怜。我们不要伟大的预言，我们只要强大的实力，我们不要做睡狮，只要我们觉醒着、前进着，就比做睡着的什么都强。"人家的预言曾是我们骄傲的资本，但仔细分析起来，为一个过去的预言而陶醉或昏睡，于实际又有何益处呢？所以演讲者鲜明地提出"我们不愿做睡狮"的观点，犹如当头棒喝，既促人清醒，又激人奋发。

破旧立新，就是在否定、破除旧的观点之后，提出与旧观点相反或相对的新观点，虽然破旧立新的难度和风险较大，但只要有前人所未言的勇气，有实事求是的科学态度，就能收到语出惊人、震撼人心的特殊效果。

3. 由此及彼

深圳华为公司总裁任正非在演讲中曾提出一个重要的新观点："要提

倡思想上的艰苦奋斗",他说:"生活上和工作上的艰苦奋斗,比较容易引起人们的关注,而思想上的艰苦奋斗,看不见,摸不着,难以引起人们足够的重视,正因为如此,有些人就越来越淡化了思想上的艰苦奋斗精神,其突出表现就是身勤脑懒,整天东跑西颠,显得忙忙碌碌,可一旦遇到费脑筋的事,却不肯或不善于下一番工夫去深入思索,因而这些人跑得再勤,也跑不出多大所以然来……唐代韩愈有句名言'行成于思毁于随',这句话是很有哲理的,所以我们要提倡思想上的艰苦奋斗,本质的要求就是要在思想上吃得起苦,深入进行理论思维。以往我们对艰苦奋斗的理解普遍停留在能吃苦、不怕累、出大力、流大汗的层次上,关注点主要集中在生活和工作方面,提倡这一点无疑是应该的,但在知识经济背景下的高科技企业的竞争当中,光讲生活上和工作上的艰苦奋斗是不够的,还应该突出强调思想上的艰苦奋斗。"

演讲者提出的这一新观点,对市场竞争中的高科技企业来说,其深意和新意是不言而喻的。

事物是辩证的,问题总有多面性,但由于我们在认识上的局限性或事物发展过程中的规律性的影响,我们在表达某一观点时往往只知其一,不知其二,或只讲其一,不讲其二。当然,坚持和强调"这一方面"是应该的,因为它也是正确的公认的观点,但如果我们顾此而失彼,就会妨碍认识的深入和工作的改进,因为随着事物的发展,坚持和强调"另一方面"的意义也非常重要。如果演讲者能由此及彼,即在不否认现有观点的前提下,敏锐地发现问题的"另一方面"并适当加以强调,就能达到演讲观点深、新并举的目的。

4. 由浅入深

索尼公司的创始人井深大曾于1971年出版过一本极为畅销的书《始于幼儿园为时过晚》。当时人们普遍认定的是:大学教育的基础在中学,中学教育的基础在小学,而井深大则把问题再深入挖掘一层,认为还要重视幼儿园的教育，最后的结论是：不！始于幼儿园也已经太迟。从大脑生理学的角度来看，生下来的婴儿具有100亿以上的脑细胞，同没有"接线"的计算机一样，在这样的头脑还没有成熟时，是否给予刺激，将决定"接线"即组成头脑的形状的好坏，所谓"接线"在4岁时要完成60%，8、9岁时要完成95%，17岁时要全部完成，所以，在幼儿时，如果缺乏良好的刺激是不行的。

这虽然不是一个演讲实例，但从思维的角度来说，对演讲的创新思维无疑是很有启发意义的。

有时关于某一问题已形成结论并被人们当作定论广为接受，似乎再也没有思考下去的必要了，但实际情形远非如此，只要我们再往前走一步，就会发现"风景那边更好"。

5.旧话题出新的方法

演讲的成功首先要靠新颖的内容、独到的见解，而在演讲中常常会有老话重提的问题。特别是那种命题式或半命题式的演讲，大家讲同一主题，或同一范围的话题，很容易彼此雷同，落入他人窠臼。并且，同题演讲，时间长了，听众也容易产生厌倦情绪，从而出现"审美疲劳"。如何使你的演讲别出新意呢？

以精彩的开头，在听众"疲劳"前抓住他们。

在一次演讲赛上，前面已经有许多选手讲过了，临到最后一位上场时，观众有些坐不住了。这位选手上场的第一句话便说："该讲的前面的同志都讲了，我是上台来打句号的。不过在句号未画圆之前，我还想先打个问号……"

这样的开场白很有特色，马上就能引起听众的兴趣。精彩的开场白最好是在撰写讲稿时就事先准备好。

讲老话题不像新话题那样有吸引力，如果开头的两三分钟抓不住听众的心，听众便会走神。其实，不管多么老的话题，当演讲者刚走上讲台时，听

第六篇　演讲口才——演讲的力量助你一飞冲天

众总会有瞬间的新鲜感，你就应当设法抓住这种稍纵即逝的契机，找到一个妙趣横生的开头，以避免或延缓听众厌倦情绪的出现，为成功奠定基础。

构思演讲稿时，在平常的思维套路中选择切入点。

要讲"学习雷锋精神"这个题目，你在准备讲稿时，不妨这样来入题：先不做评价，只对雷锋的具体事例做一些白描式叙述，然而再似贬实褒地写到："雷锋的所作所为，不像陈景润摘取数学皇冠上的明珠那样，需要渊博的知识和超人的智慧，也不像董存瑞炸碉堡、黄继光堵枪眼那样需要献出生命，谁愿做，谁想做，都可以做到。不过……"这样的思路，就会使人觉得比较新鲜。

一般来说，演讲稿的撰写一定要选择好切入主题的视角。特别是讲老话题或同题演讲时，更要避免按人们所熟知的套路去行文，而要善于找到新的切入角度，以便使人在习以为常的讲法中听出与众不同的味道。

在众口一词的结论中挖掘独到见解。

某地举办"爱我神州"演讲赛。演讲者们个个激情满怀，尽情讴歌我们伟大祖国上下五千年的辉煌历史，几乎无一不谈及雄伟的万里长城、领先世界的四大发明，以及文明卓著、地大物博等。一个一个如此地讲下去，评委和听众都感到有些疲劳和厌倦。轮到最后一个演讲者上台了，他一开口，就把会场的气氛改观了。他说：

"同志们，前边的同志对我们伟大祖国悠久的文明史、雄伟壮观的长城和给世界文明带来飞跃发展的四大发明进行了充分的讴歌。听着这些，我们不能不承认，我们祖国拥有这一切，的确令人自豪，感到神圣和可爱。（说到此，他突然把声音提高八度）但是，我认为，只有这些还不够！因为，长城尽管又高又长又厚，却没能挡住侵略者的铁蹄！指南针是我们祖先的发明，却引来了武装到牙齿的侵略者，引来了帝国主义的战舰，引来了毒害中国人民的鸦片！火药是我们中华民族智慧的闪耀，但却使外国强盗刀剑换枪炮，争我家园国土，奸杀我华夏同胞！至于洁白纸张的创造，正好方便列强与我签订种种不平等条约，写下丧权辱国的几十条、上百条……（此时，他开始激动了）是的，我们的祖先，曾是何等荣耀！我们的祖国，曾是怎样的富裕、强大过！但是我们又清楚地知道，这一切终归是祖先的，是祖先的骄傲！我们，后世的炎黄子孙们，绝无权力在祖先的功劳簿上沾沾自喜、大吹大擂！古话说，好汉不提当年勇，我们怎能忘记自己肩上的重任！（掌声）祖国，只有在我们的辛勤劳动中，在我们粗糙的大手中，变得在全世界范围内领先，变得强大、富裕，才遂了我们的意，才称了我们的心！（热烈鼓掌）"

这段演讲之所以受到热烈欢迎，就在于演讲者在众口一词的结论中挖掘出了新意，具有自己独到的见解。如果一个演讲者在准备演讲稿时便自觉地做创新式的思考，那他就有可能使自己的演讲自出机杼，别具新意。

无论是命题演讲还是非命题演讲，你所讲述的道理一般都是带普遍性的，或是人所共知的，其话题中往往会有很多现成的、公认的甚至是经典的结论。你在准备讲稿时可以对现成的结论再做一番思考和挖掘，从而独辟蹊径，见常人所未见，发常人所未发，提出新的见解。当然，这种独到见解不是故作惊人之语、信口开河，也不是说所有现成结论都要推翻，而是说你必须讲出言之成理、持之有故的真知灼见。

演讲稿的写作要求

具有充分的现场感觉的演讲稿才是一篇出色的演讲稿。一篇成功的演讲稿要充分考虑现场的要求，并以此作为展开演讲稿写作的出发点。一般来说，演讲稿的写作有下面几个要求。

1. 精心准备，有的放矢

演讲的效果，主要看演讲的思想内容在听众的思想和行为中所引起的

第六篇　演讲口才——演讲的力量助你一飞冲天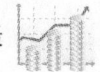

影响和作用。而要使演讲产生良好的效果，就要进行精心的准备。古语说："凡事预则立，不预则废"、"宜未雨而绸缪，勿临渴而掘井"。所以只有精心准备、认真编写演讲稿，才能使演讲收到良好的效果。

编写演讲稿，需要从以下几个方面做好准备。

从现场听众的鉴赏水平出发。

1972年，尼克松总统访华时在答谢宴会上的祝词中说：

"昨天，我们同几亿电视观众一起，看到了名副其实的世界奇迹之一——中国的长城。当我在城墙上漫步时，我想到了为了建筑这座城墙而付出的牺牲；我想到它所显示的在悠久的历史上始终保持独立的中国人民的决心；我想到这样一个事实，就是，长城告诉我们，中国有伟大的历史，建筑这个世界奇迹的人民也有伟大的未来。"

面对在座的中国官员，作为美国总统的尼克松热情赞扬了中国人引以自豪的长城，是很能博得好感的，也淡化了两国政府的原则分歧所造成的阴影。演讲还围绕长城借题发挥又说了几段话，使"拆除我们之间的这座城墙"这个并不轻松的话题显得轻松。敏感的听众意识使演讲者选择了长城这个自然、得体、巧妙的角度。

听众的性别、年龄、种族等自然特点和情感、意志、趣味等心理特点以及文化、教养、境遇等社会特点，都要纳入演讲稿的构思之中，以便与形式共鸣。撰稿时的感觉，应是面对听众，说出他们乐于倾听的话。即便是一个说法一个称呼语也是值得再三斟酌的。

对演讲场合即自然环境、社会历史背景的研究思考。

俗话说：到什么山上唱什么歌"，"量体裁衣，看菜吃饭"。编写演讲稿不仅要考虑听众对象，而且要考虑演讲时的自然环境和社会环境、历史背景、当时当地的政治倾向、思想动态、学术文化气氛、风土人情、民情民俗，还要考虑这些因素对演讲所传播的观点是同化吸收趋向，还是排斥背离倾向，等等。对于这些，演讲稿起草者如果做到了充分的调查和思考，就有可能把内容确定得更为恰当，措辞更为得体。

要适合现场表达。

秋瑾的著名演讲《警告二万万同胞》中讲道：

"陈后主兴了这缠足的例子，我们要是有羞耻的，就应当兴师问罪！既不然，难道他捆着我的腿？我不会不缠的么？男子怕我们有知识、有学问，爬上他们的头，不准我们求学，我们难道不会和他分辩，就应了么？这总是我们女子自己放弃责任，样样事一见男子做了，自己就乐得偷懒，图安乐。男子说我没用，我就没用；说我不行，只要保着眼前舒服，就做奴隶也不问了。自己又看看无功受禄，恐怕行不长久，一听见男子喜欢脚小，就急急忙忙把它缠了，使男人看见喜欢，庶可以藉此吃白饭。"

这段文字既是精妙的语句组合，又是晓畅通俗的口语；既有催人猛醒的连珠炮式的反问，又有冷静剖析的精到陈述；既有信手拈来的散句，又有回环复沓的顶针式排比；既有变化多端的语气语态，又在语句上恣意而为；短句为主，长短参差，如同信口而说，但又富于韵律；既是逻辑严密的议论，又是行云流水般的叙述；既是高屋建瓴的精辟之言，又像拉家常一样平易；既有愤懑之问，又有幽默之语。只是阅读，就觉得演讲者的声音、神情、态度呼之欲出。这样的文字无疑是适合亦讲亦演的现场表达。

演讲语言是经过精心锤炼和构筑的口语，是生活化的语言，这就要求它的语汇、句式和语气都应有浓厚的口语色彩，通俗晓畅，自然流动。它应适合自如的口头表达。演讲语言也为演讲者运用语气、停顿、语调等语音手段和感情、手势等体态语言提供了充分的表现余地。总之，无论如何演讲语言既要能讲又要能演，便于现场表达。在起草演讲稿时，应尽量摆脱其他文体的负面影响，在语言体裁的抒情上以适合现场表达为尺度。

2. 明确演讲主旨，突出中心思想

一次演讲涉及的内容可能很多，可是必须有明确的主旨，给听众一个经过提炼的核心思想。提倡什么、反对什么，都要旗帜鲜明，绝对不能模棱两

可、含糊其辞。

为了使主旨明确、中心突出,许多成功的演讲稿通常采取以下方法。

把主旨作为演讲稿的标题。

这种方式使人醒目,可以点明题中应有之义,起到画龙点睛的作用;也可以帮助听众明确演讲主旨,建立感情上的"热点",所以为许多演讲稿所采用。许多演讲的标题都在一定意义上揭示了演讲的主旨,既有利于演讲者思想的集中表达,又有助于听众的领会和吸收。

提炼中心思想,把主旨单一化。

鲁迅说:"绞许多脑汁,炼成极精锐的一击。"主旨集中就能"提神"。除了博大精深的学术性演讲和某些事务性演讲外,一般的演讲,尤其是简短的演讲,以确定单一的主旨为好。提炼主旨要"目标始终如一,方寸一丝不乱",立定主意,"一以贯之"。单一主旨对于一般演讲都是适用的。许多演讲名篇,都是主旨单一、集中而又鲜明的。主旨单一,就能做到言简意赅,词约旨丰,思想凝练,在听众心中产生深刻的影响。

调动演讲稿构成的一切要素,为明确主旨服务。

演讲稿的主旨是贯穿全文的主旋律。材料、结构、语言、表达方式都要服从主旨的需要。

以演讲主旨和所使用材料的关系而论,两者应具有一致性、交融性。主旨是全部材料思想意义的集中概括和升华,材料必须注入并体现主旨的灵魂,这样才能收到良好的效果。

在演讲稿的结构、语言、表达方式等各个方面,都要谋求与主旨的协调,有利于主旨的明确、清晰和突出。

3.适合于现场调控

鲁迅的演讲《文学与政治的歧途》有段精彩的插曲:

"北京有一派人骂新文学家,说:'你们不应该拿社会上的穷人和人力车夫做材料。你们作诗作小说应该用才子佳人做材料,才算是美,才算是雅，你们为什么不躲进象牙之塔？'但他们现在也都跑到南方来了，因为北京的象牙之塔已经倒塌，没有人送饭给他们吃，不能不跑了……为人生的文学家，平时就很危险，到了革命的时候，死的死，流落的流落，因为他们的感觉比普通一般人敏捷，他们所看到的想到的，平常的人都不了然，他们的境遇往往是困苦的，所以能够看见别的困苦。"

这段文字一方面成功地表达了演讲内容，另一方面又顾及了现场调控。北京的"一派人"的话中有一句："你们为什么不躲进象牙之塔？"而引用过来自然就引起听众对演讲者如何做答拭目以待，然而只用一个"但"字转到他们不"美"不"雅"地逃到南方混饭吃，以其行驳其言，俏皮机智，令人哑然失笑；接着又用为人生的文学家的艰难处境与之对比，含蓄地予以赞扬。如果说这是一个不露形迹的情绪热点的话，那么前面的冷嘲就是有力的反衬式铺垫和蓄势。这段演讲看似漫不经心，但对材料的选择和组合，对先谈什么后谈什么以及怎样说，都有精心的考虑，以求得更好地调控和驾驭听众。

写作演讲稿的运思阶段就要顾及针对听众的现场调控。要适当地预设或埋伏一连串能够触发听众的想象、情感、意志、经验等的兴奋点，以便张弛有度、擒纵自如地驾驭现场，调控听众，促使听众参与，更好地进行现场交流。在成稿过程中，要围绕演讲目的和内容，在开头、过渡、展开、收束等各个环节上有意识地运用调控技巧。比如，在行文上，设置悬念以引人入胜，运用蓄势的手法导向情绪的共鸣点，形成一个个激荡人心的旋涡。还可以点缀一些精妙的小插曲，以调节心理、活跃气氛，化隔膜为亲密，化挑剔为欣赏。其实调控手段远不止这些。

4. 结构合理

演讲稿结构的基本要求是协调和谐。"凤头""猪肚""豹尾"的形象化说法，原则上也适用于讲稿的大结构。

演讲稿结构的最大特色是简洁明晰。演讲稿不同于一般供阅读的文章。

一般文章读者可以反复阅读玩味，即使结构层次复杂一些，也可以经过分析而掌握。演讲稿是口耳相传的，而口述的信息稍纵即逝，容易与听众的听觉、思维之间出现游离脱节现象。如果演讲结构复杂，头绪纷繁，甚至思路紊乱，听众就难以理解演讲内容。为了使演讲收到最佳效果，应尽可能简化演讲结构，尤其是对长篇演讲，更应该使结构简明化。

把所要讲述的思想、材料进行逻辑分类。对问题的划分尽量明确，防止互相交叉和互相包容。这是使结构简明化的根本方法。

注明大结构和大纲目的序列号。例如第一个问题、第二个问题……或（一）、（二）……

把纲目的要点用准确的标题语言醒目地呈现出来。要使演讲稿的头绪清楚，脉络分明，在很大程度上依赖于目录。

在内容层次转换过渡处，多用明转法，少用暗转法。即采用提示语、交代语、承上启下语、前后照应语或小结语等，便于听众把握内容的梗概和轮廓。

5. 有一定的风格

演讲稿的风格主要指的是演讲的语言或文学风格。

演讲稿的风格，应该尽可能符合听众了解的风格。但一般来说，演讲者可能需要介绍几个在日常说话中不常使用的词语，而却又是听众能够接受的语汇，增强风格色彩。

但是这种情形应该维持在最低限度，而且如果某个词语讲出来显得很奇怪，或者超过听众平常使用的范围，演讲者就应该提醒大家特别注意，并小心说明其意义。

有些时候，演讲者可能会在演讲中使用某些一般人常用的词语，但这些词语在演讲中却具有特殊的意义，这时候他就必须很慎重地向听众说明应该如何使用这些字，并且再三地提醒他们这些字在此处的用法，否则听众一定会感到很困惑。所以，最好避免使用技术性的词语或艺术名词，并少用带有特殊意义的平常字眼,尤其是对一般听众演讲时。

风格的另一规则,可以用两句话来形容:第一,语句应该清楚明白;第二,语句应该不平凡也不艰涩。这两点说起来容易,做起来却不简单。

演讲稿的修改

演讲稿的修改要以演讲的目的和宗旨为标准,演讲稿的修改主要从演讲材料入手,注意演讲观点的正确性,演讲稿的修改还要讲求精益求精。

在揣摩腹稿和拟写提纲时,已经酝酿得比较成熟,便可以依照提纲,顺着思路不停地写下去。但是具体到如何遣词造句,如何运用语言表达技巧等,则不能不费点心思。否则言不达意、言不尽意也不好。

起草初稿,即按照拟好的提纲,把所要表达的内容整理成完整有序的文章。提纲只是将腹稿的大致轮廓描绘下来,起草成文才将以前的全部思维成果物质化、视觉化,成为有形可视的蓝本。这个蓝本是临场的定心丸。

打草稿跟打腹稿一样,也是一个艰苦的脑力劳动过程。在这个过程中,活跃在脑子里的思想、见解等,仍将继续深化和逐步完善,构想的思路将更加清晰,随时还可能有新的思想闪现。这实际上是一个再创造的过程。

初稿写好以后,还要对初稿进行加工修改。

"玉不琢,不成器","文章不厌百回改"。初稿写成之后,必须反复修改。好文章都是经过修改出来的,谁也不可能下笔即达胜境。只有经过反复推敲、反复修改,才能使初稿渐趋成熟和完善。

修改时着重注意以下几个方面。

1. 注意观点是否正确

首先,看全篇的观点是否正确,是否成熟,是否容易为听众所理解和接受。如果有问题,或者欠成熟,必须作进一步的思考,绝不能随便去糊弄听众；其次，要看看中心议题是否确立，是否得到了鲜明突出的表现。中心不突出，讲话目的就得不到明确的体现。

2.注意材料的修改

看看材料是否真实、具体、全面、充分，是否用得恰当，是否能够准确有力地说明问题和表达观点。少则增，多则删，不当则换，虚假的材料要毫不犹豫地剔除。

3.注意结构的修改

看结构，是否完整、紧凑且富有变化；看开场白，是否够味，有吸引力；看高潮，是否有令人振奋的高潮，高潮的位置是否恰当；看结尾，是否有魅力；看段落，层次、段落的划分和安排是否妥当、清楚；看衔接，上下文之间的衔接、过渡是否自然；看照应，前后照应得好不好；看全篇，全文脉络是否贯通。

如果某方面安排不合理，例如，层次、段落的划分和安排还不够清楚，就应立即对其进行妥当的调整和修改。

4.注意语言的修改

演讲口才是一种语言艺术，锤炼语言是演讲家的基本功。初稿写成后，还要注意进行语言的修改。

（1）看看句子是否通顺，文字是否简练。这是最基本的要求，写得不通就读不通、讲不通；文字不简练，说起来就啰里啰唆。鲁迅说："写完后至少看两遍，竭立将可有可无的字、句、段删去，毫无可惜。"

（2）要口语化、大众化。起草演讲稿虽然是笔头的功夫，但写出来的东西是用来讲的，不是用来看的，因此必须适合有声语言的特点。

（3）弹琴看听众，说话看对象。如果是面向普通的工人、农民、市民，就必须使用浅显、平易、朴实的文字，尽量少用专业术语，更不可咬文嚼字，故作高深，否则不易为他们接受。如果是对具有较高文化素养的人讲话，语言就可适当文雅些，让自己的谈吐适应他们的水平。当然，能够做到雅俗共赏是最理想的，那将使你拥有更多的听众。

（4）用词准确生动，富有表现力。语言都需生动形象，有感情，有色彩。要看看修辞是否贴切，是否恰到好处。

（5）语言朗朗上口，节奏铿锵有力。最后，要试着朗读几遍，看看效果如何。比如，念起来是否上口，语气是否适宜，感情是否饱满，音韵是否和谐，节奏是否铿锵有力。

5. 注意篇幅的修改

面对听众的独白式发言，往往有一定的时间限制，修改时还需考虑篇幅的长短是否符合规定的时限。如果超过规定时限，应当压缩文字、删减篇幅；倘若不到规定的时限，如有必要，可以再适当增加些材料、扩充内容。

篇幅的修改要做到心中有数，最好是在保持内容完整的前提下，使内容具有一定的伸缩性。这样，临场时，可以根据听众的反应和时间的要求，随时作出灵活机动的调整。

演讲词句的锤炼

词汇是支撑演讲的根本，演讲要选择易于被听众理解和接受的词汇，选好词并不代表有了好的演讲稿，我们还要锤炼演讲语句，并且要注重辞章的使用。

1. 演讲的选词

雨果的《给巴尔扎克》的最后几段，演讲饱含激情，用词清晰、具体、生动。读来流畅，听来悦耳：

"他的一生是短促的，然而也是充实的，作品比岁月还多。

"唉！这坚强的，永不知疲倦的工作者，这哲学家、思想家，这诗人、天才，在我们中间，过着暴风骤雨般的生活，充满了斗争、争吵、战斗，一切伟大的人物在每个时代遭逢的生活。今天，他安息了。他走出了纷争与仇恨。他在同一天步入光荣，步入了坟墓。从今以后，他和祖国的星星在一起，辉耀于我们上空的云层之间。

"你们站在这里，有没有羡妒他的心思！

"各位先生，面对这样一种损失，不管我们怎样悲痛，就忍受一下这些重大打击吧！打击再伤心，再严重，也先接受下来再说吧。在我们这样一个时代，不时有伟大的死亡刺激充满了疑问与怀疑的心灵，因而对宗教信仰发生动摇，这也许是适宜的，这也许是必要的。上天使人民面对着最高的神秘，对死亡加以思维，知道自己做的是什么，死亡是伟大的平等，也是伟大的自由。

"上天知道自己做的是什么，因为这是最高的教训。一个崇高的心灵，气象万千，走进另一个世界。他本来有着天才看得见的翅膀，久久停在群众的上空，忽而展开人看不见的另外的翅膀，骤然投入了不可知。这时候每个人心中所能有的，只有庄严和严肃的思想。

"不，不是不可知！不，我在另一个沉痛的场合里已经说过了，我就不疲倦地再说一遍吧：不，不是夜晚，而是光明；不是结束，而是开始；不是空虚，而是永生！你们中间有谁嫌我这话不对吗？这样的棺柩，表明的就是不朽。面对着某些显赫的死者，人更清楚地感到这种理智的神圣命运，走过大地为了受难，为了洗净自己。大家把这种理智叫做人，还彼此说：那些生时是天下的人，死后就不可能不是灵！"

演讲最忌空泛。有些演讲者总想在演讲中多用点优美词语，于是堆砌词藻，咬文嚼字，趋于雕琢。而这正好是演讲所忌讳的，演讲的选词要做到以下几点。

准确。演讲中词语要用对用准，否则"一字一词，一句为之蹉跎"。这要求演讲者在选词时掌握词语的含义，辨别词义之间的细微差别，把握好词的感情色彩、语体色彩。

洁净。单个的词语无所谓洁净之言。这里所说的是指具体的演讲中要字不虚设，词不虚发。这要求演讲者在演讲时明确词的含义，不用重复词，不用无义词。

规范。演讲中要尽量避免深拗、绕口的词语。力避诘屈聱牙，晦涩难懂。

和谐。演讲语言要朗朗上口，生动悦耳。选用双声叠韵词、迭音词，注意押韵合辙，平仄相间，以增添演讲的音乐美、节奏感。

2. 演讲要锤炼语句

"12年来，我饱尝了作为一个教师的酸甜苦辣，喜怒哀乐；12年来，我更深层次、更立体地把握了教师的整体形象。教师是辛苦的，为了学生，他们夜以继日，整日操劳；教师是清贫的，为了别人他们含辛茹苦，不计酬劳；教师是磊落的，为了事业他们两袖清风，虚心清高；但教师是伟大的，为了祖国他们孜孜以求，不屈不挠。"

这段话句式完整，匀称贯通，自然优美。演讲的语句要经过一番锤炼才能达到这样的水平。

演讲是一个动态过程。演讲所形成的特殊情境给其中每句话赋予特定的含义。这要求演讲者在炼句时首先要从演讲整体出发，从演讲情境考虑，做到精短、严整、自然、亲切。

一般来说，除了学术演讲，政论型演讲较多地运用长句、散句外，演讲的语句以短句、整句为多为美。

下面我们看看短句与整句的特色。

短句指字数少、形体短、结构简单的句式，演讲中运用短句可以明快、活泼、有力地表达感情，简洁、干净、利落地叙述事理。卓别林的演讲正是如此：

"战士们，你们别去为那些野兽们卖命啊！他们鄙视你们，奴役你们，统治你们，吩咐你们应当做什么，应当想什么，应当具有什么样的感情！他们强迫你们去操练，限定你们的伙食，把你们当牲口，用你们当炮灰。你们别去受这些丧失了理性的人摆布了。"

整句是相对于散句而言的，它紧凑有力，严密集中。演讲在适当运用散句的基础上要多运用整句。整句包括排比、对偶、对比、顶真、回环等。

3. 注意辞章的使用

辞章泛指语法（文法）、修辞以及行文的表达方法和技巧。逻辑着重解决对不对的问题，语法、修辞和表达方法则着重解决准不准、美不美的问题。它们的完美结合，才能使演讲稿达到科学性与艺术性的高度统一。

演讲语言的最基本特征是口语化。最优秀的品格则是口语和书面语的合一性，既提炼成为口语和书面语的"合金"，但又不失口语化的基本特征。口语和书面语各有其特点和优点。口语朴素、简短、流畅、活泼、亲切、通俗易懂，但往往不够精确规范。书面语准确、规范、典雅，但往往结构复杂，书卷气过重，有时不易被人们理解。好的演讲稿应当兼取两者之长，扬长避短。既要考虑演讲时的口传言授，便于听众听懂；又要注意加强语言的表现力，认真加以提纯和锤炼。

演讲稿的语言还应尽可能做到准确、明晓、简洁、流畅。在此基础上进一步努力做到严密、深刻、生动、形象。这就需要适当采用比喻、排比、比拟、借代等修辞手法；还要灵活运用叙述和描写、概括和具体、曲折和率直、铺垫和纵横、抑和扬、虚和实、形象和理性等各种表现手段。当然，这些手段都应该服务于演讲目的和内容，注意对象、时间、场合等条件，务必用得适当和得体。

第4章 演讲分类：具体类型具体对待

 演 讲 的 分 类

演讲作为一门艺术，虽然也是以"讲"为主，但是这种"讲"还要体现"演"。它不仅要把事和理讲清楚，让人听明白，而且还要通过在现场上的直观性言态表达把事物和道理讲得生动、形象、感人，既有情感的激发力，又有声态并作的审美感染力。在演讲活动中，演讲者的身份各不相同，演讲的目的多种多样，演讲的内容包罗万象，演讲的方式各有特点，演讲的场地千差万别，演讲的听众形形色色，致使演讲活动种类繁多，异彩纷呈。

为了全面深刻地认识和掌握演讲艺术的本质特征及社会功效，以便更好地组织演讲活动和顺利地发表演讲。

首先，可以把演讲按内容划分为：军事演讲、经济演讲、学术演讲、法律演讲、道德演讲、礼仪演讲等等。

其次，从形式上划分有以下三类。

（1）命题演讲，即由别人拟订题目或演讲范围，并经过准备后所发表的演讲。它包含两种形式：全命题演讲和半命题演讲。全命题演讲的题目一般是由演讲组织部门来确定的。某单位搞"让雷锋精神在岗位上闪光"主题演讲，为了让演讲者各有侧重，分别拟了《把爱送到每个顾客的心坎上》《练好本领，为民服务》《从一点一滴做起》三个题目，给了三个演讲者，要求以此组织材料，准备演讲。半命题演讲指演讲者根据演讲活动组织单位限定的范围，自己拟订题目进行的演讲。1986年，中央电视台和《演讲与口才》杂志社联合举办的"十城市青少年演讲邀请赛"命题演讲即是以"四有教育"为范围，具体题目自拟。命题演讲的特点是：主题鲜明、针对性强、内容稳定、结构完整。

（2）即兴演讲，即演讲者在事先无准备的情况下就眼前场面、情境、事物、人物等临时起兴发表的演讲。如婚礼祝辞、欢迎致辞、丧事悼念、聚会演讲等。它的特点是：有感而发、时境感强、篇幅短小。它要求演讲者要紧扣主题，抓住由头，迅速组合，言简意赅。

（3）论辩演讲，即指由两方或两方以上的人因对某个问题产生不同意见而展开的面对面的语言交锋。其目的是坚持真理、批驳谬误、明辨是非。比如，我们生活中常见的法庭论辩、外交论辩、赛场论辩，以及每个人都曾经历过的生活论辩等。它的特点是：针锋相对，短兵相接。论辩演讲较之命题演讲、即兴演讲更难些，要求演讲者必须具备正确的思想、高尚的品质、严密的逻辑性、较强的应变性。

再次，从风格上划分则有激昂型、深沉型、严谨型、活泼型。从发展趋势看，交际场合的即兴演讲和学术方面的专题演讲是备受关注的两大类型。

最后，从功能上划分，可分为以下几类。

（1）"使人知"演讲。这是一种以传达信息、阐明事理为主要功能的演讲。它的目的在于使人知道、明白。如美学家朱光潜的演讲《谈作文》，讲了作文前的准备，以及文章的体裁、构思、选材等，使听众明白了作文的基本知识。它的特点是知识性强,语言准确。

(2)"使人信"演讲。这种演讲的主要目的是使人信赖、相信。它从"使人知"演讲发展而来。如恽代英的演讲《怎样才是好人》,不仅告知人们哪些人不是好人,也提出了三条衡量好人的标准,通过一系列的道理论述,改变了人们以往的旧观念。它的特点是观点独到、正确,论据翔实、确凿,论证合理、严密。

(3)"使人激"演讲。这种演讲意在使听众激动起来,在思想感情上与你产生共鸣,从而欢呼、雀跃。如美国黑人运动领袖马丁·路德·金的《在林肯纪念堂前的演说》,他用几个"梦想"激发广大的黑人听众的自尊感、自强感,激励他们为"生而平等"而奋斗。

(4)"使人动"演讲。这比"使人激"演讲进了一步,它可使听众产生一种欲与演讲者一起行动的想法。法国前总统戴高乐在"二战"期间的英国伦敦发表的演讲《告法国人民书》,号召法国人民行动起来,投身反法西斯的行列。它的特点是鼓动性强,多以号召、呼吁式的语言结尾。

(5)"使人乐"演讲。这是一种以活跃气氛、调节情绪、使人快乐为主要功能的演讲,多以幽默、笑话或调侃为材料,一般常出现在喜庆的场合。这种演讲的事例很多,人们大都能听到。它的特点是材料幽默,语言诙谐。

政治演讲

政治演讲,是指人们对国内外重大事务、历史变革,表明立场、阐明观点、宣传主张的一种演讲。它是政治斗争的重要武器,其内涵丰富,适应面极广。

诸如政府首脑的竞选演讲、施政演讲、就职辞职演讲、各级领导宣传大政方针和实施计划的演讲,以及个人在政治集会上代表一定阶级、政党或个人发表的演讲等,都是政治演讲。好的政治演讲,总是具有巨大的思想容量、精辟的政治见解、旗帜鲜明的立场观点。不仅如此,好的政治演讲,其观点总是先进而健康的,符合历史发展的规律,起着推动社会前进的积极作用。

例如马克思1848年2月22日在布鲁塞尔举行的纪念克拉科夫起义两周年大会上所做《论波兰问题》的演讲,高度评价了克拉科夫革命把民族问题和民主问题以及被压迫阶级联系在一起的做法,并指出这为欧洲树立了光辉的榜样,也为欧洲文明指明了未来革命的方向。

论波兰问题

先生们:

历史常常有惊人的相似之处。1793年的雅各宾党人成了今天的共产主义者。1793年,俄罗斯、奥地利、普鲁士瓜分波兰的时候,这三个强国就以1791年的宪法为借口,据说这个宪法具有雅各宾党的原则因而遭到一致的反对。

1791年的波兰宪法到底宣布了什么呢?充其量也不过是君主立宪罢了,例如宣布立法权归人民代表掌握,宣布出版自由、信仰自由、公开审判、废除农奴制等等。所有这些当时竟被称为彻头彻尾的雅各宾原则!先生们,你们看到了吧,历史已经前进了。当年的雅各宾原则,在现在看来,即使说它是自由主义的话,也变成非常温和的了。

三个强国和时代并驾齐驱。1846年,因为把克拉科夫归并给奥地利而剥夺了波兰仅存的民族独立,它们把过去曾称为雅各宾原则的一切东西都说成是共产主义。

克拉科夫革命的共产主义到底是什么呢?是不是由于这革命的目的是复兴波兰民族,因而就是共产主义的革命呢?要是这么说,欧洲同盟为拯救民族而反对拿破仑的战争何尝不可以说成共产主义的战争,而维也纳会议又何尝不可以说成是由加冕的共产主义者所组成的呢?也许由于克拉科夫革命力图建立民主政府,因而就是共产主义的革命吧?可是,谁也不会把共产主义意图妄加到伯尔尼和纽约的百万豪富身上去。

共产主义否认阶级存在的必要性;它要消灭任何阶级,消除任何阶级的差别。而克拉科夫革命家只希望消除阶级间的政治差别,他们要给不同的阶级以同等的权利。

到底在哪一点上说克拉科夫的革命是共产主义的革命呢?

也许是由于这一革命要粉碎封建的锁链,解放封建劳役的所有制,使它变成自由的所有制、现代的所有制吧?要是对法国的私有主说:"你们可知道波兰的民主主义者要求的是什么?波兰民主主义者企图采用你们目前的所有制形式。"那么,法国的私有主会回答说:"他们干得很好。"但是,要是和基佐先生一同再去向法国私有主说:"波兰人要消灭的是你们1789年革命所建立的而且如今依然在你们那里存在的所有制。"他们定会叫喊起来:"原来他们是革命家,是共产主义者?必须镇压这些坏蛋!"在瑞典,废除行会和同业公会,实行自由竞争,现在都被称为共产主义。《辩论日报》还更进一步,它说:"剥夺20万选民出卖选票的收益,这就意味着消灭收入的来源,消灭正当获得的财产,这就意味着是一个共产主义者。毋庸置疑,克拉科夫革命也希望消灭一种所有制。但这究竟是怎么样的所有制呢?这就是在欧洲其他的地方不可能消灭的东西,正如在瑞士不可能消灭分离派同盟一样,因为两者都已不再存在了。

谁也不会否认,在波兰,政治问题是和社会问题联系着的。它们永远是彼此不可分离的。

但是,最好你们还是去请教一下反动派吧!难道在复辟时期,他们只有政治自由主义及作为自由主义的必然产物的伏尔泰主义这一沉重的压力战斗吗?

一个非常有名的反动作家坦白承认，不论德·梅斯特尔或是博纳德的最高的形而上学，最终都可以归结为金钱问题，而任何金钱问题难道不就是社会问题吗？复辟时期的活动家们并不讳言，如要回到美好的旧时代的政治，就应当恢复美好的旧的所有制，封建的所有制，道德的所有制。大家知道，不纳一税，不服劳役，也就说不上对君主政体的忠诚。

让我们再回顾一下更早的时期。在1789年，人权这一政治问题本身就包含着自由竞争这一社会问题。

在英国又发生了什么呢？从改革法案开始到废除谷物法为止的一切问题上，各政党不是为改变财产关系而斗争又是为什么呢？他们不正是为所有制问题、社会问题而斗争吗？

就在这里，在比利时，自由主义和天主教的斗争不就是工业资本和大土地所有制的斗争吗？

难道这些讨论了17年之久的政治问题，实质上不正是社会问题吗？

因而不论你们抱什么观点（自由主义的观点也好，激进主义的观点也好，甚至贵族的观点也好），你们怎么能责难克拉科夫革命把政治问题和社会问题联系在一起呢？

领导克拉科夫革命运动的人深信，只有民主的波兰才能获得独立，而如果不消灭封建权利，如果没有土地运动来把农奴变成自由的私有者，即现代的私有者，波兰的民主是不可能实现的。要是你们使波兰贵族去代替俄罗斯专制君主，那只不过是使专制主义改变一下国籍而已。德国人就是在对外的战争中也只是把一个拿破仑换成了36个梅特涅的。

即使俄罗斯的地主不再压迫波兰的地主，骑在波兰农民脖子上的依旧是地主，诚然，这是自由的地主而不是被奴役的地主。这种政治上的变化丝毫也不会改变波兰农民的社会地位。

克拉科夫革命把民族问题和民主问题以及被压迫阶级的解放看作一回事，这就给整个欧洲作出了光辉的榜样。

虽然这次革命暂时被雇佣凶手的血手所镇压，但是现在它在瑞士及意大利又以极大的声势风起云涌。在爱尔兰，证实了这一革命原则是正确的，那里狭隘的民族主义政党已经和奥康奈尔一起死亡，而新的民族政党首先就要算是改革派和民主派的政党了。

波兰又重新表现了主动精神，但这已经不是封建的波兰，而是民主的波兰，从此波兰的解放将成为欧洲所有民主主义者的光荣事业。

经济演讲

一般来讲，经济演讲就是指具有经贸内容性质的演讲。

这类演讲大致可分为公关型，即企业家洽谈贸易，阐述本企业的对外政策，宣传本企业的发展形势和产品特色等；总结型，即企业领导向被授权的大会汇报工作并分析评价工作成绩等；动员型，即企业领导向职工解释生产计划以及计划实施的意义和效益，以便最大限度地调动职工的积极性；经验介绍型，围绕产品质量、销售、管理等经济活动所进行的科研探讨等。

经济演讲服务于经济，其所传递的经济理念和信息，在经济领域起着越来越重要的作用。

因此，演讲的各部分和所有论点都要深思熟虑、严密论证，所提建议以及理念、信息应具有充分的根据，除了出于某种策略考虑外，引用的数据要求准确无误，且有说服力，此外目标也会相当明确而具体。

例如1962年1月27日刘少奇在扩大的中央工作会议即著名的七千人大会上的演讲，无论对大跃进造成困难原因的分析，还是对工作中成绩与失误的总结，都能做到讲真话，讲实话，并引用各种数据，具体而又鲜明地提出问题，揭露矛盾，表现了一个马克思主义理论家的高贵品质。

第六篇 演讲口才——演讲的力量助你一飞冲天

在扩大的中央会议上的讲话

同志们：

我代表中央向这次扩大的中央工作会议提出了一个书面报告。现在，在这个书面报告的基础上，我再讲几个问题。

关于目前的国内形势，实事求是地说，我们在经济方面是有相当大的困难的。我们应该承认这一点。当前的困难表现在：人民吃的粮食不够，副食品不够，肉、油等东西不够；穿的也不够，布太少了；用的也不那么够。就是说，人民的吃、穿、用都不足。为什么不足？这是因为1959年、1960年、1961年这3年，我们的农业不是增产，而是减产了。减产的数量不是很小，而是相当大。工业生产在1961年也减产了，据统计，减产了40%，或者还多一点。1962年的工业生产也难于上升。这就是说，去年和今年的工业生产都是减产的。由于农业生产、工业生产都是减产，所以各方面的需要都感到不够。这种形势，对于许多同志来说，是出乎意料的。两三年以前，我们原来以为，在农业和工业方面，这几年都会有大跃进。在过去几年中，的确有一段时间是大跃进的。可是，现在不仅没有进，反而退了许多，出现了一个大的马鞍形。这种情况是不是应该承认呢？我想，要实事求是，应该承认事实就是这样。

这种困难的形势是怎样的呢？为什么没有增产，吃、穿、用没有增加，而且减少了呢？原因不外乎两条：一条是天灾。连续3年的自然灾害，使我们的农业和工业减产了。还有一条，就是从1958年以来，我们工作中的缺点和错误。这两个原因，哪一个是主要的呢？到底天灾是主要的原因呢？还是工作中的缺点、错误是主要原因呢？各个地方的情况不一样。应该根据各个地方的具体情况，实事求是地向群众加以说明。有些地方的农业和工业减产，主要的原因是天灾。有些地方，减产的主要原因不是天灾，而是工作中的缺点和错误。去年我回到湖南一个地方去，那里也发生了很大的困难。我问农民：你们的困难是由于什么原因？有没有天灾？他们说：天灾有，但是小，产生困难的原因是"三分天灾，七分人祸"。后来我调查了一下，那地方有几个水塘，我问他们：1960年这个水塘干了没有？他们说：没有干，塘里的水没有干。塘里有水，可见那里天灾的确不是那么严重。就全国总的情况来说，我在书面报告中是这样讲的：我们所以发生相当大的困难，一方面是连续3年的自然灾害的影响，另一方面，在很大的程度上，是由于我们工作上和作风上的缺点和错误所引起的。至于某一个省、某一个地区、某一个县究竟怎么样，你们可以根据情况，讨论一下，实事求是地作出判断。

……

这些缺点和错误改正之后，坏事就能够变为好事。问题是我们要善于总结经验，善于学习。事物向相反的方向转化，必须具备一定的条件。要使坏事变为好事，就缺点错误来说，它的条件就是我们能够总结经验，能够很好地从经验教训中学习。这样做了，缺点和错误就变为好事了。因此，犯了这些错误，也用不着悲观、丧气。这几年，我们在某些方面跌了跤子，而且跌痛了，现在要自己爬起来，把道路看清楚，再向前进。哪一个人走路没跌过跤子呢？重要的问题是要实事求是地承认缺点和错误，要总结经验，要善于学习。如果根本不承认有缺点和错误，或者只是枝枝节节、吞吞吐吐地承认一些，又掩盖一些，而不是实事求是地倾箱倒箧地承认曾经有过的和还存在的缺点和错误，经验就无从总结，也无从学习，坏事就不能变为好事。这样的人跌倒了，他自己就爬不起来，当然也不能继续前进了。这种人势必陷入被动，势必要在别人的帮助之下才能站起来，才能继续前进。所以，要使缺点、错误这类坏事变成好事，必须有一个条件，这个条件是十分重要的，就是要善于总结经验，善于学习。

第六篇　演讲口才——演讲的力量助你一飞冲天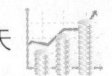

军事演讲

军事演讲是指以战争为中心内容的各种形式的演讲，常用于战前誓师，介绍战争形势、任务、战略、战术等；或用于战地鼓气，激励战士同仇敌忾，勇猛向前；或用于战后庆功，宣传战绩，表彰战斗英雄，推广战斗经验等。例如，日本帝国主义偷袭珍珠港，美国总统罗斯福获得消息后，1941年12月8日，在参众两院联席会议上发表了《一个遗臭万年的日子》的著名演讲。这篇仅用了6分半钟的简明有力的演讲，既陈述了事实真相，又分析了战争性质及胜负条件，把激昂愤懑之情融于冷静的分析和判断之中，句句都是有力的论据，句句都是炙人的烈火，产生了巨大的反响，参众两院分别以绝对多数票通过了美国和日本之间存在战争状态的联合决议。

一个遗臭万年的日子

副总统先生、议长先生、参众两院各位议员：

昨天，1941年12月7日——一个遗臭万年的日子——美利坚合众国遭到了日本帝国海空军部队突然和蓄谋的进攻。

美利坚合众国当时同该国处于和平状态，而且，根据日本的请求，当时仍在同该国政府和该国天皇进行着对话，对于维持太平洋的和平有所期待。实际上，就在日本空军中队已经开始轰炸美国瓦胡岛之后一小时，日本驻合众国大使及其同事还向我们国务卿提交了对美国最近致日方的信函的正式答复。虽然复函声言继续现行外交谈判似已无用，但它并未包含有关战争或武装进攻的威胁或暗示。

应该记录在案的是：由于夏威夷同日本的距离，这次进攻显然是多天乃至若干星期以前就已蓄意进行了策划。在策划过程之中，日本政府通过虚伪的声明和表示希望维系和平而蓄意对合众国进行了欺骗。

昨天对夏威夷群岛的进攻，给美国海陆军部队造成了严重的损害，我遗憾地告诉各位，很多美国人丧失了生命。此外，据报，美国船只在旧金山和火奴鲁鲁岛之间的公海上也遭到了鱼雷袭击。

昨天，日本政府已发动了对马来西亚的进攻。

昨夜，日本军队进攻了香港。

昨夜，日本军队进攻了关岛。

昨夜，日本军队进攻了菲律宾群岛。

昨夜，日本军队进攻了威克岛。

今晨，日本军队进攻了中途岛。

因此，日本在整个太平洋区域采取了突然的攻势。昨天和今天的事实不言自明。合众国的人民已经形成了自己的见解，并且十分清楚这关系到我们国家的安全和生存的本身。

作为海陆军总司令，我已指示，为了我们的防务采取一切措施。

但是，我们整个国家都将永远记住这次对于我们进攻的性质。

不论要用多长的时间才能战胜这次预谋的入侵，美国人民以自己的正义力量一定要赢得绝对的胜利。

我现在断言，我们不仅要做出最大的努力来保卫我们自己，我们还将确保这种形式的背信弃义永远不会再危及我们。我这样说，相信是表达了国会和人民的意志。

对敌行动已经存在。毋庸讳言，我国人民、我国领土和我国利益都处于严重危险之中。

信赖我们的武装部队——依靠我国人民的坚定信心——我们将取得必然的胜利——上帝助我！

我要求国会宣布：自1941年12月7日——星期日日本进行无缘无故和卑鄙怯懦的进攻时起，合众国和日本帝国之间已处于战争状态。

学术演讲

学术演讲是一种高层次的演讲，一般在学术研讨会、学术报告会和学术讲座上进行。

学术演讲对传播文化，普及科学知识，促进学术发展，起着积极的推动作用，学术演讲要求内容具有高度的科学性，即所阐述的理论正确反映客观事物内部联系及其发展规律，形成完整、全面、连贯、系统的体系。这就要求从实际出发，实事求是，有正确的观点、翔实的材料、充分有力的证据以及严密周全的论证。

可以说，内容的科学性是学术演讲的生命，学术演讲离开了严谨科学的内容，就毫无价值可言。一切片面的、支离破碎的、前后矛盾的主观臆断，都不能登大雅之堂。鲁迅先生在1931年上海同文书院所作《流氓与文学》的演讲，可谓学术演讲的典范。

流氓与文学

流氓是什么呢？流氓等于无赖子加壮士、加三百代言。流氓的造成，大约有两种东西：一种是孔子之徒，就是儒；一种是墨子之徒，就是侠。这两种东西本来也很好，可是后来他们的思想一堕落，就慢慢地演成了所谓流氓。

司马迁说过，"儒以文乱法"而"侠以武犯禁"。由此可见儒和侠的流毒了。太史公为什么要说这样的话呢？因为他是道家，道家是主张"无为而治"的。这种思想可以说是"癞蛤蟆想吃天鹅肉"，简直是空想，实际上是做不到的。

儒墨的思想恰好搅乱道家"无为而治"的主义。司马迁站在道家的立场上，所以要反对他们。可是，也不可太轻视流氓，因为流氓要是得了时机，也是很厉害的。凡是一个时代，政治要是衰弱，流氓就乘机而起，闹得乱七八糟，一塌糊涂，甚至于将政府推翻、取而代之的时候也不少。像刘备，从前就是一个流氓，后来居然也称为先主，刘邦出身也是一个流氓，后来伐秦灭楚，就当了汉高祖。还有朱洪武（明太祖）等等的，都是如此。

以上全说的是流氓。可是和文学又有什么关系？就是说，流氓一得势，文学就要破产。我们看一看，国民党北伐成功以后，新的文学还能存在么？早就灭亡了。为什么呢？就是因为他们没有新的计划，恐怕也"无暇及此"。既然不新，便要复旧。所谓"不进则退"，正是这个意思。

本来它的目的，就是要取得本身的地位。及至本身有了地位，就要用旧的方法来控制一切。如同现在提倡拳术、进行考试制度什么的，这都是旧有的。现在又要推行广大，这岂不是复旧么？为什么在革命未成功的时候，镇日价提倡新文化，打倒一切旧有的制度，及至革命成功以后，反倒要复旧呢？我们现在举一个例子来说，比方有一个人在没钱的时候，说人家吃大菜、抽大烟、娶小老婆是不对的，一旦自己有了钱也是这样儿，这就是因为他的目的本来如此。他所用的方法，也不过是"儒的诡辩"和"侠的威胁"。

从前有《奔流》《拓荒者》《萌芽月刊》三种刊物，比较都有点儿左倾赤色，现在全被禁止了。听说在禁止之前，就暗地里逮捕作者，秘密枪毙，并且还活埋了一位。你瞧，这比秦始皇还厉害若干倍哪！

兄弟从前作一本《呐喊》，书皮儿用的红颜色，以表示白话、俗话的意思。后来，有一个学生带着这本书到南方来，半路上被官家给检查出来了，硬说他有赤色的嫌疑，就给毙了。这就和刘备禁酒一样。刘备说，凡查着有酿酒器具的，就把他杀了。有一个臣跟他说，凡是男子都该杀，因为他们都有犯淫的器具。可是，他为什么行这种野蛮的手段呢？就是因为他出身微贱，怕人家看不起，所以用这种手段，以禁止人家的讥讪诽谤。这种情形在从前还有，像明太祖出身也很微贱，后来当了皇帝怕人家轻视，所以常看人家的文章。有一个人，他的文章里头有一句是"光天之下"，太祖认为这句的意思是"秃天子之下"，因为明太祖本来当过和尚，所以说有意侮辱他，就把这个人给杀了。像这样儿，还能长久么？所以说："马上得天下，不能以马上治之。"

<h3 style="text-align:center">美国的变革</h3>

芝加哥的公民们，大家好！

如果现在仍然有人怀疑在美国是不是真的任何事情都可能发生，怀疑我们开国之父们的梦想是否还留存在这片土地上，怀疑美国民主的力量，今夜，就是你的答案。

在这个国家的学校和教堂中人们曾焦急地等待着答案，一些人甚至从未像今天一样——等待了3～4个小时，但是他们知道这一时刻非同一般，他们的声音也同样非同一般。

在美国的土地上，无论是年轻人还是老人；穷人还是富人；无论是共和党人还是民主党人；无论是黑人、白人、西班牙裔、亚裔、美国原住民、同性恋、异性恋、残疾人还是非残疾人都发出同一种信息，我并非孤身一人。

我们是，而且永远都是美利坚合众国！

这一天我们等得太久了，但是今晚，因为我们在这场竞选中、在这个地点、在此时此刻所做的一切，改变已经降临美国。

在今天晚上，我很荣幸地接到了麦凯恩参议员打来的电话。麦凯恩参议员在这场竞选中进行了长久、艰难的努力。而且，为这个他热爱的国家，他奋斗了更久、付出了更多的努力。他为美国作出了超乎我们大多数人想象的牺牲，因为这个无畏无私的领导人所付出的努力，我们才有了更好的生活。我对他表示祝贺，也对佩林州长所取得的成果表示祝贺。同时，我也期待着能在接下来的几个月内，和他们共同努力履行对这个国家的诺言。

我想感谢我在这个旅程中的搭档，一个全心全意参加竞选的男人，一个为同他一起在斯克蓝顿（宾夕法尼亚东北部城市）街道长大、一起坐火车到特拉华州的人们发言的男人，美国未来的副总统，乔·拜登。

在过去的16年里如果没有朋友们的支持和鼓励，那么我今晚将不会站在这里……我的家庭的支持、关爱，美国的下一位第一夫人米歇尔·奥巴马，还有萨沙和玛丽雅，我对你们的爱甚至超出你们的想象，你们将得到新的小狗，和你们一起到新的白宫。

我却再也不能陪伴我的外祖母了，但我知道她一直在守望着我们。我也十分想念我的家人和亲戚，我知道自己亏欠他们太多太多。我要感谢马娅、阿尔玛以及我所有的兄弟姐妹，感谢你们对我无私的支持，对此我深表感激。还有，感谢我的竞选经理大卫·普劳夫。还有那些在竞选活动中的无名英雄们，他们表现得很棒，是他们给美国带来了一场最完美的大选，我想，这在美国历史上是绝无仅有的。还有我的首席战略师大卫·阿克塞尔罗德。他是我的伙伴，在我竞选的每个阶段都给了我极大的帮助，为我打造了美国大选史上最棒的竞选团队。是你让这一切发生了，我将永远对你为这一切作出的牺牲心存感激。但是最重要的，我将永远无法忘记这场胜利真正的主人，这属于你们，这属于你们。

我曾经是最不可能赢得白宫的候选人。在刚开始的时候，我们没有多少钱，也没有多少支持者，我们的竞选不是从华盛顿的大厅开始的而是开始于艾奥瓦州得梅因的后院、康科德的客厅、查尔斯顿的前厅。是辛勤劳作的男人、女人捐出了他们微薄的积蓄，5块钱、10块钱、20块钱等给了我们。我们从年轻人那里得到了力量，他们拒绝服从同龄人冷漠的神话。为了工作，他们离开了自己的家乡，并与亲人分别，可是他们拿很少的报酬，甚至连睡觉的时间也少得可怜。

那些并不年轻的志愿者却拥有一颗火热的心，为了大选，他们在寒风中敲开善良的陌生人家的门，这就是为什么两个世纪以来，我们的政府没有从

第六篇　演讲口才——演讲的力量助你一飞冲天

地球上消亡的原因。

我想说，这同样也是你们的胜利！我知道，你们不仅仅是为了赢得一个大选，也不仅仅是为了我。

你们这样做，是因为知道我们面前任务的艰难。即使我们今晚在这里欢庆，我们仍然知道明天将会带来我们平生最大的挑战——两场战争，一个处于危险边缘的星球、一个世纪来最严重的金融危机。

在孩子们熟睡后依然醒着的父亲母亲在担心，他们怎样才能还清医生的账单，攒足够的钱供孩子的大学教育。

新的能源要去开发，新的工作岗位要去创造，新的学校要去建造，新的威胁要去面对，新的盟友关系要去修复。

前面的路会很长，我们的攀岩会很陡峭。我们甚至不会在1年、一个任期内达到这个目标。但是，美国，我从未比今夜更加相信，我们会达到这个目标。

我承诺，作为一个人，我们会达到这个目标。

以后我们还会面对挫折和谎言，我成为总统以后，也许有人无法认同我的每一项政策和方针。并且我们也知道政府并非能解决一切问题。但是我会忠诚地和你们并肩奋斗，共同面对挑战。我依然会倾听你们的声音，尤其是我们之间存在分歧的时候。最重要的是，我会真诚地邀请你参与国家的重建，就像美国建国221年以来的历史那样——靠我们的双手把国家建设得更为强大。

我们从21个月以前的冬天开始了奋斗的征程，但是我们的努力不会在这个秋天的夜晚结束。这次胜利并不会改变我们的探索之路，这对于我们来说是一个难得的机遇，我们绝不能后退。我们不会退缩，因为我们拥有旺盛的精力和无畏牺牲的精神。

让我们重振爱国主义精神，承担起自己的责任，我们将努力奋斗，互帮互助。

让我们牢记金融危机给美国带来的伤痛，我们再也不会让华尔街繁荣的同时，让别的街受罪。

在这个国家里，我们与祖国的命运紧密相连。让我们自觉地抵制党派争端和过于污秽的政治斗争。

让我们牢记在这条街道上高举共和党旗帜入主白宫的那个人（林肯），是他宣扬了独立和自主的精神，完成了国家的统一。

这些价值观应该得到继承和发扬，今晚民主党取得了胜利，我们必须保持谦虚的心态，并下定决心完成后面的征程。就像很久以前，林肯对一个比现在分裂得更严重的民族所说的那样，我们不是敌人，是朋友。虽然热情已经被冲淡，我们的友爱纽带没有破裂。

同时，对于我没有赢得支持的民众，我或许没有得到你们的投票，但是我听到了你们的声音。我需要你们的帮助。我也会是你们的总统。

对于那些在另外一个海岸，从国会到王宫、到在被世界遗忘的角落摆弄收音机、关注美国今夜的人们，我们的故事并非只有一个，但是目标是共同的，美国领导力的新的黎明已经到来。

美国应该变化，我们的社会应该更完美。我们已经取得的成果给了我们明天取得更大成果的希望。

这次大选有很多首创和许多故事，这些故事将代代相传。但今天晚上我脑子里能想起来的就是一个女人，她刚刚在亚特兰大城投了票。她跟成千上万在这次大选中排队发出自己声音的人一样，唯有一点例外：安·尼克松·库珀已经106岁高龄了。她出生在奴隶制刚刚废除后的那一代，那时路上没有汽车，天上没有飞机。像她那样的人仍不能投票，这因为两个方面的原因:一是她是女性；二是因为她的肤色。

可今晚，我想她看透了一个世纪的美国——困难与希望、挣扎与发展。有人告诉我们，美国不行了，可美国人的自信却回答:不，我们行！她曾经生活在女性发不出声音、希望破灭的时代，可她却活着看到女性们站起来，发出自己的声音，并且投下自己的票。是的，我们行！

第六篇 演讲口才——演讲的力量助你一飞冲天

当饥饿来到，衰退发生时，她看到了这个国家是如何以新政、新工作和全新的共同目标来战胜恐惧的。当炸弹落到我们的港口，独裁者威胁世界的时候，她亲眼见证了一代人的崛起和民主得以挽救。是的，我们行！她去蒙哥马利搭乘公共汽车，她去伯明翰面对水龙头，她去塞尔玛占桥……她听来自亚特兰大的牧师告诉大家"我们能打破种族障碍"，没错，我们行！

今年，在这次大选中，她投下了自己的一票。因为在美国生活了106个年头，经历了最好的时光与最难的岁月，所以她知道美国一定能改变。是的，我们行！

美国已经经历了太多，我们看够了太多，但我们还得做更多的事。今晚，让我们问自己：如果我们的孩子们要活着看到新世纪，如果我们的女儿们能像安·尼克松这样活到106岁，我们应该有哪些进步？我们应该回答这个问题，这是我们的时代。

现在是我们一起开始工作，为我们的孩子打开机遇之门，恢复我们的繁荣，促进和平，重回美国梦，恢复基本信任，以及其他许多事的时候了。我们应该团结如一人。我们应该坚定地回应那些说我们不行的人，我们将以无穷的力量来回应他们，然后说：是的，我们行！

感谢大家，上帝保佑你们，上帝保佑美利坚！

竞选演讲

竞选演讲，是演讲的一种，因此具有口语性、群众性、时限性、临场性、交流性等演讲的一般特点。但由于它是针对某一竞争目标而进行的，所以，除了这些共性外，它还具有以下"个性"，即特点。

1. 目标的明确性

目标的明确性，是竞选演讲区别于其他演讲的主要特征。这一方面表现在演讲者一上台就要鲜明地亮出自己所要竞选的目标（或厂长、或校长、或秘书、或经理），另一方面，其所选用的一切材料和运用的一切手法也都是为了一个目标——使自己竞选成功（使听众能投自己一票）。而其他类型的演讲则不同，不管是命题演讲还是即兴演讲，虽然都有一定的目的，但其目标却有一定的模糊性、概括性和不具体性。打个比方说，如果演讲如大海行船，那么一般演讲是要告诉人们如何战胜困难，驶向遥远的彼岸，而竞选演讲则是竞争看谁有条件来当船长。

2. 内容的竞争性

在其他的演讲中，内容尽管可以海阔天空地谈古论今，说长道短，但一般都不是来"显示"自己的长处。即使在事迹演讲中，也忌讳毫不客气地为自己"评功摆好"。但竞选演讲则不同，它的全过程都是听众在候选人之间进行比较、筛选的过程，竞选者如果谦虚、不好意思说自己的长处，表示自己也是一般地，就不能战胜对手。因此演讲者必须"八仙过海，各显其能"，而"竞争性"说白了，也就是演讲者无论是讲自身所具备的条件，还是讲自己施政的构想，都要尽最大可能显示出"人无我有""人有我强""人强我新"的胜他人一筹的"优势"来，有时，甚至还要把本来是"劣势"的东西换一个角度讲成为"优势"。

3. 主题的集中性

所谓主题的集中，是指所表达的意思单一，不枝不蔓，重点突出。这就是说，在表达意思时，必须突出一个重点，围绕一个中心，而不要搞多重点、多中心，不能企图在一篇演讲中解决和说明很多问题。

4. 思路的"程序"性

思路，就是演讲者的思维脉络；"程序"，是指演讲中先讲什么后讲什么的顺序。竞选演讲不像一般演讲那么"自由"，它除了题目和称呼外，一般分为五步：

①开门见山讲自己所竞选的职务和竞选的缘由；

②简洁地介绍自己的情况，如年龄、政治面貌、学历、现任职务等一些自然情况；

③摆出自己优于他人的竞选条件，如政治素质、业务水平、工作能力等；

④提出假设自己任职后的施政措施；

⑤用最简洁的话语表明自己的决心和请求。

当然，以上几步也只是简单的模式，实践中演讲者还可根据实际需要稍有变化，而并非填表式。

5. 措施的条理性

演讲者在讲措施时一定要注意条理清楚，主次分明。不要像漫坡放羊那样，讲到哪儿算哪儿，让人听了如一团乱麻。为了把措施讲得有条理，可用列条的方法，如"第一点""第二点"或"其一""其二"等表示。除此之外，在每一"步"之间要用"过渡语"来承上启下。如，当自我介绍之后，可以说："我之所以敢于来竞选，是因为我具备以下条件"来引起下文；讲完条件后，可以再搭一个"桥"："以上我说了应聘的条件，那么，假如我真当了校长（或乡长、厂长），会采取什么措施呢？下面就谈谈我的初步设想。"这样不仅条理清楚，而且使演讲上下贯通，浑然一体。

2005年6月2日下午，曾荫权在香港君悦酒店举行记者会上，正式公布其参选香港特区行政长官的施政纲领，下文为曾荫权在记者会上的参选演讲全文。

用心·务实·为香港

今日，特区政府收到中央政府的批文，正式准许我请辞政务司司长之职，6月1日生效。我现在可以正式参加中华人民共和国香港特别行政区行政长官选举，同时公布我的施政纲领，并在两个星期之内，向选举事务处呈交提名表格。

参选行政长官，是本人毕生最重大的一个决定，也是我个人事业上另一个转折点。我的家人和朋友对我坚定的支持和鼓励，我十分感激。但由于这个决定，也关系到香港人的福祉，上个星期，我曾经独处省思，为香港、也为了我自己的抉择而诚心祷告。

能够参与行政长官选举，我感到自豪。我来自香港一个寻常百姓家，与大多数香港的子弟一样，我曾经是香港的一个平凡的学生、为生活而奔波的推销员，后来又成为市民的公仆。如果不是香港回归祖国，实现了"港人治港、高度自治"，如果没有中央政府和香港人的鞭策和信任，我不可能在特区政府内担当核心的职位。

决定参与行政长官选举，我也无限感恩。我不会低估面临的挑战、艰辛，但我明白只有在市民和中央政府的继续支持下，我有信心会克服在未来一些日子种种可能的困难。无论有没有其他人士得到足够的提名参选，由明日开始，我将首先会见选举委员会，然后进行一连串竞选活动，面对全香港市民，宣达施政纲领，开诚布公，令全香港各阶层的人明白，一旦本人当选，我管治的政策方略。

香港是一个自由社会，我们珍视而认同的价值观，基本法已有所保障。行政长官严格按照基本法治理香港，我相信"一国两制"的伟大构想切实可行，也对"港人治港、高度自治"充满信心。然而，要使香港的未来不断成功，捍卫我们香港人的价值观，需要全港市民的共同努力和决心。

在人生路上，在香港发展的一个转折点，我踏上新的征途。在欧洲战役之中，一位领导盟国的卓越领袖曾经说过一句名言："给我们工具，我们会完成任务。"（Give us the tools and we will finish the job.）在我宣布参选的日子，对这句话我深有同感。我需要克服困难、消除障碍，善其事，利其器的精神，也需要战无不胜的工具，但这件工具并不是摧毁性的枪炮，而是700万香港市民对我的勉励和支持，以及社会的宽容和理性。让我们忘却过去的怨愤，拨开7年多以来的惶恐和激昂，只要我们携手并肩，包容共济，一切分歧和问题都可以找到答案。

答案在哪里?在于我们的地理,在中国的南大门口,我们的历史和文化,与五千年华夏文明的脉搏一起跳动。

答案在于我们的活力,我们的生活方式,享有自由的信息,健全的法治,国际的金融经贸地位,实干苦拼的企业精神。

我们要汲取经验,增加效率,巩固本元,改革弊端,鼓励宽容,建立一个行政主导的多元社会,加强向市民问责,继续改善行政和立法机构的关系,维持公务员队伍的专业廉洁和政治中立,从而达到"强政励治,缔造和谐,福为民开"。

我们要依据基本法以循序渐进的方式发展民主政制,以其最终实现行政长官和立法机构的双普选。

我们要合力在社会重燃生机的火花,重建生命的自信和尊严,令我们这个社会,无论什么族裔、宗教、政治信仰、社会阶层,无论在香港出生成长,还是寓居暂住,都以生活在这个城市为荣,资金流动,人才勃兴,都会感到香港是一个与别不同的机会之城,安乐之乡,都认同香港是一个难忘的都会,有我们共同见证过的欢慰与感触。

这就是我的香港之梦。

命运对我十分眷顾,我由推销行业转职到政府,由推销药品到弘扬一套管治理念,其中我与大多数香港人的成长经历一样,遇到过挫折,遭受过嘲讽和怀疑,但我坚持我的良知和原则,经历了40年来香港的风风雨雨。

40年前,香港由渔村开始逐步演变为商港,当年我不过是一个孤单的推销员,但今天我希望有机会在另一个层面服务香港市民,我深信我以后不会再孤单,因为我是香港人的子弟,因为我服务的祖国,今天拥有强盛的实力和信守契约的诚意,而且更重要的是,一旦我得到你们的信任,将有千千万万人与我一起上路同行。我相信国家会一如既往地支持香港,我也希望香港为国家的繁荣富强，贡献中华民族的一份才智和心力，在这个令人振奋的时代，如果我得到大家的支持，让我接受这项更重大的历史使命，我保证我会以一贯忠诚，服务香港，天地一心，此志不渝。

今天，我诚意邀请香港市民，我敬爱的父老、兄弟和姐妹，齐心协力，为香港再创生机。过去，我们荣辱与共，今天，我们风雨同舟，我诚恳地希望能与你们每一位热烈携手，共创一个光明而丰盛的未来。

即兴演讲

即兴演讲是演讲中的快餐，也是演讲中的精品，是演讲者在某种特定景物或人物、气氛的诱发下（或被要求）而产生的一种临时性演讲。

这种演讲两个最突出的特点是：一是演讲者事先未做准备，处于一定时境，感人、感事、感情、感景，随想随说，可长可短，有感而发；二是形同日常说话，其因随意性而在人际交往中被广泛应用。

即兴演讲，在演讲的类型中，使用率较高，应用范围最广。随着现代社会的发展，现代社会信息传递加快，人们的交往日益频繁，人们的交际领域不断拓宽，即兴演讲也随之出现在人们生活的方方面面。如婚礼祝辞、迎送致辞、丧事悼念、聚会演说、访问、讨论等。都需要人们临时作即兴演讲，或助兴、或助威、或联谊、或缅怀等，它成为人际交往深受欢迎的形式。有研究表明，即兴演讲已成为未来演讲发展的一个重要趋势。

即兴演讲具有动因的触发性、准备的临时性、时间的短暂性等特点，要求演讲者在极短的时间内迅速展开思维，找到话题，形成较完整的腹稿，立即从容地表达出来。

美国篮球巨星，被称为一个时代的王者迈克尔·乔丹在宣布退出篮球运动生涯时，发表的《奥林匹克生涯已经结束》即席演说，便是一篇典型的即兴演讲。

奥林匹克生涯已经结束

朋友们：

我经常强调说，一旦我失去动力或不需要再证明什么了，我就应该退役。现在是我离开的时候了，这并不是我不爱这项运动。我只是觉得我已经达到了自己事业的顶峰，我没有什么可再证明的了。

我不知是否会复出，退役的意思就是从今天开始我想干什么，就可以干什么。如果这意味着今后要复出，我也许会的。我不把这扇门关死。如果公牛队还需要我，我也许会重归赛场。如果我日后复出，也不会效力于另一支球队，因为我的心已经属于它了。

我的奥林匹克生涯已经结束了。

我第一次得NBA总冠军后，我父亲就劝我退役。我们当时的看法有很多不同，因为我认为，作为球员我还有许多东西要去证明，第三次夺得总冠军后，我们又谈了一次，我被你们说服了。

我时刻在承受着新闻媒介所带来的压力，我不会因为他们而离开球场的，这是我自己的抉择。即使我父亲没有去世，我也会作出同样的决定。父亲的去世使我看到了自己的未来，但痛苦会一天天地淡漠下去的。是他的不幸提醒了我，人的一生是何等短暂，该如何珍惜。我不能太自私，要用更多的时间去陪伴我的亲人，包括我的妻子、孩子，我需要过一种正常的生活。

我退役以后，很多朋友对公牛队的实力表示怀疑，但我并不担心，这好像父亲送儿子上大学。当然，我不是他的父亲，我告诉他们要相信自己。我认为我们有很多获胜的机会。我也坚信，肯定会有更多的球星诞生的。

我需要一份工作吗？我从来没有考虑过，现在也不想要，我现在要看一看小草是如何成长的，然后再把它们割掉，我当然要经常去看公牛队的比赛，可我不会告诉伙伴们我什么时候去看。我想，我不会完全过一种正常的生活，只不过公众的关注比以往少一些，我会怀念篮球比赛的，我会怀念夺取冠军辉煌的时刻，会怀念每年与队友们待在一起的八个月的美好时光。